V&R

Die Kunst des Hoffens

Begegnung mit Gaetano Benedetti

herausgegeben von Bernd Rachel

Mit 25 Abbildungen

Vandenhoeck & Ruprecht
in Göttingen

Die Kunst des Hoffens:
Begegnung mit Gaetano Benedetti / hrsg. von
Bernd Rachel. – Göttingen
© Vandenhoeck und Ruprecht, 2000
ISBN 3-525-45871-1

Umschlagabbildung: Auguste Rodin, *Ich bin schön,*
1882, Bronze, Paris, Musée Rodin

© 2000 Vandenhoeck & Ruprecht, Göttingen.
http: //www.vandenhoeck-ruprecht.de
Printed in Germany. – Das Werk einschließlich aller seiner Teile
ist urheberrechtlich geschützt. Jede Verwertung außerhalb
der engen Grenzen des Urheberrechtsgesetzes ist ohne
Zustimmung des Verlages unzulässig und strafbar.
Das gilt insbesondere für Vervielfältigungen, Übersetzungen,
Mikroverfilmungen und die Einspeicherung und Verarbeitung
in elektronischen Systemen.
Satz: KCS GmbH, Buchholz/Hamburg
Druck und Bindearbeiten: Hubert & Co., Göttingen

Inhalt

Vorwort 7

Lilia d'Alfonso
Die Farben der Erinnerung 11

Patrick Faugeras
Übersetzen als Dimension der Begegnung 28

Maurizio Peciccia
Die Entwicklung meines Denkens im Gespräch
mit Gaetano Benedetti 47

Alice Bernhard-Hegglin
Wege des Hoffens 87

Gaetano Benedetti
Die verborgene Wahrheit 153

Kernsätze zur Hoffnung aus Werken
Gaetano Benedettis 160

Einige wichtige therapeutische Konzepte Benedettis 166

Bibliographie 178

Die Autorinnen und Autoren 180

Vorwort

Als einige mit Gaetano Benedetti eng verbundene Mitarbeiter und Schüler mit dem Vorschlag an mich herantraten, ein Buch herauszugeben, das in seine Gedankenwelt einführt, das einen Überblick gibt auf seinen Zugang zu den an Psychosen Leidenden und über seine Forschungen, war ich befangen von einer gewissen Scheu und auch von einer Sorge. Ich konnte mir nicht vorstellen, daß ein Buch *über* Benedettis Werk heranreichen könne an die Klarheit und Kraft seiner Schriften. Sorge bereitete mir meine Gewißheit, daß Benedetti einer Publikation zu Ehren seines achtzigsten Geburtstags in Form einer achtungsvollen Würdigung nichts abgewinnen könnte. Der Autor Benedetti war mir immer als sehr anspruchsvoll seinen eigenen Publikationen gegenüber begegnet; ihr Gewinn für die Wissenschaft und für die Patienten muß deutlich herausgearbeitet sein, bis er damit zufrieden sein kann. So sollte, wenn wir eine angemessene Veröffentlichung über sein Schaffen wagen wollten, ein *produktives* Buch entstehen, eines das weiterhilft in der Erschließung seines Denkens und in der Vertiefung seiner Rezeption.

Sehr beruhigt hat es mich, daß er selbst bereit war, uns einen neuen, gewichtigen Text zu geben. Und als die für diesen Band geschriebenen Originalbeiträge der einzelnen Autoren eintrafen, war ich froh darüber, wie diese unterschiedlichen Temperamente, je aus ihrem Blickwinkel, das Werk Benedettis und die Erfahrung mit seiner Persönlichkeit verarbeitet haben, so daß die Lektüre seine grundlegenden Einsichten und ihre Bedeutung für die Psychotherapie der Psychosen noch facettenreicher erschließt.

Lilia d'Alfonso schildert warmherzig und tiefsinnig zugleich, wie sie den *Professore* in Mailand als Lehrer kennenlernte, sein didaktisches Konzept und dessen Grenze zum therapeutischen Handeln, seine theoretische Strenge und seine Güte. Ihr ist, wohl eher als Männern, die poetische Kraft von Benedettis Erkenntnissen aufgegangen. Sie spricht es nicht aus, indes wird es in ihrem Beitrag deutlich, daß, wie schon bei Sigmund Freud, psychoanalytische Grundlagenforschung nicht allein durch die Erschließung von Unbewußtem zur Erkenntnis führt. Da Unbewußtes per definitionem sprachlos ist, bedarf es des schöpferischen Akts, ihm eine neue Sprache zu geben, nicht erst, um es kommunizierbar zu machen, sondern um es überhaupt selbst verstehen zu können. Wie diese Sprachschöpfung dichterisch ist, und damit bei Benedetti sowohl wissenschaftlich wie emotional, ist Lilia d'Alfonso frühzeitig klar gewesen. Ihr Bericht gibt uns beides weiter, ihren Eindruck von der Poesie und von der geistigen Klarheit.

Patrick Faugeras, der Benedettis Bücher ins Französische übersetzt hat, entwickelte dabei ein differenziertes Problembewußtsein von der Dialektik zwischen Form, Inhalt und Zeit, wenn ein Gedankengebäude, das sich mit sehr kulturgebundenen inneren Vorgängen beschäftigt, nicht nur von einer Ursprungssprache in eine Zielsprache, sondern von einer Ursprungskultur in eine andere übertragen werden soll. Diese sowohl demütig-dienende wie zugleich Souveränität erfordernde Arbeit erschließt dem Übersetzer (Interpreten!) eine weitere Dimension des schriftlich Dargelegten, die uns, den Originaltext Lesenden, gemeinhin verborgen bleibt. Faugeras' geistes- und wissenschaftsgeschichtliche Perspektive auf Benedettis Denken eröffnet uns einen Horizont, wie ihn nur die Tradition französischen Geisteslebens erschließen kann.

Einen Einblick in das klinische Forschen Benedettis gibt *Maurizio Peciccia* in seine zugleich behutsame wie entschlossene Weise zu handeln, zu beobachten und zu denken. Etwas bescheiden hat Peciccia seinen Beitrag »Die Entwicklung meines Denkens im Gespräch mit Gaetano Benedetti« genannt; er macht damit auf sympathische Weise seinen Schülerstatus deutlich, verschweigt jedoch, daß er seit vielen Jahren der engste Mitarbeiter Benedettis in der Forschung ist, sein Gegenüber, mit dem Benedetti alle neuen Hypothesen diskutiert, die Erkenntnisse überprüft, die Ergebnisse evaluiert. So ist er in der Lage, sehr authentische Aufschlüsse über Benedettis Vorgehensweise zu geben, sozusagen ein Werkstattbericht.

Des zentralen Begriffs in Benedettis therapeutischem Wirken wie auch seiner Veröffentlichungen hat sich *Alice Bernhard-Hegglin* angenommen: das Hoffen. Sie hat nicht nur alle Textpassagen zusammengetragen, die sich um diesen Topos gruppieren. In ihrer Studie lotet sie die biographische Dimension von Benedettis Prinzip des Hoffens aus, seine Formung in der Kindheit als Wesenszug, seine Herausbildung zum ärztlichen und psychotherapeutischen Ethos, die psychotherapeutische Brisanz und Validität der Hoffnung in Benedettis Zugang zu den Leidenden. Erstmals herausgearbeitet hat sie die Bedeutung seiner Art des Hoffens für die Philosophie des Daseins, für unser Verständnis vom Menschen und für das, was über unsere Existenz transzendental hinausweist und für das Religion ein zu enger Begriff ist. Sie öffnet uns damit einen neuen, für Kranke wie Gesunde tröstlichen Weg zu Benedettis Denken. Überaus kenntnisreich und bewandert in Benedettis schriftlichem Werk, ist sie seine kompetente Sachverwalterin; ihr Beitrag ist das Herzstück dieses Buches, der ihm auch den Titel gegeben hat.

Die Übersetzung der ursprünglich fremdsprachigen Texte in diesem Band, die von Lilia d'Alfonso und Maurizio Peciccia aus dem Italienischen und Patrick Faugeras aus dem Französischen, verdanken wir Alice Bernhard-Hegglin und ihrem Mann Erwin Bernhard, die mir auch für alle editorischen Fragen hilfreich und unterstützend zur Verfügung standen. Dafür danke ich ihnen.

Meine Scheu ist nicht ganz gewichen, sie wird jedoch weit überlagert von der Genugtuung darüber, daß dies eine Gelegenheit ist, dem Autor Gaetano Benedetti die Dankbarkeit seines Verlags, dem er einen bedeutsamen Teil seiner großen Publikationen anvertraut hat, ausdrücken zu können.

          Der Herausgeber
          Verlag Vandenhoeck & Ruprecht

Lilia d'Alfonso

Die Farben der Erinnerung

Der achtzigste Geburtstag eines großen, in Lehre, Ausbildung und Forschung tätigen Psychotherapeuten sollte vom Chor seiner Schüler in einer gemeinsamen Arbeit gefeiert werden; doch die Gruppe von Gaetano Benedettis Schülern ist heute so groß, und der Kreis der Psychotherapeuten, die mit ihm zusammenarbeiten, hat sich dermaßen ausgeweitet, daß der Herausgeber dieses Bandes sich dafür entschieden hat, sie durch ein paar wenige Einzelzeugnisse zu vergegenwärtigen. So gebe ich hier die sehr persönliche, von Neigungen und Zuneigungen geprägte Erinnerung einer Schülerin wieder, die den »Maestro« vor dreißig Jahren kennenlernte und die noch heute in dem von ihm in Mailand gegründeten Institut für psychoanalytische Psychotherapie tätig ist.

Noch ist die Erinnerung an die erste Begegnung mit einigen Details so lebhaft im Wahrnehmungsgedächtnis eingeprägt, wie es die eidetischen Bilder der Kinder sind. Ein später Nachmittag des Jahres 1969, neblig und feucht, wie es für Mailand so typisch ist; ein Raum im Erdgeschoß eines Gebäudes an der Piazza Sant'Ambrogio, überfüllt mit Menschen, von denen der größere Teil steht. Eine Freundin hatte zu mir gesagt: »Komm zu Galli, ins Zentrum für Psychoanalytische Forschung, dort ist ein Schweizer, der dir gefallen wird, auch wenn er sich nicht mit Kindern beschäftigt.« Ein Gastredner, der einen klinischen Fall vorstellen sollte, hatte sich verspätet. Er sollte von Turin kommen, und einige meinten: »Es ist Nebel auf der Autobahn, er schafft es nicht mehr.« Professor Benedetti sagte in lächelndem Befehlston: »Jemand soll einen Fall vorstellen.« Schweigen und nochmals Schweigen, dann sagte ich: »Ich kann eine Sitzung mit einem schizophrenen Kind vorstellen.« – »Kommen Sie.«

Und so kam es, daß ich, die als letzte eingetroffen war, neben Professor Benedetti stand und von den Wahnvorstellungen eines achtjährigen Kindes berichtete, das von Ungeheuern verfolgt wurde und sich bei der Flucht in der Stube verletzte und mit dem Kopf gegen die Wand schlug. Da ich keinen Rat wußte, schlug ich ihm vor, daß wir gemeinsam farbige Netze knüpfen, um die Ungeheuer einzufangen und mit vielen Farben zu übermalen. Ich beschrieb dieses gemeinsame, wahnhafte Tun, bei dem sich das Kind nach und nach beruhigte. Die Ruhe meiner Darlegung, sagte ich mir später, entsprang zum Teil meiner jugendlichen Unbefangenheit, zum größten Teil aber der Ruhe, die mir jene Person vermittelte, die ich nie zuvor gesehen hatte, die mir mit unverwandtem Blick aufmerksam zuhörte und die von Zeit zu Zeit mit schräger Schrift Wörter ohne sichtbare Ordnung auf verschieden große Blätter streute. Zu Hause angelangt, schrieb ich in meine Agenda: »Ich bin jemandem begegnet, der zuzuhören weiß, einem Lehrer.« Ich war damals eine festangestellte Unterrichtskraft in einem experimentellen Erziehungsprojekt; meine ersten Kinderpsychotherapien hatte ich mit der Zustimmung und Unterstützung meines persönlichen Analytikers begonnen. Ich las viel, suchte Kontakte zu Kollegen auf dem gleichen Gebiet, und bei meiner Suche stieß ich an jenem Abend auf Benedetti und das psychoanalytische Zentrum von Galli.

»In den frühen sechziger Jahren«, schreibt P. F. Galli, »[aktivierte ich] nach meiner Rückkehr von Zürich die Mailänder Gruppe, die sich aus Teilnehmern verschiedener Ausbildungsrichtungen zusammensetzte; wir begannen in regelmäßiger Arbeit mit Benedetti, Johannes Cremerius und la Spira Fälle zu besprechen und später auch unsere Erfahrungen und Positionen klinisch zu konfrontieren mit den Kleinianischen Vorstellungen und den klassischen psychoanalytischen Theorien, um eine theoretische Grundlage zu erarbeiten und auszubauen« (Galli 1993).

Als Galli 1969 in einem Umfeld polemischer Auseinandersetzung die Schließung des Zentrums beschloß (man muß sich das Klima der 68er Jahre in Mailand vergegenwärtigen), wollte eine Reihe von Teilnehmern den Kontakt nicht abreißen lassen und begann sich unter der Hand in winzigen Gruppen autonom zu organisieren. Zwölf dieser Waisen Gallis riefen eine Selbstausbildungsgruppe ins Leben. Um uns selber Mut zu machen und damit es nach etwas klang, nannten wir sie »Centro di Studi di Psicologia Clinica e Psicoterapia« (Studienzentrum für Klinische Psychologie und Psychotherapie). Die Professoren Benedetti und Cremerius baten wir, unsere Ausbildung weiterzubetreuen, und sie sagten zu.

Die Anfänge unseres Instituts

Wir mieteten drei Räume in einem historischen Palazzo, in einem Quartier des bürgerlichen Mailand, das ruhige Sammlung ausstrahlte, einem Stadtteil mit Jugendstilbauten und baumgesäumten Alleen, die ganz an den »Wiener Ring und Psychoanalyse« gemahnte. »Unser Institut«, nannte es Professor Benedetti mit leicht ironischer Überzeugung. Benedetti kam einmal im Monat von Basel nach Mailand, jeweils am Freitag, mitten am Nachmittag; er aß ein paar Bissen in der Cafeteria des Hauptbahnhofs und fuhr dann zum Institut, wo ihn die ersten Einzelsupervisionen erwarteten. Jeder Kollege ist über die Jahre seiner Supervisionsstunde treu geblieben, die sich aus einer Art natürlicher asketischer Selektion ergeben hatte, mußten doch die letzten bis 22 Uhr ausharren, während die ersten um 7 Uhr morgens antraten, selbst an den Sonnabenden und Sonntagen. Benedetti arbeitete im Institut, schlief im Institut und nahm dort seine frugalen Mahlzeiten ein, um keine Zeit mit dem Gang zur Bar zu verlieren. Im Institut empfing er auch völlig unabhängig Therapeuten, mit denen nur er in Beziehung stand, die oft von sehr weit her kamen und die verschiedenen theoretischen Richtungen oder auch nur sich selbst anhingen. Die sehr begehrten Einzelsupervisionsstunden wurden von Benedetti vor allem für jene Kollegen reserviert, die psychotische Patienten betreuten.

Eine berühmte Therapeutin, die das gleiche Ansehen genoß wie der *Professore*, war Berta Neumann. Ich traf und begrüßte sie regelmäßig, weil meine Supervisionsstunde gleich auf ihre folgte. Dann gab es einen geheimnisumwitterten Kollegen, den Benedetti in unseren Seminaren als »den Kollegen Isotta« zitierte und auf den wir alle ein wenig eifersüchtig waren. Er reservierte für ihn über Jahre hinweg mehrere Supervisionsstunden am frühen Samstagnachmittag, bis zur Publikation eines bedeutenden Werkes (Isotti 1978). Ich erinnere mich an weitere Werke, die in späteren Jahren der Zusammenarbeit Benedettis mit einzelnen Therapeuten entsprangen: das Buch eines Benediktinermönchs und Spezialisten für Depression und Kenner des Wüstenmönchs Evagrius Ponticus (Bunge 1992)[1], mit einem gewichtigen Vorwort Benedettis. Das Buch eines feinfühligen Dichters und Lacan-Experten, ebenfalls mit einem Vorwort Benedettis (Morerio

---
1 Die Werke des Evagrius finden sich in Freuds persönlicher Bibliothek.

1997). Der fruchtbaren wissenschaftlichen Begegnung von Benedetti und Maurizio Peciccia verdanken wir im letzten Jahrzehnt eine Reihe von Artikeln und Bänden, die von beiden Autoren gemeinsam verfaßt sind. Peciccia, der nicht zur Mailänder Gruppe gehört, ist der jüngste einer Folge von nach meinem Dafürhalten kongenialen Kollegen, mit denen Benedetti ein tiefes Einverständnis aufgebaut hat.

Das Schüler-Lehrer-Verhältnis

Unsere persönliche und gesellschaftliche Beziehung zu Benedetti hat sich im Verlauf von dreißig Jahren kaum verändert. Er ist für uns der *Professore* geblieben; er selbst hat uns immer, von den ersten Begegnungen an, als seine *Kollegen* betitelt. Wenn das Vertrauensverhältnis fast überschwenglich wurde, sprach er einen als *lieben Kollegen* an, den einen oder anderen nannte er auch bei seinem Namen. Die Grenzlinie des *Sie* wurde während der Ausbildung nie überschritten, weder von der einen noch von der anderen Seite. Bei höchst seltenen Gelegenheiten, meist bei Kongressen, nahmen wir eine gesellige Mahlzeit ein, die aber nie zum unterhaltsamen Ereignis wurde. Geselligen Anlässen zog Benedetti die private wissenschaftliche Korrespondenz mit zahlreichen Kollegen vor, die individuellen Supervisionen, die Vorbereitung seiner geliebten Workshops für internationale Kongresse, die Veröffentlichung gemeinsamer Schriften. Seine Technik der Psychosentherapie hat sich über die Jahre hinweg vor allem unter dem Einfluß der Zusammenarbeit mit einigen Kollegen verändert, die als therapeutische Persönlichkeiten geniale Fähigkeiten besaßen und mit seinem Denken kongenial waren. Er war immer glücklich, wenn dem intensiven geistigen und gefühlvollen Austausch der Supervisionen Schriften zweier Autoren entsprangen, die den Beitrag des Kollegen großzügig hervorhoben und es Benedetti erlaubten, neue Konzepte zu formulieren und ein paar stachlige Neologismen zu prägen.

Unsere Beziehung zu Cremerius hat sich im Verlauf von dreißig Jahren fast unmerklich, aber mit der Zeit doch fühlbar verändert. Die offenkundigste Veränderung, die einige von uns verwirrte, andere erheiterte und zugleich rührte, war das Angebot, vom *Sie* zum *Du* überzugehen – in Italien ein bedeutsamer Schritt –, gewissermaßen um den Übergang vom *Schüler-* zu jenem des *Kollegen*-Status zu bestätigen. Die Begrüßungen zwischen uns nahmen ausgelassene Formen an, die fröhlichen abendlichen Begegnungen weiteten sich von den *Trattorien* in unsere Privatwohnungen aus. Auch Cremerius' Technik wandelte sich. Auf unsere Fragen nach den Ursachen der Veränderungen antwortete er ohne Verlegenheit: »... die Technik hat *sich* verändert aufgrund der Veränderungen, die von existentiellen Prozessen verursacht wurden: Älterwerden, Umgang mit eigenen Kindern, Krankheitserfahrungen, existentielle Krisen, Kontakte mit fremden Kulturen ... haben nach und nach mein Weltbild, meine Ideen in bezug auf die Menschheit, meine Wertskalen, meine Liebesfähigkeit und meine Toleranz verwandelt« (Cremerius 1986).

Prinzipien der Ausbildung

Wir Analytiker, die wir am Mailänder Institut ausgebildet wurden, mußten den Unterricht zweier Lehrer integrieren, die beide gleich viel Charisma besaßen, sich in einigen Aspekten glichen, in anderen aber völlig entgegengesetzt waren.

Benedetti und Cremerius sprechen beide deutsch, haben beide eine tiefe Zuneigung zu Italien und den Italienern, empfinden eine strenge Verpflichtung gegenüber wissenschaftlicher Erkenntnis und dem Freudschen Gedankengut, sind beide frei und unabhängig gegenüber den psychoanalytischen Institutionen Deutschlands und der Schweiz. Im Mailänder Institut, dem beide dreißig Jahre ihre Berufstätigkeit gewidmet haben, konnte meines Erachtens jeder von ihnen zumindest teilweise jenes Ideal einer wissenschaftlichen Gemeinschaft und *eines offenen Ausbildungssystems* verwirklichen, das von den psychoanalytischen Instituten wegen der ihnen eigenen Struktur mit einem strengen Bann belegt wird.

Cremerius ist auch heute noch innerhalb der DPV ein unermüdlicher Kritiker der Institute, die zu Bollwerken der Macht und ertragreichen Pfründen für die Lehranalytiker werden, die dementsprechend ihre Schüler in der Ausbildung nicht zur Freiheit erziehen (Cremerius 1996)[1].

---

1 »Meine Lösungsvorschläge zielen auf zwei Punkte. Erstens darauf, die psychoanalytische Ausbildung konsequent psychoanalytisch zu organisieren, und zweitens darauf, die Psychoanalyse als Wissenschaft zu fördern« (Cremerius 1987, in: Psyche 41/12: 1067–1096).

Benedetti, der von den offiziellen Institutionen marginalisiert wurde, erhebt keine Anklagen, sondern gründet still ein neues Ausbildungsinstitut, das ohne geschriebene Statuten und hierarchische Strukturen auskommt. Er versammelt Studiengruppen um Projekte, die der klinischen Erfahrung entspringen, die zur Vertiefung der theoretischen Grundlagen führen, sich in kritischen Reflexionen verdichten und schließlich neue Gesichtspunkte zu den behandelten Themen erzeugen. Seine Führungsstil besteht in Vorschlägen, er trachtet danach, alle Teilnehmer zu aktivieren, indem er jedem dazu verhilft, sich in der freien Bejahung des Projekts selber zu definieren. Benedetti regt an und lädt ein – er zwingt niemanden, er gibt auch nicht dem erfolgreichen Abschluß eines Projekts den Vorrang vor den persönlichen Anliegen der Teilnehmer. Vorschlag, Methode, Schlußergebnisse, Mitteilung der Ergebnisse – ich habe diesen Weg *Didaktik der Ausbildung* genannt, doch Benedetti hat sich immer nur in der Rolle des Psychotherapeuten und des Wissenschaftlers gesehen.

Didaktik des Seminars

Um uns unsere beiden Lehrer weiterhin in einer Einheit vorzustellen, will ich versuchen, ihre Didaktik in den Seminaren in ihren Ähnlichkeiten und Unterschiedene deutlich zu machen. Bei Cremerius bilden mündliche Mitteilungen, sowohl von ihm wie von den Schülern, das Zentrum der Seminartätigkeit. Nie hat er schriftliche Fassungen klinischer Berichte verlangt, noch uns seine Fallanalysen schriftlich vermittelt. Was im Institut niedergeschrieben wurde, waren eine paar wenige Transkriptionen von Aufnahmen aus den Seminaren und seine Publikationen. Wenn jemand von uns schriftliche Notizen mitbrachte, lud ihn Cremerius mit einem ironischen Lächeln dazu ein, seine Notizen zu vergessen und frei zu erinnern, indem er sich auf eine einzelne Therapiesitzung konzentrierte. Ihm war die unmittelbare Mitteilung wichtig, in der er das erfassen konnte, was der Berichterstatter jenseits seiner bewußten Aussagen mitteilte. Er verstand es in hohem Maß, die teilnehmende Aufmerksamkeit der anderen für die Äußerungen des Sprechers zu wecken, und machte aus uns geschickte Erkunder der nonverbalen Kommunikation. Er bestand auf Gruppen von nicht mehr als zwölf Personen. Das klinische Seminar fand jeweils donnerstags statt und dauerte eineinhalb Stunden. Wir lernten rasch, uns konzise auszudrücken, denn der Sprechende hatte nur ungefähr dreißig Minuten zur Verfügung. Überschritt er oder sie diese Zeit, zeichnete sich auf Cremerius Gesicht Langeweile ab (oder Ermüdung?). Er schloß die Augen, und wir sagten uns mit den Blicken: »Er ist weg!« Oder er warf dem Sprecher einen stählernen Blick zu und begann, mit der rechten Hand ungeduldig zu winken. Am Ende gab es ein längeres Schweigen. Cremerius saß entspannt da und ermutigte uns mit schweifenden Rundblicken. Er hatte keine Eile, ließ uns keine Bedrängnis empfinden, sondern betrachtete das Schweigen als eine produktive und notwendige Zeit, die es jedem erlaubte, sich mit seiner eigenen Innenwelt in Verbindung zu setzen. Wenn er fühlte, daß er bereit war, legte ein Teilnehmer nach dem anderen seine Überlegungen dar oder stellte ein paar rasche, klare und respektvolle Fragen. Beim Bemühen, uns zu diesem Arbeitsstil zu erziehen, erwies sich Cremerius als ein unübertrefflicher Meister. Strenge und Frustration setzte er nur dann ein, wenn jemand sein Wissen unnütz zur Schau stellte, sich selbst zelebrierte, wortreiche und kaum verständliche Wendungen von sich gab oder an der therapeutischen Arbeit des Vortragenden herumflickte. Zuerst stoppte er uns mit dem Blick, und wenn das nicht genügte, mit ein paar kurzen Bemerkungen, die uns erstarren ließen.

Wir merkten uns die Lektion sehr bald, und wenn wir auch nicht unseren Vorrat an Narzißmus erschöpften, so lernten wir doch, ihn zu erkennen und zu zügeln. Wir lernten, miteinander zu diskutieren und uns gegenseitig zuzuhören – was für eine Gruppe von Italienern (auch von italienischen Analytikern) ein denkwürdiges Ergebnis ist. Diese Gruppenarbeit dauerte rund vierzig Minuten, die nicht vorgeschriebenen waren, aber eingehalten wurden. Cremerius äußerte sich am Ende, während etwa zwanzig Minuten. Er gab in logischer oder dialektischer Folge die verschiedenen Beiträge wieder, einschließlich der Formulierungen, die ihm aufgefallen waren, und verbesserte dabei merklich unsere Darlegungen. Zum Schluß integrierte er die Überlegungen der Gruppe mit seiner umfassenden Erfahrung als Kliniker und mit theoretischen Bezügen zur Technik. Einige Teilnehmer hielten diese nicht aufoktroyierte, aber dennoch unausweichliche Disziplin nicht durch und zogen sich von der Gruppe zurück, weil sie nicht fähig waren, ihre Arbeitsweise darauf einzustellen. Die guten Beziehungen zu den anderen Kollegen und zu Cremerius blieben aber bestehen. Das monatliche Donnerstagseminar endete um 18.30 Uhr. Viele kamen anschließend noch zum Abendessen mit Cremerius in eine der Gaststätten der Mailänder Altstadt zusammen. Dort lockerte sich dann die Anspannung und die unnatürliche Disziplin. Die Konversation von Cremerius war brillant und farbig, seine Causerie äußerst unterhaltsam. Die politischen Diskussionen über heiße Gegenwartsthemen stärkten die Zusammengehörigkeit, das gegenseitige Vertrauen und das Gefühl, am Puls der Zeit zu sein. Cremerius' Einzelsupervisionen standen allen offen, solange seine Zeit reichte. Cremerius geizte nie mit seiner Zeit, nur auf den Besuch einer Ausstellung, einer Theateraufführung oder auf einen Besuch bei einem Kollegen daheim hätte er nie verzichtet.

Mit Cremerius haben wir kein einziges Buch geschrieben noch an Zusammenkünften teilgenommen, wo wir eine Gruppenarbeit vorgestellt hätten. Die Ausbildung war und blieb mündlich und sokratisch. Einige der Schüler, die mit ihm am tiefsten in Einklang standen und mittlerweile zu Ausbildern in den heutigen Kursen geworden sind, setzen seine Didaktik mit hervorragenden Ergebnissen fort und halten auch die Tradition der geselligen Zusammenkünfte hoch.

Benedettis Seminare beruhen hauptsächlich auf der Form der schriftlichen Mitteilung, sowohl von seiner Seite wie von jener der Teilnehmer. Seit 1971 wurden alle in den monatlichen Seminaren besprochenen Fälle ebenso wie Benedettis Kommentare schriftlich vorgestellt (ursprünglich dauerten die Seminare anderthalb Stunden, dehnten sich aber bald auf drei Stunden aus). Die Gruppendiskussion wurde auf Band aufgenommen und später vom Vortragenden oder sonst einem Opferwilligen transkribiert. Der Text wurde an die Teilnehmer im voraus verteilt und Benedetti selbst zehn Tage vor der Zusammenkunft zugestellt. Wenn das Seminar begann, kannten wir alle bereits das Thema und hatten uns auf die Diskussion vorbereitet. Der Vortragende legte zumeist dar, was sich in den letzten Therapiestunden seit der Niederschrift an Neuem ereignet hatte. Er berichtete, wie er sich bei der durch die Niederschrift geforderten Reflexion über die Therapie gefühlt hatte, was er von Benedetti und von der Gruppe erwartete. Es war eine natürliche Art, die Stimmung zu lockern und ein Gefühl des gegenseitigen Einverständnisses zu schaffen. Dann bat der eine oder andere Kollege um zusätzliche Erläuterungen: »Auf Seite sowieso sagst du, daß ... Ich finde keinen Bezug auf ...«, es entstand ein Gewebe von Fragen und Antworten, die den Patienten nach und nach zu einer lebendigen Gestalt machten und aus der Zweidimensionalität der geschriebene Seite heraushoben. Nur wer eine glückliche Hand besaß, vermochte schon in der Niederschrift dreidimensionale, lebendige Wesen zu erschaffen und eine Atmosphäre, die man mitfühlen konnte. Andere Fälle dagegen schienen sich auf dem Papier alle zu gleichen, waren nicht viel mehr als lange und eher langweilige Anamnesen. Wenn man zur Formulierung der Diagnose überging, war es, als hätte man den Strom eingeschaltet, und die Gruppe steigerte sich zu ihren besten Leistungen. Der Vortragende hielt sich im Hintergrund, Benedetti hörte schweigend zu, alle Teilnehmer äußerten übereinstimmende oder widerstreitende Meinungen. Dann wurde das therapeutische Vorgehen besprochen. Manchmal wurde Kritik gegenüber dem Therapeuten geäußert, und Benedetti griff ein, um uns mit ruhiger Autorität zur Respektierung des therapeutischen Paars zu ermahnen.

Ich erinnere mich an leidenschaftliche Diskussionen, die eine Verlängerung des Seminars erforderten. Entscheidend dafür war auch die Tatsache, daß Benedetti keinerlei Grenzen für die Gruppengröße festlegte. Mit der Zeit wurden die Gesuche um Teilnahme immer zahlreicher, und nur die Ausmaße des Raums erzwangen eine Grenze (zeitweilig waren wir zweiundzwanzig!). Danach waren wir gespannt auf das Folgende: Benedetti las seine Reflexionen zu dem Fall und faßte seine Hypothesen mit den seiner Auffassung nach bedeutsamsten Diskussionsbeiträgen zusammen. Das Gesicht des Vortragenden, der zur Linken Benedettis saß, entspannte sich zusehends. Allen erschienen die Anmerkungen des Lehrers von einer umwerfenden klinischen Intelligenz und zugleich von einer menschlichen Herzlichkeit, die alles umfaßte.

Benedetti hob alles, was sich aus dem Text herausholen ließ, in ein positives Licht und ging erst dann zu den kritischen Punkten über. Statt zu urteilen, wies er nur auf problematische Bezüge oder fehlende Folgerungen hin und legte verschiedene Interpretationsmöglichkeiten vor. Nie hat sich ein Vortragender von Benedettis Kommentaren enttäuscht oder verletzt oder zu wenig angenommen gefühlt. Wenn der Text wirklich ärmlich oder das therapeutische Vorgehen einfach nur korrekt, schematisch, lehrbuchartig war, ging Benedetti zu einem Vorlesungsstil über und besprach allgemeine Themen mit kritischen Hinweisen zu einschlägigen Neuerscheinungen.

Die in unserem Seminar diskutierten Fälle reichen vom Januar 1971 bis Dezember 1987. Von 1981 an nahmen die Gruppen an Umfang zu wegen des Eintritts neuer Schüler, für die einige von uns die Rolle der Ausbilder übernahmen. Die Aufzeichnungen, über die ich verfüge, reichen bis zum Jahr 1991. Dann bin ich zu einem anderen Ausbildungsabschnitt gewechselt.

In den Spezialisierungskursen und der gegenwärtigen Ausbildungspraxis der SPP (Schule für Psychoanalytische Psychotherapie) hat sich diese Vorgehensweise teilweise erhalten, vor allem in den monatlichen Seminaren über Psychosen, die von Dr. Elia[1] geleitet werden, nur daß Handschrift, Schreibmaschine, Wachsmatrizen durch Disketten ersetzt wurden.

Mir war von Anfang an aufgefallen, daß Benedetti zuweilen ein Blatt nahm und ein paar Wörter oder Sätze notierte, während er andere Male während des ganzen Seminars keine Zeile schrieb; so war es auch während der Einzelsupervisionen. Mir wurde klar, als ich seine Notizen am Ende der Seminare einsammelte, um sie auf der Maschine zu schreiben und ihm geordnet zurückzugeben, daß er wie im Flug Sätze, Bilder, Hypothesen und Gedanken notierte, die in seinem Geist etwas in Bewegung setzten, was mit seinem Lieblingsthema, der Therapie der Schizophrenie, zu tun hatte.

Heute denke ich an jene Jahre nicht mit Wehmut, denn ich konnte viel Gutes für mich verinnerlichen, sondern vielmehr mit Bewunderung. Wir waren eine wunderbare Arbeits- und Freundschaftsgruppe, weil wir diesen Lehrer hatten. Wir brachten einen professionelle Ernst mit, die Bereitschaft zu einer Verpflichtung, die ernst genommen wurde. Wir bildeten einen kleinen wissenschaftlichen Bund, der mit konstantem und leidenschaftlichem Organisationstalent die vielfältigsten Aufgaben erledigte: mit Benedetti abgestimmte Zweijahrespläne für Studium und Forschung, Niederschrift der klinischen Fälle, einen Zeitplan für das Zusammenstellen der Manuskripte (die vorhandenen Schreibmaschinenskripte waren nicht sehr zahlreich); die Stafette zwischen dem Institut und der liebenswürdigen Signora Zelia, die bis zu ihrem Tod sämtliche Arbeiten Benedettis und unserer Seminare getippt hat und von Zeit zu Zeit nach dem Wohlergehen der Patienten fragte, deren Geschichte sie gerade schrieb. Wie ein Alptraum steigt

---

1 Ciro Elia ist der gegenwärtige Präsident der Associazione di Studi Psicoanalitici (ASP), deren Ehrenpräsident Benedetti ist. Er ist Gründer der Zeitschrift »Setting«, die von Moretti & Vitali, Bergamo, herausgegeben wird. »Setting« ist die Nachfolgezeitschrift der »Quaderni ASP« (1990–1995), von der 12 Nummern im Verlag der ASP erschienen sind.

in mir die Erinnerung an unsere italienische Post auf, mit ihren chronischen Fehlleistungen, ihren Streiks, einmal sogar dem Brand des Briefkastens, in dem unser Material lag. Wir fanden einen Kollegen, der, wenn wir in einem ausweglosen Debakel der Post steckten, an die Grenze nach Chiasso fuhr, um die Post aufzugeben, damit der Professor rechtzeitig die Fallbesprechung bekam.

Als wir zu Beginn des Jahres 1971 merkten, daß die organisatorischen Arbeiten auch die Vorbereitung der Maschinenskripte mit einschlossen, und dabei den Aufwand mit den organisatorisch so viel einfacheren Seminaren von Cremerius verglichen, fragte ich den Professor, nach welcher didaktischen Methodologie er arbeite. Er antwortete mir ganz ruhig, die Forderung nach einer Niederschrift der Fallgeschichten sei sein persönlicher Wunsch. Er hat eine Gehörbeeinträchtigung und konnte unseren zahlreichen und lautstarken Debatten in der Gruppe schlecht folgen. Zudem mußte er sich in den Patienten, von dem berichtet wurde, völlig einfühlen, um über ihn reflektieren zu können. Aus diesen schlichten Voraussetzungen und der Einsicht in die eigenen Begrenzungen entstand eine Methode der Gruppenarbeit, die reiche Früchte brachte.

Wir behandelten der Reihe nach, ohne allzu starre Ordnung, die phobischen Zwangsneurosen, die Depression, die Hysterie und die hysterische Psychose, dann die Schizophrenie und die Borderline-Fälle. Aus diese letzten Seminaren entstand als gemeinsame Publikation der erste Band, der im Jahr 1979 unter dem Titel »Paziente e analista nella terapia della psicosi« publiziert wurde. Dann wandten wir uns der Psychosomatik zu: dreizehn Fälle, die von neun Therapeuten behandelt wurden, und ein von Benedetti geleiteter Workshop mit sechs Teilnehmern ergaben einen Beitrag, der am 5. Internationalen Psychosomatikkongreß in Jerusalem im September 1979 vorgestellt wurde. Einige von uns hatten begonnen, mit Benedetti zu den internationalen Symposien über Schizophrenie zu fahren: zum 5. Symposion in Oslo (1975), zum 6. in Lausanne (1978), zum 7. in Heidelberg (1980), zum 8. in New Haven (1984), wo wir einen von Benedetti geleiteten Workshop vorstellten, zum 9. Symposion in Turin (1988), das von Benedetti, Furlan und der Mailänder Gruppe organisiert wurde. Zu dieser Authentizität der Ausbildung gehört auch das eigene Handeln und die Weitergabe dieser Fähigkeit an andere. So konnte in Mailand eine Schulidentität entstehen, die vielen Therapeuten eine ganz eigene Zugehörigkeit gibt.

Die Übertragungsliebe in der Ausbildung

Wer eine Ausbildung macht, sei es in Gruppenseminaren, sei es in Einzelsupervisionen, muß zumindest zeitweilig mit einer Reaktivierung ödipaler Übertragungen rechnen, die in der eigenen Analyse nicht genügend aufgelöst wurden (aber werden sie je ganz aufgelöst?). Diese Übertragungen bekunden sich auf verschiedene Arten und können beim Ausbilder gleichwertige Reaktivierungen auf der Ebene der Gegenübertragung auslösen. Im allgemeinen betrachtet man dies als eine zusätzliche Schwierigkeit, mit der man sich auseinandersetzen muß oder über die man Schweigen wahrt. Was schwerfällt, ist, darin eine Erfahrung zu sehen, die zur Ausbildung gehört. Jeder Ausbilder sucht individuell Hilfe, wenn er mit solchen Phänomenen konfrontiert ist. Soweit ich mich erinnere, wurde das Thema nie in einem von Benedettis Mailänder Seminaren auf theoretischer Ebene explizit angesprochen. Vielleicht, weil wir es nie in einer Diskussion oder einem schriftlichen Bericht vorgebracht haben.

Die Fälle, mit denen ich während meiner Tätigkeit als Lehranalytikerin konfrontiert wurde – ein paar wenige männliche Schüler – habe ich allein gelöst, indem ich mich an das erinnerte, was ich bei Benedetti gelernt hatte. In meinen Supervisionsstunden bei Benedetti hatte ich ein paarmal von Situationen in Einzeltherapien berichtet, die mich in Verlegenheit gebracht hatten, besonders zu Beginn meiner Berufstätigkeit. Sowohl Kinder wie Jugendliche, männliche wie weibliche, hatten mich explizit um Liebesbezeugungen gebeten. Benedetti, der sonst die Vorstellung eines Falls nie unterbrach, fiel mir bei diesen Gelegenheiten fast sofort ins Wort: »Mit Kindern habe ich keine Erfahrung.« Seine streng theoretischen Einsichten waren für mich auf der Ebene des klinischen Handelns nicht sehr hilfreich. Doch die Tatsache, daß wir gemeinsam über das Thema nachdachten, befreite mich von der Angst; ich konnte wieder mit klarem Geist urteilen, und in einer Folge rascher Assoziationen kamen lebhafte Fragmente kindlicher Erinnerungen auf. Für mich waren diese Supervisionsstunden echte persönliche Analysen, die ich in darauffolgenden Phasen der Selbstanalyse mit psychoanalytischen Lektüren fortsetzte, mit meinen Fragen an die Autoren und der Suche nach Antworten. Benedetti bezog sich auf Freud (den er mit seinem fabelhaften Gedächtnis wörtlich zitierte) oder auf wenige andere Autoren. Mit seiner Hilfe gewöhnte ich mir an, ohne Eile und moralische Vorbehalte zu betrachten und darauf zu hören, auf welche Art sich Reaktualisierungen von Liebesgefühlen ausdrückten. Ich lernte zu unterscheiden, ob der Patient, gleichgültig ob es sich um ein Kind oder einen Erwachsenen handelte, seine ursprünglichen Sexualtriebe zu verdrängen vermag oder ob die Verdrängung aufgehoben ist und der Patient seine Triebe ausagiert. Ich lernte mit anderen Worten erkennen, ob eine Idealisierung vorlag oder nur die *naschhafte Lust* auf das Objekt, wie er zu sagen pflegte.

Die Verliebtheit, die die kindliche Triebhaftigkeit auf Distanz hält, indem sie den andern mit Zärtlichkeit, Fürsorge, Hingabe idealisiert, wurde von Benedetti leidenschaftlich und poetisch beschrieben. Diese Fähigkeit, den anderen mit Augen zu sehen, die ihn neu erschaffen, war ihm, wie er sagte, von seinen Eltern vermittelt worden, von Angehörigen seiner Familie, von Lehrergestalten, derer er mit Rührung gedachte. Manchmal beschrieb er deren innere Gegenwart, die seine Haltung gegenüber dem Leiden prägte, in der wissenschaftlichen Korrespondenz, die er mit einigen von uns führte.

Jene Form unkontrollierter Verliebtheit dagegen, die in eine Liebesleidenschaft mündet, wie sie sich zeigt bei »Frauen von elementarer Leidenschaftlichkeit, welche keine Surrogate verträgt ... die das Psychische nicht für das Materielle nehmen wollen« (Freud 1915, S. 315), weckte bei Benedetti wenig Sympathie. Er konnte die Hysterie gut verstehen, doch sein Herz war anderswo, dort, wo das Leiden in der Katastrophe endet. Es ist vermutlich kein Zufall, daß er im Verlauf der Seminare über Hysterie mehrmals die ablehnende Haltung Sullivans gegenüber der Hysterie zitierte. Wir jungen Frauen in der Gruppe waren innerlich erzürnt über diese Haltung, hatten aber noch kein theoretisches Bewußtsein dagegenzuhalten. Dem Zeitgeist entsprechend, gründeten wir mit zur Schau getragener Diskretion eine kleine feministische Gruppe von Analytikerinnen, gemeinsam mit intellektuellen Freundinnen verschiedener Fachrichtungen, und begannen Werke zu lesen und zu kommentieren, die ausschließlich von Frauen waren und ausschließlich von Frauen handelten. Als einzige Ausnahme figurierte auf unserer Lektüreliste Fjodor Dostojewskis »Die Sanfte«. Als ich nach zwei Jahren verschwörerischer Lektüre dem Professore gegenüber die Frauengruppe erwähnte, riet er mir mit leiser Ironie, auch andere Autoren zu berücksichtigen, die er mir dann nannte und deren Lektüre tatsächlich sehr lohnend war.

Ich glaube, daß Benedetti, auch ohne eine offene Diskussion über das Thema, die bei uns in Mailand nie stattfand, sich mit der Übertragungsliebe in der Ausbildung in seinem Tun und Handeln auseinandersetzte, indem er mit äußerster Klarheit, Umsicht und Menschlichkeit vorging und dabei immer seine eigene Gegenübertragung im Auge behielt – aber das könnte nur er uns wirklich erzählen.

Ich würde die Haltung Benedettis »eine Position der intimen Distanz« nennen.

Wenn er Schülern begegnete, die »in den Maestro verliebt«, zugleich aber zu Zärtlichkeit und Fürsorge fähig waren und die Regeln der Ausbildung einhielten, akzeptierte er ihre Idealisierung seiner Person und lenkte, ohne zu intepretieren oder zu verletzen, die unerhörte Aktivierung ihrer Energien, indem er sie zu einer gemeinsamen analytischen Arbeit sublimierte und sich dabei umsichtig jeder Form allzu personalisierter Präsenz entzog. Er hatte ein unerhörtes Pfadfindertalent beim Erspüren des therapeutischen Potentials von Schülern, die ihre Begabung nicht kannten, und half so jedem von uns, zu dem unverwechselbaren Therapeuten zu werden, der in ihm angelegt war. Er brachte, ich weiß nicht wie, auch jene, die am wenigsten Begabung fürs Schreiben besaßen, dazu, Therapieerfahrungen niederzuschreiben, und selbst die Seßhaftesten unter uns konnte er, zumindest einige Male, dazu bringen, zu den internationalen Symposien über Schizophrenie zu reisen.

Mit jenen Schülern, die sich *des Lehrers bemächtigen wollten*, den Leidenschaftlichen, die versuchten, seine Zurückhaltung und die ungeschriebenen, aber sehr klaren Regeln der Ausbildung zu überrennen, war Benedetti von einer freundlichen Unbeugsamkeit (meines Erachtens mehr gegenüber den Frauen als den Männern). Er bediente sich der Frustration, die er in keineswegs homöopathischen Dosen, aber auch ohne Übermaß einsetzte – letztlich blieb er immer der Therapeut. Die jähe Enttäuschung schreckte die Leidenschaftliche von jedem weiteren Versuch ab, ihn zu verführen. Ich erinnere mich, unter anderem, an ein Beispiel von abschreckender Intervention unter anderen, eines, das ich aus dem Munde der Betroffenen erfuhr. Eine Kollegin, die die Ausbildung gleichzeitig mit mir gemacht hatte, bat mich um eine Supervision. Sie wollte eine festgefahrene Situation verstehen, die in einer Therapie von ihr mit einer hysterischen Patientin entstanden war. Zur Klärung erzählte sie mir auch einen Gegenübertragungstraum. Da ich wußte, wie sehr sie Professor Benedetti bewunderte, riet ich ihr, diese Träume zu ihm in die Supervision zu bringen. Sie schwieg eine Weile und wurde dann von einer starken Emotion ergriffen. Sie erzählte mir, daß sie im Sommer bereits von Mittelitalien nach Basel »hinaufgefahren« war und dem Professor eine Sammlung ihrer Gegenübertragungsträume gebracht hatte, zusammen mit Träumen von Patientinnen von ihr, im Wissen, daß der Professore sich für dieses Thema interessierte. Benedetti fand die Träume interessant, und wie es bei ihm üblich war, bat er die Kollegin um die Erlaubnis, sie behalten und in seine Publikationen unter Angabe der Quelle verwenden zu können. Doch die Kollegin erlebte dies vielleicht im Innersten nicht als einen Austausch zwischen zwei geistigen Wesen, sondern als den symbolischen Vorgang auf anderer Ebene. »Am Ende der Begegnung, als ich gerade voller Seligkeit gehen wollte, sagte mir der Professor, ich hätte das Honorar vergessen. Jetzt stell dir einmal vor, nach allem, was er mir gesagt hat, wollte er ein Honorar von mir!« Es half nichts, daß ich den Vorgang verstand und darauf hinwies, das Honorar entschädige die Arbeitszeit der Supervision, nicht den Austausch intellektueller Erfahrungen. »Benedetti hat mich enttäuscht, wie alle anderen«, war die schmerzliche und, soviel ich weiß, unabänderliche Schlußfolgerung.

Ich will damit schließen, indem ich Benedetti das Wort gebe, um seine Erinnerungen an unser gemeinsames Mailänder Unternehmen zu schildern:

»... Italiener der Herkunft und der Neigung nach, obwohl ich in der Schweiz tätig war, gründete ich vor fast vierzig Jahren in Mailand ein Zentrum für Psychoanalytische Forschung (mit P. F. Galli, Anm. der Verf.), aus dem sich in den Jahren zwischen 1970 und 1980 die Schule für Psychoanalytische Psychotherapie (SPP) und eine Gesellschaft für Psychoanalytische Studien (ASP: Associazione di Studi Psicoanalitici) entwickelten, die mit ihrer Integration in die Federation of Psychoanalytic Societies (IFPS) 1989 internationale Anerkennung fanden.

Meine Publikationen (›Alienazione e personazione nella psicoterapia della malattia mentale‹[1], ›Paziente e analista nella terapia delle psicosi‹, ›Paziente e terapeuta nella situazione psicotica‹), alle in Zusammenarbeit mit den Mailänder Kollegen und mit ihren klinischen und theoretischen Beiträgen entstanden, sind ein greifbares Zeugnis unserer gemeinsamen Tätigkeit, unserer gemeinsamen Erfahrungen und

---

1 Dt.: Todeslandschaften der Seele. Göttingen, 1995.

unserer Bemühungen, das ›Leiden am Leben‹ in seinen radikalsten Formen zu behandeln.

Natürlich bildete mein spezifisches Interesse für die Psychotherapie der Psychosen nur den Kern am Anfang und einen ständigen Leitfaden; viele andere Zweige sind diesem Baum entsprungen und haben ihre Knospen entfaltet ... die Psychotherapie der Schizophrenie, die Kinder- und Jugendpsychotherapie, die psychoanalytische Konzeptualisierung des Selbst, die Pathologie des Über-Ich, die narzißtischen Borderline-Syndrome, die empirische Forschung zum psychoanalitschen Psychotherapieprozeß.

Seminare, Studientage, Treffen und Supervisionen, gewiß, doch auch Mitarbeit und Ausbildung in den öffentlichen Institutionen, in den vermittelnden Strukturen, den Familienberatungsstellen, den Zentren für psychische Gesundheit, Rehabilitation und Wiedereingliederung. Damit dieser interpersonale und interaktive Umgang mit psychischen Störungen nicht verdrängt wird von reduktionistischen und gleichmacherischen Konzepten und Behandlungsmethoden.

Jetzt, da das fortgeschrittene Alter mir die monatlichen Kontakte mit den Mailänder Kollegen und Schülern versagt, die für mich während Jahrzehnten ein vertrauter Umgang waren, sehe ich, daß ihre wissenschaftliche, kulturelle und therapeutische Aktivität weitergeht und sich entfaltet« (Benedetti 1998).

J. Gedo, der sich nicht gerade milde ausdrückt, wenn es um Ausbildung und Lehranalytiker geht, schreibt: »... sie müssen die typischen Eigenschaften eines guten Lehrers haben ... sie müssen Vertrauen einflößen ... Das erreicht man nicht mit der geschickten Handhabung einer vorgeschriebenen Technik ... das Vertrauen entspringt der *Inspiration*. Analytiker flößen Vertrauen ein aus der Realität, die ihre Person ausmacht: dem Anteil an Mut und Großzügigkeit, an Ausdauer und Gewissenhaftigkeit, Weisheit, Humor und Empathie, mit dem sie ausgestattet sind« (1999).

Unser Segen ist es, daß uns mit Benedetti während vieler Jahre und auch heute noch eine inspirierte Person, ein gerechter Mensch nahe ist.

Literatur

d'Alfonso, E. R. (1988): Uno sguardo retrospettivo dal Io als IXo symposio internazionale sulla psicoterapia della schizofrenia. Psicoterapia e Scienze Umane, n. 2: 72–84.

Benedetti, G. et al. (1979): Paziente e analista nella terapia delle psicosi. Milano, S. 395ff.

Benedetti, G. (1998): Vorwort zu »Affetti e Pensiero«.

Bunge, G. (1992): Akedia La dottrina spirituale di Evagrio Pontico sulla accidia. Ed. Scritti Monastici, Abbazia di Praglia, prefazione di G. Benedetti, S. 7–13.

Conci, M. (1997): Nachwort in: Benedetti, G. (1992): Psychotherapie als exitentielle Herausforderung. Göttingen.

Cremerius, J. (1986): Lo stato dell'arte della tecnica psicoanalitica. Psicoterapia et Scienze Umane, n. 3: 522.

Cremerius, J. (1996): I limiti del Selbstaufklärung analitico e la gerarchia della formazione istitutionalizzata. Psicoterapia e Scienze umane, 199, n. 3: 5–22. (dt. in: Luzifer-Amor)

Freud, S. (1915): Bemerkungen über die Übertragungsliebe. G. W. Bd. X. Frankfurt a. M.

Galli, P. F. (1993): Le psicoanalisi e la crisi della psicoanalisi. In: Freud e la ricerca psicologica. Bologna.

Gedo, J. E. (1999): Sull'ispirare fiducia. In: Rivista di Psicoanalisi. Roma, n. 1, S. 119–129.

Isotti, M. (1978): Amore mio nemico. Milano.

Morerio, P. G. (1997): Benedetti e Lacan Riflessioni su due Autori. Prefazione di G. Benedetti Milano.

Peciccia M.; Benedetti, G. (1995): Il simbolo schizofrenico rivisitato. Quaderni ASP, n. 12: 29–41.

Peciccia M.; Benedetti, G. (1995): Sogno inconscio psicosi. Chieti.

Peciccia, M.; Benedetti, G. (1995): La comunicazione psicoterapeutica con il paziente schizofrenico attreverso il disegno speculare progressivo terapeutico. Quaderni ASP, n. 12: 71–98.

Peciccia, M.; Benedetti, G. (1996): Interazione affettivo-rappresentazionale del Paziente e del Terapeuta. Setting, n. 3: 281–285.

Patrick Faugeras

Übersetzen als Dimension der Begegnung

Die Werke von Gaetano Benedetti sind in gut zehn Sprachen übersetzt worden. Aber jenseits dieser Art von Übersetzung im gewohnten Sinn hat sich eine tiefere und wesentlichere Übersetzung in den zahllosen Lesern ereignet, die sich von diesem Denken genährt, es in ihre eigene Sichtweise der psychischen Welt integriert, es in ihre Haltung gegenüber den Kranken übertragen und darin neue Horizonte entdeckt und neue Hoffnungen geschöpft haben.

Der Akt des Übersetzens ist zentral im Vorgehen von Gaetano Benedetti selbst. Weit davon entfernt, die Erlebnisweisen der psychisch Kranken als Fremdsprachen zu klassifizieren, die zu sprechen man tunlichst unterläßt, öffnet er ihnen und damit auch ihrer »Sprache« die Tore seiner eigenen psychischen Wirklichkeit und bietet darin dem Leiden eine Heimat an, wo es sich weiter entwickeln und zu neuen Formen finden kann, wie verzerrt diese auch sein mögen; er leiht ihnen seine eigene »Sprache«, »übersetzt« sie, damit sie sich entfalten in »einem dualisierten Wahn« und sich darin schließlich selbst überschreiten zu einer Art von Befreiung hin. Es ist ein Akt des Sich-Öffnens, der sich verbindet mit der Nüchternheit des Forschers und Klinikers, mit einem wissenschaftlichen Erkennen ohne Selbstgefälligkeit, und zugleich mit der Fähigkeit, in beidem unbedingt sich selbst zu bleiben. Um diesen Preis, und nur um diesen Preis, kann es gelingen, in der therapeutischen Begegnung das Leiden in Hoffnung zu übersetzen, eine Übersetzung als existentiellen Akt zu verwirklichen.

Es ist die gleiche Herausforderung, der sich ein Übersetzer stellen muß, wenn er, verwurzelt in seiner eigenen Kultur, sich einem »fremden« Text öffnet, in der Begegnung sich ihm zugleich ausliefern und er selbst bleiben muß und einen eigenen Text zu schaffen sucht, der jenen des Autors, den er übersetzt, durchscheinen läßt und so transparent bleibt auf ihn hin.

Es gibt eine Art von Transparenz, die sich unauffällig durch einen Zug verdoppelt, der sie hervorhebt und sie damit in ihrer Transparenz bestätigt. Wenn es sich um Übersetzung handelt, müssen darin vielleicht nicht nur die Freiheiten eines Schriftstellers gesehen werden, der mangels eigener Schöpferkraft auf diesem Weg wohlfeil eine Möglichkeit findet, seinen Schreibimpuls zu befriedigen, und der es sich erspart, »die Seite, die ihre Unberührtheit verteidigt«, wie Mallarmé schreibt, aufzubrechen, eine Seite, die, wie in einigen Bildern meiner Kindheit, den Leser vermuten lassen würde, daß eine Person in der Landschaft versteckt ist (natürlich immer im Blattwerk). Vielleicht ..., doch welche auch immer die Art dieser Transparenz sein mag, es entsteht im Akt des Übersetzens eine wechselseitige Spiegelung, in der Autor und Übersetzer sich anders entdecken und anderes entdecken, als das, worauf sie gefaßt sein konnten: in erster Linie, daß die Beziehung zu einer fremden Sprache auch eine Beziehung zur eigenen Sprache als fremde schafft, aber auch, daß ein Stil bestimmt wird durch einen mehr unbewußten Anmutungscharakter, durch einen Rhythmus, der nichts gemeinsam hat mit den Moden, Ticks und anderen Sprachwendungen, welche unseren Tribut an eine gewisse Modernität ausmachen.

Soll diese Zugabe zur Transparenz als ein Mangel der Übersetzung verstanden werden, als eine Koketterie, oder aber als das, was unserem Grauen entspringt – unserem Angezogenwerden und unserem Zurückweichen vor dem Identischsein und dem Ausgelöschtwerden, das es voraussetzt? Jorge Luis Borges erschafft in einer seiner Novellen von *Fiktionen* die Gestalt des Pierre Ménard, eines Schriftstellers aus Nîmes, der drei Jahrhunderte nach Cervantes einen Don Quijote geschrieben haben soll, in allem identisch mit dem Original, der aber gemäß der genauen und strengen Argumentation von Borges dennoch völlig verschieden von diesem sein soll. Borges gibt ein Beispiel: während Cervantes schreibt: »... die Wahrheit, deren Mutter die Geschichte ist, Nebenbuhlerin der Zeit, Archiv aller Taten, Zeugin des Verflossenen, Vorbild und Anzeige des Gegenwärtigen, Hinweis auf das Künftige ...«, schreibt Pierre Ménard seinerseits: »... die Wahrheit, deren Mutter die Geschichte ist, Nebenbuhlerin der Zeit, Archiv aller Taten, Zeugin des Verflossenen, Vorbild und Anzeige des Gegenwärtigen, Hinweis auf das Künftige ...«, und Borges beeilt sich zu betonen, daß bei Cervantes »diese Aufzählung ein bloßes rhetorisches Lob auf die Geschichte ist«, bei Ménard hingegen, Zeitgenosse von

William James, ist es ein »verblüffender Gedanke«, die Geschichte als *Mutter* der Wahrheit zu betrachten: »Die historische Wahrheit ist für ihn nicht das Geschehene; sie ist unser Urteil über das Geschehene« (Borges, Bd. 5, S. 35–45).

Die Ironie und die Kraft der Erzählungen von Borges übersteigen alle Möglichkeiten des Kommentars; was uns hier jedoch einzig interessiert, ist einerseits die Bedeutung, die diese Erzählung dem Kontext und der Intertextualität (zwei identische Texte in zwei verschiedenen Kontexten können nicht die gleichen sein) beimißt, und andererseits dieses Entsetzen vor dem Identischen, das sie weckt, und das, wenn es als solches auftaucht, sofort verleugnet wird im Namen der extravagantesten Unterscheidungen. Das ist eine andere Art, das Vergehen des Verrats zu verstehen, das der Übersetzer vielfach verantworten muß (vgl. ital. traduttore – Übersetzer/traditore – Verräter), ein Verrat, der nicht mehr das Eingeständnis eines Ungenügens wäre aus Mangel oder aus Übertreibung sondern der einem letzten kaum wahrnehmbaren Sich-Zurücknehmen entspringt, einem Willen zum Verrat sozusagen, im Augenblick des Aufgehens im Identischen. Ist also vielleicht sogar der Verrat die Bedingung für die Möglichkeit der Übersetzung, oder, um genauer zu sein, des Eintretens in das Übersetzen eines Textes, weil neue Übersetzungen aus den immer neuen Horizonten sich rechtfertigen Horizonte, in die jede Übersetzung sich einschreibt? Wäre dann die Übersetzung eine Dialektik zwischen dem Eigenen und dem Fremden, die sich nicht auflöst durch das Ersetzen einer Sprache durch eine andere, und die voraussetzen würde, wie die alten Griechen uns lehrten, die Erfahrung seiner eigenen Sprache als einer fremden zu machen? Würde die Transparenz einer Sprache zu einer anderen hin voraussetzen, daß ein Subjekt sich angesichts eines anderen Subjekts auslöscht?

Jede Übersetzung entspringt einem Gewebe von Vorstellungen, die ebenso gut als Vorbedingung des Übersetzens und Verstehens wirken können wie als Zensurmechanismen, wobei letztere nicht notwendigerweise an eine subjektive Position gebunden sind, sondern von der Funktion der Übersetzung als solcher herrühren. Wie wenn die Einstellung, die der Akt des Übersetzens voraussetzt, zugleich eine Reihe von Abläufen auslösen würde, die eine zensurierende Wirkung hätten. Doch in einem weiter gefaßten Sinn könnte man sagen, daß jede Übersetzung sich in eine Gesamtheit von Vorstellungen einreiht, die weitgehend unbewußt sind, die sich ebenso sehr aus dem reinen Mißverstehen des konzeptuellen Rahmens des Werkes ergeben, das heißt, aus der Unkenntnis der Entstehungsgeschichte, der Beziehungen mit anderen Werken zum Beispiel als auch aus Dogmen, die kühn verteidigt werden, und aus naivsten Glaubensüberzeugungen, die nicht aufhören, auch unsere wissenschaftlichsten Räume zu bewohnen.

Gaetano Benedetti betont, daß er sein Interesse für die Psychiatrie und die Psychoanalyse seinem Vater verdankt, der als Arzt *stundenlang seinen Patienten am Krankenbett zuhören konnte, die ihm ihre Lebensgeschichte anvertrauten. Von ihm hat er unbewußt die Grundlagen der Psychotherapie erlernt.*[1] *Auch die Mitmenschlichkeit seiner Mutter, von der er das Vertrauen in eine nicht zerstörbare Tiefe der menschlichen Seele erhalten hat,* stärkte die Motivation für seinen Beruf. *Die Einsamkeit seiner Kindheit, welche die Sensibilität für die leidenden Menschen weckte,* und *ein ungebrochener Optimismus aus der Erfahrung der Geborgenheit,* haben beide zu diesem Fundament beigetragen. In der Zeit der Jugend waren seine Begegnung mit der Philosophie und die wichtige Rolle der Erfahrung des Unbewußten und des Traums auf dem Weg zu sich selbst in ihrem Einfluß ebenso bestimmend. Er beendete seine psychiatrischen Studien in seiner Heimatstadt, wo Vito Buscaino sein Lehrer war, der als der bekannteste Vertreter einer streng organischen Psychiatrie galt und damals das ganze Gebiet der Psychiatrie beherrschte. Da Gaetano Benedetti sich aber über die zeitgenössischen neurologischen Forschungen stets auf dem laufenden hielt, vertat er immer den Gesichtspunkt der Interaktion der biologischen und der psychischen Momente in der Krankheitsentstehung der Schizophrenie, eine Ansicht, in der er die Auffassungen Manfred Bleulers teilte. Am Ende seiner psychiatrischen Ausbildung, 1947, begab er sich nach Zürich, wo Manfred Bleuler das Burghölzli leitete; dieser schrieb einmal in bezug auf Gaetano Benedetti: »Wir alle waren sehr berührt von seinem Einsatz für die schizophrenen Patienten und von der Intelligenz, mit welcher er die Psychodynamik ihres Lebens erfaßte.« Es war wirklich bemerkenswert, wie die Einfühlung, die Gaetano Benedetti seinen Patienten gegenüber zeigte, ganz und gar gleich war wie diejenige von Eugen Bleuler, die zu der

---

[1] In diesem Beitrag bezeichnen die kursiv gedruckten Textstellen Zitate von Gaetano Benedetti, die aus verschiedenen Quellen stammen, zum Teil auch aus persönlichen Mitteilungen. Über seinen Lebensweg vgl. »Psychoanalyse in Selbstdarstellungen«, Bd. II, Tübingen, 1994, S. 11–51.

Zeit noch die Atmosphäre der Klinik prägte. *Er wollte eigentlich nur für sechs Monate bei Manfred Bleuler in Zürich Psychiatrie studieren*, so erinnert sich Gaetano Benedetti, aber *aus den sechs Monaten wurde ein ganzes Leben.*

Während der Zürcher Zeit begab sich Gaetano Benedetti für ein Jahr nach New York, wo er mit John Nathanael Rosen arbeitete, der, wie er schreibt, *seine ersten Schritte auf dem Feld der Psychosentherapie leitete, dessen Methode aber in seiner späteren Tätigkeit nur wenige Spuren hinterlassen hat.* Das war für ihn auch die Gelegenheit, sich mit den Sichtweisen von Autoren wie Harry Stack Sullivan, Frieda Fromm-Reichmann, Harold Searles vertraut zu machen, deren Denken sich als ebenso prägend erweisen wird wie dasjenige, das in Zürich herrschte. Mit Martti Siirala, vom Therapeutischen Institut in Helsinki, und den Ärzten A. Johansson und E. Elnod, wie auch mit Marguerite Sechehaye, *deren Konzept der »Symbolischen Realisation« er übersetzte und theoretisch ausweitete in dasjenige der »Identifikation« (als Geburt des Selbst- und Dualitätssymbols in der Begegnung)*, legte Gaetano Benedetti die theoretischen Grundlagen seiner psychotherapeutischen Zugangsweise. Zurück in Zürich, führte er diese neue therapeutische Methode in der Universitätsklinik ein, und er nahm damit die alte Tradition von Eugen Bleuler und von C. G. Jung wieder auf.

»In Zürich, dem wichtigsten Zentrum der Jungschen Richtung, gab es ein Psychotherapeutisches Institut, das dem Burghölzli angegliedert war und das abwechselnd von Medard Boss (mit phänomenologischer Orientierung) und von Gustav Bally (mit psychoanalytischer Orientierung) geleitet wurde und wo die Auseinandersetzung zwischen Kollegen verschiedener Orientierung (es war auch ein Schüler von L. Szondi darunter) ein Teil der täglichen Arbeit war« (P. F. Galli). Der Austausch mit verschiedenen therapeutischen Orientierungen prägte Gaetano Benedettis Weg mit, auch wenn er *bei aller Offenheit für verschiedene Anregungen, für Denkanstöße außerhalb der Psychoanalyse, den Grundboden des Freudschen Denkens nie verlassen hat.*

Diese erste Erkundung der Horizonte der Übersetzung macht sichtbar, daß die Mehrheit der Denker und Kliniker, die das Denken von Gaetano Benedetti beeinflußt haben, lange Zeit von der französischen Psychiatrie und Psychoanalyse weitgehend nicht zur Kenntnis genommen wurden, ja zum Teil immer noch unbekannt sind. Da drängt sich die Frage auf, welcher Art ein Denken ist, das, um sich zu erarbeiten, a priori das ausschließt, was von den eigenen Sichtweisen abweicht, ja sich sogar, unter dem vielleicht ein wenig übereilten Vorwand, die Einheit und den Zusammenhalt eines Denkgebäudes zu sichern, das Lesen von Autoren verbietet, welche die eigenen Konzepte stören könnten. Unter diesen Autoren finden sich Namen wie Eugen Bleuler, dessen Hauptwerk »Dementia praecox oder Gruppe der Schizophrenien« erst seit kurzem in Frankreich übersetzt und publiziert wurde, Harry Stack Sullivan, dessen Hauptwerk »Die Schizophrenie, ein menschlicher Prozeß« in der gleichen Sammlung vor kurzem erschienen ist, oder auch Frieda Fromm-Reichmann, deren erste französische Übersetzung derzeit erstellt wird. Die Liste von solchen Autoren wäre lang.

Sie haben zwar manchmal unterschwellig eine gewisse Anzahl französischer Psychiater beeinflußt, sind aber aus unerfindlichen Gründen im schlimmsten Fall völlig unbekannt geblieben oder im besten Fall auf den Regalen zur Geschichte der psychiatrischen Klinik und der Psychoanalyse eingereiht worden. Das gilt auch für C. G. Jung, den Gaetano Benedetti *kurz, aber in eindrucksvoller Weise sowohl in Seminarien wie auch in persönlichen Gesprächen kennengelernt hat* und über den er schrieb: *Jung war ein großer Therapeut der Schizophrenie. Ich habe festgestellt, daß seine Fähigkeiten als Therapeut diejenigen als Theoretiker weit übertrafen; aber Jung hat uns in seinen Schriften beinahe nichts von alldem zurückgelassen. Sein »manifestes Denken« bleibt in diesem Gebiet weit hinter seinem »latenten Denken« zurück ... wenn er zum Beispiel schreibt, »daß es nützlich ist, den schizophrenen Patienten vor der übermäßigen Aktivität des kollektiven Unbewußten, dessen Archetypen das Bewußtsein überfluten, zu schützen, indem man ihm zeigt, daß diese archetypsichen Manifestationen auch in realen kulturellen Kontexten erscheinen« (das heißt, daß der Wahn übersetzt wurde in die Rationalisierung des Mythos) ... so besteht der durch diese Konzeptualisierung verdeckte »latente« Gedanke in der Entdeckung, daß es therapeutisch nicht angezeigt ist, zu stark analytisch deutend auf die Psychopathologie des Patienten, auf seine Komplexe und seine Widerstände einzugehen.* Und wenn Gaetano Benedetti in seinen eigenen frühen Schriften den von Jung geprägten Begriff des *kollektiven Unbewußten* gebraucht von ihm selbst neu definiert und als das *gemeinsame Unbewußte* bezeichnet und im späteren Werk konzeptualisiert als das *duale Unbewußte* – so müssen wir vielleicht manchmal auch den sich darin ausdrückenden latenten Gedanken heraushören, daß im Raum der Übertragung die Übernahme des Phänomens der Desintegration, wie sie der Psychose eigen ist, zu einer Dualisierung der psychotischen Erfahrung führt, und damit *eine Übergangszone der Erfahrung schafft, die beiden Teilnehmenden gleichzeitig gehört. Der Therapeut soll den psychotischen Patienten ansprechen in einem Seelenzustand, der so geartet ist, daß er sich mit ihm identifiziert und daß er sich selbst wieder aufbaut im Wiederaufbauen des Patienten. Er soll ihn, viel eindringlicher als die Normalität, die Dualität der psychotischen Erfahrungen erleben lassen – das heißt, in der Jungschen Terminologie, die Universalität der Archetypen.*

Der Beitrag von Harry Stack Sullivan, einem anderen von einer gewissen französischen Tradition verkannten Autor, die ihn vorschnell eingeteilt hat in die Rubrik »kulturalistische amerikanische Schule« (Ecole culturaliste américaine), war fundamental für die Theoriebildung von Gaetano Benedetti: Er teilt mit Sullivan nicht nur das Interesse für die Geisteskranken, die Freud als nicht analysierbar betrachtete, sondern er hat auch dessen Konzept der »teilnehmenden Beobachtung« weitgehend wieder aufgenommen und erweitert, vorab unter dem Begriff des interpersonalen dualen Raumes, das heißt einer teilweisen Introjektion des Erlebens des Patienten durch den Therapeuten. *Sehr oft entdeckt man, daß die Prozesse, die man analysieren und beschreiben will, nicht im Kranken stattfinden wie in einem Objekt; sie ereignen sich fortwährend in einem Feld, das ebenso dem Therapeuten wie dem Patienten gehört; dieser gemeinsame Raum steht im Zentrum unseres Forschens.* Ihnen ist ebenfalls gemeinsam, ihre Sichtweisen auf dem Postulat der »Einheit des Menschlichen« zu begründen, denn für Benedetti *ermöglicht die Beziehung mit dem psychotischen Patienten, wenn sie sich verwirklicht, ein tieferes Verstehen und eine Erhellung der existentiellen menschlichen Grundsituation, der conditio humana.*

Wenn man die Werke und die Autoren erwähnt, die Gaetano Benedettis Denken mitgeformt haben, darf das Werk *L'interprétation de la schizophrénie* von Silvano Arieti nicht unerwähnt bleiben, ein Werk, dessen zentrale Achse, nach Gaetano Benedetti, darin besteht, die Psychose als *eine Regression auf ein paläontologisches Niveau der Symbolisation, als Schutz vor der Angst*, zu verstehen; da das psychotische Erleben asymbolisch ist, konstruiert es sich wie eine Konkretisierung von projektiven und introjektiven Identifikationen, in der dann das Selbst mit der Welt symbiotisch verschmilzt. Gaetano Benedetti hat diese Auffassung nicht als solche übernommen, aber er wurde von ihr inspiriert, vor allem, als er mit Maurizio Peciccia das Konzept des symbiotischen und separaten Selbst entwickelte und nachweisen konnte, daß im schizophrenen Selbst deren Integration fehlt.

Dieser kurze Abriß zeigt, daß die Rezeption eines Autors auch die Rezeption der geistigen Einflüsse voraussetzt, die ihn geprägt haben. Im besonderen Fall des französischen Kulturraums deckt er zugleich weite Gebiete auf, die in der französischen Tradition nicht erschlossen wurden, und macht damit auf eine gewisse Einengung der französischen Denkweise auf dem Gebiet der Psychiatrie und Psychoanalyse aufmerksam, was aber keineswegs bedeutet, daß die Grundlagen für eine Öffnung nicht vorhanden wären. In der psychoanalytischen Tradition Frankreichs werden jedoch oft als Vorbedingung zur Rezeption von Gaetano Benedettis Werken zwei grundsätzliche Fragen gestellt: jene nach seinen Beziehungen zur Psychoanalyse und im besonderen jene nach seiner Haltung gegenüber der psychoanalytischen Theorie. Eine Skizze des Horizonts, wie sie eben gezeichnet wurde, könnte deshalb nicht befriedigen, ohne diese zwei für die Rezeption wesentlichen Fragen zu beleuchten.

Gaetano Benedetti spricht oft, wenn er seine Arbeit mit psychotischen Patienten darstellt, von der klinischen Praxis als einer Psychotherapie, die er von der Psychoanalyse unterscheidet – wir werden darauf später noch eingehen. Diese Unterscheidung scheint auch in Zusammenhang zu stehen mit »einem besonderen historischen Kontext und den Widerständen, die er im Rahmen der IPA (International Psychoanalytic Association) angetroffen hat wie alle, die von der Psychoanalyse ausgegangen sind und auf dieser aufgebaut haben, um dann aber eine verschiedene Zugangsweise zu dem noch weitgehend unbekannten Universum der Schizophrenie zu finden«, so sagt es Marco Conci und fährt fort: »In einer Epoche, die dominiert war durch die Standard Analytic Technique, wie sie von Kurt Eissler 1953 definiert wurde, war es nicht möglich, in der IPA von Gruppenpsychoanalyse oder von Psychoanalyse der Psychosen zu sprechen, sondern nur von Psychotherapie. Auf diese Weise verschloß sich Gaetano Benedetti zugleich der Weg der Psychoanalyse (Version IPA) – insofern die Psychopathologie der Psychosen es erforderlich machte, die psychoanalytische »Technik« neu zu durchdenken und auch einige der großen psychoanalytischen Konzepte in Frage zu stellen – wie auch der Weg der akademischen Psychiatrie, die ihrem Wesen nach wenig empfänglich ist für die psychodynamische Dimension, schon gar nicht auf dem Gebiet der Psychosen. *Wie das immer geschah in meinem Leben, habe ich mich auch in dieser Situation für meine Unabhängigkeit entschieden; ich wurde dadurch noch unbeirrbarer und entschiedener in der Weiterverfolgung meines Weges,* schreibt Gaetano Benedetti. Während seine Grundorientierung unleugbar psychoanalytisch ist, hat er unaufhörlich deren Grenzen hinterfragt, gedrängt durch die Therapie der Psychosen, die sich nicht zufriedengeben kann mit der Anwendung einer Standardtechnik, wie sie unter anderen Melanie Klein und ihre Epigonen vertreten und beschrieben haben.

Wenn die Hauptaufgabe des Therapeuten darin besteht, die narzißtische Verletzung des Patienten zu heilen, wird dies nie nur innerhalb der alleinigen Grenzen einer »Technik« möglich sein. »Technik« (im Eisslerschen Sinn) bezeichnet ein operationales Modell, gemäß dem der Patient das Objekt eines therapeutischen Prozesses wird, der gut organisiert und erprobt ist ... (nun aber) kann der Patient (seine Pathologie) nicht wirklich zu verstehen beginnen, solange diese narzißtische Lücke nicht, wenigstens zum Teil, ausgefüllt ist. Und dies kann sich nur in dem Ausmaß ereignen, als der Patient aufhört, ein therapeutisches Objekt zu sein, und er innerhalb eines Identifikationsprozesses zu einem Teil der Subjektivität des Therapeuten wird.

Ausgehend von seiner Beziehung zur Psychoanalyse kann man verstehen, welchen Stellenwert und welche Funktion die Theorie bei Gaetano Benedetti einnehmen und erfüllen wird. Indem er der Therapie der Psychosen das Hauptgewicht verleiht, bezieht er sich damit ebenso sehr auf die Werke der Psychiater als auf jene Freuds – von dem er gleichzeitig die energetische Dimension der Metapsychologie wie auch das Strukturmodell gebraucht – als auch auf Psychoanalytiker wie Stern, Kohut, Searles; dennoch gesteht er, daß er nicht an Theorien als solche glaubt, sondern sie nur in ihrer Funktion der Operationalität betrachtet: *Die ausgesprochenen Wahrheiten sind nur gültig in dem Maße, als sie Instrumente des Handelns sind, Möglichkeiten des Helfens für denjenigen, der leidet.* Oder weiter: *Der »Mechanismus«, der mit dem Patienten zusammen entdeckt wird, ist ein duales Phänomen, das nicht in sich selbst existiert ... es existiert vielmehr aus der Tatsache seiner Stoßkraft und seiner therapeutischen Wirksamkeit.*

Obgleich das Werk von Gaetano Benedetti an der Schnittstelle der großen Strömungen der Psychiatrie und der Psychoanalyse angesiedelt ist, die sich manchmal einander entgegensetzen, andere Male sich gegenseitig nicht zur Kenntnis nehmen oder aber einfach koexistieren als ebenso viele Spuren und Augenblicke der Geschichte des Denkens, kann dieses Werk, so scheint mir, theoretisch nur verstanden werden, wenn man die Theoriebildung selbst als eine Weiterführung des klinischen und therapeutischen Aktes versteht. Die theoretische Fortsetzung ist um so notwendiger und wichtiger, als sie danach strebt, ihre Konzeptualisierungen im Angesicht des Unvorstellbaren der psychotischen Erfahrungung zu entwickeln (auf die gleiche Art und Weise soll sich der Patient in der therapeutischen Beziehung verstanden fühlen durch eine Vorstellung und nicht verraten durch eine Interpretation), und dabei die Dualität dieser Erfahrung in das Zentrum der Theorie stellt und sie auch dort beläßt – jene Dualität der Erfahrung, in welcher der Therapeut oft die Kleider der Psychose anzieht, und damit gleichsam von innen her den Impuls gibt, der sie verwandeln kann. In diesem Bestreben zeigt sich eine vollkommene Kontinuität zwischen der therapeutischen Arbeit, wie sie Gaetano Benedetti beschreibt, und seiner Arbeit der Theoriebildung.

Die Auseinandersetzungen mit der IPA, die Gaetano Benedetti zu bestehen hatte, können nicht auf die Frage einer mehr oder weniger großen Übereinstimmung seines therapeutischen Handelns mit dem Kanon der psychoanalytischen Standardtechnik begrenzt werden, sondern sind eher verursacht durch das, wozu die Therapie der Psychosen in bezug auf die psychoanalytische Praxis und die Theorie im allgemeinen verpflichtet. Dies trifft um so mehr zu, wenn man es sich wie Gaetano Benedetti zur Aufgabe macht, die Verpflichtung zum therapeutischen Einsatz so zu definieren, daß diese Verpflichtung an sich schon ein integraler Teil der therapeutischen Herausforderung ist. *(Es geht darum), vor den Augen der wissenschaftlichen Gemeinschaft einzutreten für die Wichtigkeit der psychodynamischen Forschung auf dem Gebiet der Psychosen und im besonderen der Schizophrenie ... die nicht nur eine Krankheit, sondern die auch eine existentielle Dimension der menschlichen Person ist. ... darin liegt eine Herausforderung an die gesamte Gesellschaft.* Wozu aber verpflichtet in dieser Sichtweise die Therapie der Psychosen im wesentlichen? Zuerst und grundlegend – und hier findet man wieder die Bedeutung, die Sullivan, der das Hauptgewicht auf die interpersonale Beziehung legte, für

Gaetano Benedetti hatte – verpflichtet sie zur Dualisierung der Erfahrung (die psychotische Erfahrung des Patienten *und* des Therapeuten). Diese Sichtweise stützt sich auf die Anerkennung der psychotischen Übertragung und auf die Bejahung der größeren Bedeutung und der Besonderheit der Gegenübertragung. In der Tat versteht Gaetano Benedetti, ganz wie Sullivan, die psychotische Übertragung nicht nach dem Modell der neurotischen Übertragung, in welcher der andere die Leinwand ist, auf die der Patient seine eigenen Bilder projiziert, sondern *als eine so exzessive Übertragung, daß sie jede objektive Wahrnehmung vernichtet ... die Wirklichkeit des anderen wird darin aufgelöst, denn der schizophrene Patient sieht nur das innere Bild eines von den verschiedenen Partnern seiner Lebensgeschichte.* Das Verschmelzen seiner selbst mit dem Therapeuten, oder anders ausgedrückt, *die Identitätsfusion, in welcher der Patient Teile seiner selbst erlebt, wie wenn sie Teile des Therapeuten wären,* kann nur gelebt und aktualisiert werden in der Übertragung selbst, in der sie eine positive Dimension erlangt. Denn nur so *kann der Patient im anderen ein Phänomen objektivieren, das ohne diese Möglichkeit in einer autistischen Welt eingeschlossen bliebe.*

Nun aber ist in der Therapie der Psychosen alles Übertragung, und deshalb ist es so schwierig und so komplex, sich die therapeutische Beziehung mit dem schizophrenen Patienten vorzustellen, sie zu erarbeiten und sie zu leben. Denn wie kann der Therapeut die psychotische Übertragung aushalten, wenn der Patient nicht zwischen Ich und Nicht-Ich unterscheiden kann, wenn er gewisse Anteile seiner selbst wahrnimmt, als seien es solche des Therapeuten und umgekehrt, wenn er befürchtet, daß die anderen in ihn eindringen, von ihm Besitz ergreifen, wenn er sich nur im Spiegel des anderen sieht und er sich so sieht und wahrnimmt, wie er erlebt und gesehen wird durch die anderen, wenn er also Subjekt und Objekt verwechselt, inneres Ereignis und äußeres Ereignis?

Was daher die wirklich zentrale Achse in der Therapie der Psychosen ausmacht, ist die Dimension der Gegenübertragung des Therapeuten: Sie drückt sich darin aus, daß er in einer besonderen existentiellen Grundhaltung versucht, eine Gegenwart einzubringen, wo sich ein Mensch auf sich selbst zurückgezogen hat in eine autistische Welt, eine Mitmenschlichkeit da zu erkennen und zu verstärken, wo ein Mensch sich von aller Kommunikation mit jedem anderen abgeschnitten hat und dies, indem er eine Positivität erfaßt, erkennt und verstärkt, wo die psychotische Erfahrung sich als reine Negativität zeigt. Darum sind die Reaktionen und das Erleben des Therapeuten angesichts dieser Negativität von größter Wichtigkeit, seine Emotionen, seine Assoziationen, seine Phantasien, seine Träume (die, wenn sie die therapeutische Beziehung betreffen, manchmal dem Patienten sogar mitgeteilt werden können).

So wie Übertragung und Gegenübertragung hier im Vergleich zu den traditionellen Auffassungen spezifiziert und amplifiziert werden, so muß auch die zentrale Frage der Interpretation anders gestellt werden, denn in der psychotischen Erfahrung kann die Interpretation kein stabiles Selbst antreffen, das sie hören und aufnehmen könnte. Es muß deshalb das zentrale therapeutische Anliegen sein, die Organisation der psychischen Fragmentierung des psychotischen Patienten in einer Struktur zu ermöglichen, *die danach zum Selbst des Patienten wird, die aber vorerst sich auf die zwei Protagonisten des Prozesses beschränkt, Patient und Therapeut.*

Die Arbeit der Interpretation ist vorerst eine Arbeit der Positivierung, die sich in gewisser Art auf zwei Registern entfaltet: jenes, wo die Interpretation die Funktion und die Wirkung hat, die desorganisierten Gedanken in rationale Gedanken zu »übersetzen«, das heißt in jene des Therapeuten, oder in Vermutungen, die den seelischen Bewegungen des Patienten nahe sind, *durch eine Art »Aufpropfen« einer rationalen Kausalität auf die Wurzeln einer wahnhaften Kausalität*; und jenes Register, wo die Interpretationen dem Patienten die affektiven Reaktionen des Therapeuten zeigen – *Reaktion der Ganzheit angesichts der Desintegration des innerseelischen Lebens des Patienten, entsprechend unserer Fähigkeit, uns davon berühren und bewegen zu lassen ... ohne dadurch gespalten zu werden,* und wo der Therapeut dem Patienten, *indem er in dessen Situation hineinspringt,* durch die Imagination von Bildern ein ganzheitliches und positives Bild spiegelt, ein Bild seiner menschlichen Dimension. Der Therapeut taucht so in die dissoziierte Welt des Patienten ein, ohne vom Wahn mitgerissen zu werden, und ausgehend von dieser Dualisierung, die manchmal *therapeutische Umgestaltung des Bildes* oder *Übergangssubjekt* genannt werden kann, übernimmt er die Funktion der Integration, die dem Patienten selbst fehlt und die er durch den Wahn zu ersetzen sucht.

In die Pathologie des Patienten eintreten, um in ihr Räume der Dualität zu konstruieren, Anfänge von Austausch mit dem Patienten, das ist im Grunde genommen eines der größten Geheimnisse der psy-

chotherapeutischen Kunst. Kein Handbuch, keine Regel, keine Technik kann den Therapeuten lehren, wie in diesen Räumen des Wahns vorzugehen ist, es sind immer die unbewußten Phantasien des Therapeuten, die es ermöglichen, daß das entscheidende Wort ausgesprochen wird.

In einer solchen Auffassung der Interpretation wird sichtbar, wie sehr diese von der Fähigkeit des Therapeuten abhängt, sich in der Situation des Wahns und der Halluzination der Psychose mit dem Patienten zu identifizieren. Diese Art von therapeutischer Identifikation ist aber Ausdruck einer existentiellen Grundhaltung, die Gaetano Benedetti so begründet: *Wenn man es gewählt hat, Zuschauer des psychischen Todes eines anderen zu sein, der sich an unserer Seite nach und nach auflöst, unerbittlich, dann hat man den klaren Eindruck, daß der Patient der Repräsentant einer Situation ist, die, an der Grenze, auch die unsere ist, denn sie ist, jenseits der medizinischen Idee der Krankheit, ein Teil der negativen Potentialität der Existenz.*

Ebenso wie wir Interpretierende sind, werden wir auch interpretiert, nämlich in unserer Funktion und unserer Art, auf die Symbole und Symptome des Patienten zu antworten. Dies geschieht in einer existentiellen *Teilnahme*, die auf eine radikale Weise verstanden und gelebt wird – eine Teilnahme, die sich verwirklicht durch eine *Introjektion der psychotischen Erfahrung, die erst in uns einen positivierenden Schicksalswechsel erfahren und gewissen symbolischen Verwandlungen begegnen kann.*

Die Besonderheit der Therapie der Psychosen, so wie wir sie kurz skizziert haben, kann nicht in einer Anpassung an die psychoanalytische Praxis definiert werden, sondern verlangt deren Wiederbefragung. Noch eindringlicher verlangt sie, daß die Frage nach der grundlegenden Gewichtung von therapeutischer Praxis und Theorie neu gestellt werde. Gaetano Benedetti scheint selbst geschwankt zu haben, und er hat gezögert, diese Art der Therapie, die er dann weiterhin eine *Psychotherapie der Psychosen* nennt, als »Psychoanalyse« zu bezeichnen; es ist, als wenn er dadurch, wenn auch widerstrebend, das durch die IPA auferlegte Urteil hätte akzeptieren wollen. Diese Haltung ließ ihn manchmal schreiben, daß die Psychotherapie der Psychosen eine vorausgehende, propädeutische Phase sein könnte für eine »klassische« Psychoanalyse, oder auch, daß diese Therapieform aus *der Interaktion des psychoanalytischen Denkens (reduzierend und interpretativ) mit dem imaginativen und phänomenologischen Den-*

ken, das er affektiv-repräsentational nennt, entstanden ist. Aber kann man nicht, da doch die Analyse der Wechselschicksale der Übertragung und der Gegenübertragung eine wesentliche Dimension dieser Psychotherapie bleibt, die sich darin dem Therapeuten aufdrängenden Notwendigkeiten als etwas anders denn als »Abweichungen von der Standard-Analyse« betrachten? Die Notwendigkeit zum Beispiel, manchmal aus einer wohlwollenden Neutralität herauszutreten, um dem Patienten seine eigenen unbewußten Phantasien und Bilder mitzuteilen, die nicht das Eigentum des Therapeuten wären, sondern dem Feld einer Erfahrung entstammen, das von beiden gemeinsam durchlebt und erkundet worden ist? Man könnte sich auch fragen, ob das Konzept der Dualisierung nach Benedetti so weit entfernt ist von demjenigen des »Feldes«, das M. und W. Baranger ausgehend von der Therapie der Neurosen erarbeitet haben? Sind das nicht ebenso viele Gelegenheiten, eine Praxis zu befragen und in Frage zu stellen, ja zu verändern, die danach strebt, sich zum Modell zu verfestigen?

Mehr als jede andere Demonstration ist der klinische und institutionelle Weg Gaetano Benedettis ein beredtes Beispiel dafür, was es heißen kann, »in der Praxis der Psychotherapie keine Zugeständnisse zu machen«, sollte sie auch noch so herausfordernd, ja störend sein wie die Therapie der Psychosen. Diese Haltung deckt die Ideologie auf, welche die psychoanalytische Praxis durchdringt und überlagert, offen erkennbar, wenn es um die Anforderungen der IPA geht und deren Funktion eher darin besteht, eine (Glaubens-)Gemeinschaft zu konstituieren, zu charakterisieren und zu erhalten, da wo eine Infragestellung und eine Neubearbeitung der konstitutiven Parameter, die der psychoanalytischen Praxis zugrunde liegen, sich als notwendig erweisen würde. Es wird also eine Ideologie sichtbar, deren Ziel es ist, das Ideal einer reinen psychoanalytische Lehre zu erhalten, das heißt eine Haltung, die sich der eigentlichen Therapie und ihren Anforderungen entgegenstellt. Die Enthüllung einer psychoanalytischen Ideologie bringt notwendigerweise eine gewisse Einsamkeit mit sich. Gaetano Benedetti nennt das *Unabhängigkeit.* Aber findet man hier nicht etwas, das in Wirklichkeit die Bedingung aller therapeutischen Arbeit ist, nämlich eine grundlegende Einsamkeit, in der jeder Akt, jedes Wort sein Gewicht, seinen Sinn aus der Ungewißheit bezieht, die es umhüllt, und dennoch manchmal auch aus seiner erschreckenden Wirksamkeit? Vielleicht ist das, was hier erprobt worden ist, mehr als anderswo, das Wesen einer Gegenwart, die bei Gaetano Benedetti weitergeführt und mitteilbar gemacht wird in seiner Arbeit der Theoriebildung und die uns darin zu einer anderen Vorstellung des Teilenhabens einlädt.

Die klinische Praxis und die Psychoanalyse ist eine Methode (im etymologischen Sinn: einen Weg durch etwas bahnen), deren Ausübung sich nicht auf die tägliche klinische Erfahrung begrenzt, sondern die auch die Verpflichtung hat, die psychotische Erfahrung selbst in das Zentrum der Theorie einzubringen und sie darin vernehmbar und verstehbar werden zu lassen. Ist vielleicht die psychotische Erfahrung selbst Trägerin einer noch nicht wahrgenommenen existentiellen Dimension, die es verdient, problematisiert zu werden, und die dazu führen könnte, die Gesamtheit des konstruierten Theoriegebäudes in Frage zu stellen? Mit dieser Fragestellung verstehen wir, daß beim Lesen von Gaetano Benedetti der Eindruck entsteht, daß die Einmaligkeit und Besonderheit der psychotischen Erfahrung in seiner Theoriebildung durchwegs bewahrt bleibt. Theorien sind in seinem Denken zugleich notwendig und widerrufbar, sie bleiben immer vorläufig. In der Theoriebildung wird der Darstellung des Prozesses – das heißt dem Aufzeigen, wie in der psychotischen Erfahrung eine Dualität erarbeitet und in Stufen weitergeführt werden kann – mehr Bedeutung beigemessen als dem daraus abgeleiteten theoretischen Konzept.

Auf diese Art muß man wahrscheinlich die wissenschaftlichen Überlegungen verstehen, in denen Gaetano Benedetti seine Theorien in Beziehung zu den existierenden psychoanalytischen und psychiatrischen Theorien stellt: Es geschieht nicht aus dem akademischen Bestreben, eine neue Theorie zu begründen, auch nicht aus dem Bedürfnis der Kontroverse, sondern mit dem Ziel, ein wenig Raum zu schaffen für diese zerbrechlichen und ungewissen Erfahrungen, sie weiterzugeben und sie zu erhalten. Jede einmalige Erfahrung ist Trägerin einer existentiellen Dimension, die sich auf die Gesamtheit des Menschlichen bezieht, und die wahrzunehmen und der Gehör zu verschaffen wertvoll und kostbar ist. Selbst wenn Gaetano Benedetti die notwendige Verwicklung des Therapeuten hervorhebt und seine Nähe zum Patienten betont – er zögert nicht, diese manchmal als Liebe des Therapeuten für den Patienten zu bezeichnen –, bleibt sein Blick stärker auf das Menschliche als auf den Menschen ausgerichtet. In dieser Sichtweise ist jeder, ist auch der psychisch Leidende dazu berufen, durch die Einmaligkeit und Besonderheit seiner Erfahrung und seines Weges zum Menschlichen beizutragen. Jeder ist aufgerufen und eingebracht in das Menschsein als dem Ort aller Möglichkeiten, dem unbestimmten Raum der existentiellen Möglichkeiten, der unbegrenzten Ganzheit ohne Außen; keiner findet seine menschliche Dimension, indem er auf einen metaphysischen Horizont projiziert wird, wo sich die Einheit des Menschen aus hypothetischen Eigenschaften ableitet. Der therapeutische Akt und seine theoretische Weiterführung könnte also darin bestehen, der Einmaligkeit und Besonderheit der »pathischen« Erfahrung ein Fundament zu geben, ihre Bedeutung und ihren Wert zu erkennen und sie zu einer ihr eigenen Dimension gelangen zu lassen, das heißt zu einer Dimension der existentiellen Möglichkeit, und damit den Übergang von der pathologischen Besonderheit zu einer eigentlichen menschlichen Möglichkeit aufzuzeigen.

Es ist ein Akt des Übersetzens (frz. conduire à travers; im Deutschen setzt auch der Fährmann seine Fahrgäste über) als einer »Methode«, die den Übergang von der Einmaligkeit zur Möglichkeit gestattet.

Hier finden sich der Akt des literarischen Übersetzens und jener des therapeutischen »Übersetzens« zusammen: Die Arbeit des Übersetzens kann nicht begrenzt werden auf ein Dechiffrieren, das eine Arbeit an der Trivialität der Bedeutungen wäre. Mitgerissen von den Traumvorstellungen eines Vor-Babel, das heißt einer ursprünglichen (und neuen!) Einheitssprache, konzipieren die technischen Auffassungen den Akt des Übersetzens als eine Praxis des Verschiebens, des Überdeckens, des Ersetzens – in der psychiatrischen »Übersetzung« letztlich als ein abschließendes Benennen von Phänomenen, die durch ihre Etikette ersetzt und fixiert werden. Aber da die Übersetzung mehr eine Sache des lebendigen Wortes als der Sprache ist – wie die Therapie mehr eine Sache der lebendigen Begegnung als der Theorie –, geht es im Gegenteil darum, den intertextuellen Abstand aufrechtzuerhalten, aus dem ersten Text einen ursprünglichen Text zu machen, den unübersetzbaren Charakter der Sprachen, der Erfahrung anzuerkennen.

Man könnte so die Übersetzung verstehen als eine Überfahrt mit dem Ziel, den Text wiederherzustellen in der Dimension seiner Textualität, das heißt seines Bedeutungspotentials, und dadurch ihn sich selbst, seiner Ursprünglichkeit oder Andersheit zurückzugeben. Es ist, als wenn die Übersetzung, indem sie sich den Text anzueignen sucht, diesen nur verfremden könnte, und indem sie sich ihm nähert, ihn entfernen würde. So ist und bleibt der Akt des Übersetzens immer eine Tätigkeit, die sich den unvermeidlichen Abstand entscheiden muß, die

unausfüllbare Lücke, für den schwer zu erfassenden Raum eines
»Zwischen-zwei-Sprachen«, in dem jede Sprache, jedes lebendige
Wort sich selbst zurückgegeben werden will.

Die Textualität könnte jene Dimension sein, die im Akt des Übersetzens gleichsam erfunden und wiedergefunden wird; jene Dimension aber, die sich gleichwohl dem vollen Gelingen der Übersetzung immer entzieht und sie immer ungenügend macht; jene Dimension auch, die gerade indem sie sich der Übersetzung widersetzt, nicht aufhören würde, sich übersetzen zu lassen, und die sich somit öffnet für eine unendliche Übersetzung.

Indem ich Benedetti übersetzte, konnte ich mir Rechenschaft geben, wie sehr das Übersetzen, auch dieses, einen dualen Raum schafft, in dem jeder zugleich Deutender und Gedeuteter ist. Übrigens, die beiden Begriffe *Übertragung* und *Übersetzung*, vermischen sie sich nicht im Freudschen Text? Übersetzen heißt auch in Beziehung treten mit seinem eigenen Wort in seiner eigenen Sprache. Indem man seine Muttersprache dem Fremden aussetzt, wird man beim Übersetzen der Fremdheit der eigenen Sprache ausgesetzt, ihren Möglichkeiten und ihren Grenzen. Das lebendige Wort, das im Akt des Übersetzens der eigenen Muttersprache ausgesetzt wird, stößt zugleich auf die Unbegrenztheit der Sprache (es gäbe ein Wort ...) und auf ihre Grenzen (... das fehlt, das mir fehlt), und es stellt damit die Frage nach der eigenen Möglichkeit, durch einen anderen gelesen, interpretiert und übersetzt zu werden.

Nur die Begegnung mit dem lebendigen Wort ermöglicht es, daß ein Text zur Textualität gelangt.

Übersetzen, das heißt, in Beziehung treten mit dem lebendigen Wort in einer »fremden« Sprache; und indem man das lebendige Wort zu erfassen sucht, begegnet man im Akt des Übersetzens selbst einer Person in den Dimensionen ihrer Welt. Man erfährt, daß man nicht eine von der Person losgelöste Sprache übersetzt.

So paradox es scheinen mag, es ist nicht einfach eine rhetorische Spielerei, wenn man behauptet, daß die fundamentale Dimension aller Begegnung, sozusagen ihr Kennzeichen und ihre Wirkung, sich in ihrer Offenheit auf Trennung hin zeigt. Das trifft für jede Begegnung zu, sei sie nun klinisch, theoretisch oder, wie im Akt des Übersetzens, semantisch bestimmt. Gemeint ist damit nicht jene Art von Trennung, die, kaum beginnt sie sich beim Gedanken an ein mögliches Ende der Begegnung abzuzeichnen, Angst auslöst, sondern vielmehr eine Getrenntheit, durch die es möglich und notwendig wird, endlich zu sich selbst zu finden. Wie eine Brücke, die sich über den Fluß spannt und von der aus sich die getrennten Ufer klar abzeichnen, erscheint eine Welt des »mit ...« (der eine mit dem anderen), das wirklich der existentielle Ort sein könnte, von dem aus der eine wie der andere ohne jede Vormachtstellung existieren könnte: ein Miteinander, in dem jeder sich selbst zurückgegeben wird.

In den imaginären Räumen, die J. L. Borges ausspannt, kann es geschehen, daß man einer Gestalt begegnet, die von einer Welt und von einem ihresgleichen träumt, bis sie auf die schwindelerregende Frage stößt: Bin ich es, der diesen anderen erträumt, oder bin ich vielmehr ein Teil seiner Träume? Welcher der beiden erträumt eigentlich den anderen?

Der Akt des Übersetzens und der therapeutische Akt haben insofern den gleichen Grundvollzug – jenseits der vom zeitgenössischen Denken lange erforschten fundamentalen Aussage, daß Menschsein soviel bedeutet wie Mensch in seiner Sprache sein –, als in beiden die Grenzen und Abschrankungen sich verformen, überschritten werden, ja sich auflösen, bis man nicht mehr mit Sicherheit wissen kann, ob der andere Teil unseres Traums ist oder wir ein Teil des seinigen. Man sollte jedoch in dieser Verflechtung kein Zeichen von Vermischung sehen – die allerdings immer möglich ist –, sondern viel eher die besondere und grundlegende Bedingung der Begegnung. Begegnung bedingt, daß dort, wo Räume sich vermischen, ein Letztes, nicht Auflösbares sich bildet, sich absondert und bestätigt, ein Raum, dessen anderer Name *Einzigartigkeit* ist.

Ein Dichter Kenneth White sagt, daß der Mensch »zugleich unterwegs und behaust« sein soll; also nicht nur unterwegs, denn dann wäre die Bewegung ziellos, aber auch nicht auschließlich in seiner Behausung, denn diese würde ihn sonst wie ein Gefängnis einschließen; vielmehr existiert das Haus nur als jener Ort, der sich im Unterwegssein abzeichnet, und nur insofern, als es auf seiner Verortung beharrt.

So ist es auch mit dieser Verflechtung von Traum und Sprache, bei der es nicht darum geht, dem anderen seinen Traum oder seine Sprache aufzudrängen, sondern vielmehr darum, verfügbar zu sein, indem man den anderen frei über die Elemente verfügen läßt, die er zur Konstruktion seines Traums oder seiner Sprache benötigt: Er soll seinen eigenen Traum träumen, seine eigene Sprache sprechen können. Anders ausgedrückt geht es darum, sich der Übersetzbarkeit auszuliefern. Es handelt sich also keineswegs um eine wirre, imaginäre Verschmelzung, in der die Subjekte auswechselbar wären – gewissermaßen an der Schwelle zur »folie à deux« stünden –, sondern um eine *Erfahrung* im eigentlichen Sinn des Wortes »handelnd durch etwas hindurchgehen«, genau das, was die Griechen *Poiesis* nannten. Die Behausung bestimmt sich jenseits oder diesseits des *Träumens oder Geträumtwerdens durch den anderen*.

Die psychotische Erfahrung spannt ihr Gewebe aus zwischen der immer vorhandenen Gefahr des Verschwindens in einem undifferenzierten Chaos (das mehr als einfach »Unordnung« ist) und der Versteinerung (die nicht einfach »Starrheit« ist); und jede imaginäre Konstruktion, die im beschriebenen Sinn geteilt wird, bedeutet einen Gewinn an Freiheit. Denn es ist eine Konstruktion, in welcher der andere durch seine Disponibilität gegenwärtig ist, einen Platz einnimmt, existiert, und damit aus der Einsamkeit des Wahns befreit.

Und wenn uns angesichts einer solchen Verstrickung immer auch ein Schwindelgefühl beschleicht, so bewahrt uns nur der Rhythmus vor dem Abgrund, der Rhythmus, der unsere Gegenwart in der Sprache ausdrückt. Diese Gegenwart läßt Sprache zum lebendigen Wort werden, macht sie zur Antwort und bewirkt, daß das hohe Seil, auf dem gewisse Existenzen sich bewegen, zu einer Schwelle wird, die zu einer Behausung führt.

Literatur

Borges, J. L., Fiktionen. Werke in 20 Bänden. Frankfurt a. M.

Maurizio Peciccia

Die Entwicklung meines Denkens im Gespräch mit Gaetano Benedetti

Erste Begegnung

Ich habe Gaetano Benedetti 1984 kennengelernt, als ich sein Buch »Todeslandschaften der Seele« las. Ich war damals gerade mit meinem Medizinstudium fertig und beabsichtigte, mich auf dem Gebiet der Psychiatrie zu spezialisieren. Während meines Studiums schon hatte ich mich oft gefragt, worin das Wesen der Schizophrenie eigentlich besteht, aber die Antworten, die ich bis dahin in den Büchern gefunden hatte, konnten mich nicht überzeugen.

Ich las detaillierte Beschreibungen, die von außen die komplexe Symptomatik der Krankheit darstellten, oder auch vertiefte Erklärungen und Interpretationen von psychotischen Phänomenen und ihrer Psychodynamik, aber ich fühlte im Grunde genommen bei der Lektüre dieser gesamten Literatur, daß sich deren Theorien von der Krankheitsentstehung nicht mit meinen Vorstellungen in bezug auf die Schizophrenie vereinbaren ließen.

Es schien mir klar, daß die Strörung der Realitätswahrnehmung die gesamte Realität betraf und sich somit auch auf die Art, den anderen wahrzunehmen, auswirken mußte; um einen Kontakt mit dem Kranken herzustellen, mußte sich der Beobachter eindenken in diese »andere« Art, die Realität wahrzunehmen.

Nur so würde der Leidende die Haltung und positive Autorität des Therapeuten anerkennen, ihm sein Vertrauen schenken und bereit sein, sich aus dem Dornengestrüpp, aus dem existentiellen Labyrinth herausführen zu lassen.

Keine der Schriften, die ich bis zum damaligen Zeitpunkt gelesen hatte, zeigte in so zentraler Weise wie Benedetti die unerläßliche Notwendigkeit, in die psychotische Welt hinabzutauchen, das Risiko einzugehen, das mauerlose Gefängnis des psychotisch Kranken zu betreten, die Dringlichkeit, mit dem Patienten zusammen eine gemeinsame Sprache zu entwickeln, auch wenn diese wahnhaft bleibt, um ihn aus seinem tiefen Brunnenschacht herauszuziehen und ihn zur Begegnungsmöglichkeit mit den anderen zu führen.

Die teilweise Identifizierung mit dem Patienten wurde für mich zu einer tragenden Grundlage, die sich mir in dem Buch »Todeslandschaften der Seele« erschloß. Die Idee des Buches, daß der Beobachter sich zu einem Teil der Welt des Patienten macht, ja daß es sogar notwendig ist, daß er die wahnhaften Projektionen des Patienten übernimmt, um diese dann umzugestalten, zu verwandeln und dessen Welt lebbar zu machen, war der Begegnungspunkt mit meinem eigenen Denken.

Diese Grundidee führte mich dazu, in der psychotherapeutischen Kommunikation mit Schwerkranken einen gegenseitigem Austausch von gezeichneten Bildern zu entwickeln, der später von Benedetti als das »Progressive therapeutische Spiegelbild« bezeichnet wurde. Es handelt sich dabei um eine Übersetzung des von Benedetti entwickelten Konzepts der therapeutischen Identifikation mit dem Patienten: Der Therapeut kopiert die Zeichnung des Patienten, er taucht dadurch wirklich in dessen Welt ein, und er bringt sie von da aus in Bewegung, indem er durch seine Zeichnung alternative Lösungen vorschlägt, mögliche Progressionen skizziert, andere Interpretationen sichtbar werden läßt; da dies alles in Bildern ausgedrückt ist, gelingt es, die psychotischen Widerstände gegen die Kommunikation zu überwinden. So wird die Zeichnung zu einer Art Eingangstür, um in Dimensionen zu gelangen, die das Unbewußte des Patienten berühren.

Ich begann das progressive therapeutische Spiegelbild anfänglich nur bei Borderline-Patienten zu gebrauchen, und es war ständig mein Wunsch, Professor Benedetti persönlich kennenzulernen, der mich mit seinen Büchern auf die Idee dieser Kommunikationsform gebracht hatte. Wir luden den Professor aus Basel also ein, eine Serie von Vorlesungen an der Universität von Perugia zu halten, und ich hatte dadurch Gelegenheit, ihm die Ergebnisse der mit der Methode des progressiven Spiegelzeichnens durchgeführten Therapien vorzustellen.

Benedetti interessierte sich sehr für diese Methode, und er kommentierte sie während seiner Vorlesungen. Seine präzisen und tiefen Beobachtungen waren ein Zeugnis seiner besonderen Fähigkeit, eine strenge wissenschaftliche Methode zu verbinden mit einer eigentümlichen Flexibilität und Offenheit für die Dynamik und die Bewegungen im Unbewußten des Anderen.

Die Bereicherung und der kreative Impuls, die ich bei diesem anfänglichen Kontakt mit Benedetti erfahren habe, ermutigten und bestätigten mich in meiner Aktivität als Forscher und Psychotherapeut. Sein Angebot, meine Erfahrungen mit dem progressiven therapeutischen Spiegelbild aus der Nähe zu verfolgen, führte mich nach Basel, wo er arbeitete. Daraus entstand eine tiefe und lange Beziehung, während der ich meine Ausbildung als Psychotherapeut für Psychosen ständig weiterentwickeln konnte.

In dieser Ausbildung haben sich didaktische Analyse, analytische Supervision und wissenschaftliche Zusammenarbeit miteinander verflochten, ich konnte während Hunderter von Stunden gemeinsamer Arbeit die Fähigkeit Benedettis bewundern, immer wieder das analytische Setting, die Atmosphäre und die Konzentration zu schaffen, auch wenn sich der Kontext änderte. Unabhängig von äußeren Bedingungen ist er in der Lage, einen besonderen und verwandelnden Zugang zum Unbewußten des anderen herzustellen und zu erhalten, und dabei mit großem Respekt vor dem Gegenüber abwehrende Widerstände zu überwinden.

Wenn einerseits jede einzelne Supervisionsstunde und jedes gemeinsame Verfassen eines wissenschaftlichen Textes dazu beigetragen haben, meine unbewußten Verteidigungsmechanismen, meine triebhaften Strebungen und meine mehr oder weniger pathologischen Beziehungsmuster deutlicher und vertiefter zu erkennen, so verfeinerte andererseits die individuelle Analyse meine Sensibilität in der psychotherapeutischen Begegnung mit dem psychotischen Patienten.

Gaetano Benedetti ist die Person, die mir, meinem Denken und meinen Gefühlen, mehr als jeder andere in meinem Leben mit Geduld, Aufmerksamkeit und Zuwendung zugehört hat. Seine konzentrierte Gegenwart innerhalb dieses Zuhörens hat in mir Vertrauen in die Kräfte meines Unbewußten geweckt, seine wohlwollende und verständnisvolle Haltung mir gegenüber hat die Angst vor dem anderen in mir gedämpft. Zuhören bedeutet für Benedetti lieben, wachsen lassen, respektieren, inspirieren, und er erzieht den Zuhörer zu einem inneren Verfügbarmachen der notwendigen Energien, um das Ringen um Veränderung, auch im Kampf gegen die eigenen Widerstände, zu bestehen.

Die Begegnung mit Benedetti ist eine Begegnung mit der paradoxen Struktur der Existenz: Es ist eine Spiegelbegegnung, die den physiologischen Narzißmus wachsen läßt und ihn gleichzeitig in eine Krise hineinführt, es ist eine Begegnung, die zu Veränderung drängt, ohne zu verletzen, die die Sicherheit erhöht und gleichzeitig den Zweifel aufsteigen läßt, die die intellektuelle Neugier nährt, gleichzeitig aber die rationalisierenden Verteidigungsstrategien entblößt, eine Begegnung, die in eine symbiotische Affektivität eintauchen läßt und zugleich die ausgleichende Distanz des logischen Denkens fördert.

Gemeinsame Erkenntnisse zum Selbstsymbol

Im analytischen Gespräch mit Benedetti hat mich vor allem die gleichzeitige Verwirklichung von Dualität und Individuation, von Nähe und Distanz, von Symbiose und Separation beeindruckt, denn sie entsprach am meisten meiner Art, mit psychotischen Personen zusammenzusein und mit ihnen umzugehen. Eine dadurch ermöglichte gleichzeitige Aktivierung von libidinöser Besetzung des Selbst und des Objekts strebt danach, diese ineinander zu integrieren, indem sie sie umgrenzt und sie aus der von den psychotischen Prozessen hervorgerufenen Spaltung befreit.

Die Gespräche mit Benedetti haben mir außerdem die Wichtigkeit der Störung der Symbolisation in der Pathogenese der Schizophrenie bewußt gemacht. Für Benedetti ist das Fehlen des Selbstsymbols ein zentraler Knotenpunkt in der psychotischen Psychopathologie. Aufgrund dieses Mangels verliert der Patient oft den Kontakt mit der eigenen Identität, er weiß nicht, wer er ist, er fühlt sich tot, ohne Leben, ohne eigene Existenz und beschreibt sich als einen Außerirdischen, als eine Marionette, als »einen Kreidestrich, der auf der Tafel von irgend jemandem weggewischt werden kann«.

Die Psychotherapie, die als ein Versuch des Therapeuten beginnt, in der Nicht-Existenz des Patienten zu existieren, stellt dem Verlust des Selbstsymbols das Erschaffen eines »Übergangssubjekts« entgegen, einer Identität auf Zeit, die aus Teilen des Patienten-Selbst und Teilen des Therapeuten-Selbst gebildet wird.

Die Theoriebildung Gaetano Benedettis, die sich auf das Übergangssubjekt bezieht, hat meine Aufmerksamkeit auf ein Phänomen gelenkt, das ich in den Psychotherapien mit dem progressiven therapeutischen Spiegelbild in der Entwicklung bei fast allen Patienten beobachten konnte: In dem sich wiederholenden Bilderaustausch begannen sich langsam graphische Figuren zu entwickeln, die sowohl Eigenschaften des Patienten als auch solche des Therapeuten trugen und die auf das Übergangssubjekt bezogen werden konnten.

Aus diesen Darstellungen des Übergangssubjekts entstanden dann auf den Bildern die *Symbole des Selbst*, graphische Figuren, die ganz klar mit dem Selbst des Patienten verbunden sind. Neben den graphischen Symbolen des Selbst habe ich daraufhin eine Entwicklung figurativer Symbole des Objekts beobachtet, das heißt in der Übertragung, von Symbolen des Therapeuten. Zwischen dem graphischen Symbol des Selbst des Patienten und dem Selbst des Therapeuten fand ein Austausch von übertragenen Gefühlen und Affekten statt, die sowohl positiv als auch negativ sein konnten und von weitaus größerer Intensität waren, als dies die Sprache in dieser Phase erlaubt hätte.

Oft begannen die Patienten, nachdem sie ihre Affekte graphisch ausdrücken konnten, auch sprachlich mit größerer Leichtigkeit zu kommunizieren.

Als wir bemerkten, daß die Rückbildung der verbalen Kommunikationsstörungen parallel zur Ausformung graphischer Darstellungen des Selbst des Patienten und des Therapeuten verlief, die der Patient einsetzte, um affektiv mit dem Therapeuten austauschen zu können, stellten wir folgende Hypothese auf:

Die verbalen Kommunikationsstörungen könnten bei den Patienten, mit denen wir arbeiteten, in Verbindung gebracht werden mit dem Fehlen einer symbolischen Vorstellung des Selbst und des Objekts, das in seiner doppelten Funktion beeinträchtigt ist, dem Selbst Affekte zu übermitteln – seien sie positiv oder negativ – und zugleich das Selbst des Patienten vor den destrukturierenden und desorganisierenden Wirkungen der Emotionen zu beschützen.

Die Emotionen haben in der Schizophrenie verheerende Folgen, weil jener periphere Teil des Selbst zu fehlen scheint, der sich normalerweise auf der Grundlage von Objektbeziehungen entwickelt und den man metaphorisch als die Schutzmembran der Zelle bezeichnen kann – jene Membran also, dank deren Ausdifferenzierung die Zelle den Einwirkungen der Umwelt standhalten kann.

Nach unserer Auffassung wird die Schutzmembran des Selbst aus einem Spiegelbild des Selbst gebildet, das ungefähr in der Spiegelphase von Lacan entsteht und sich so lange weiterentwickelt, bis es zu einem Symbol des Selbst wird. Wie sich in der Interaktion mit der

Außenwelt die Membran verändert, um das Innere der Zelle konstant zu halten, so verändert sich das Symbol des Selbst während der Begegnung mit der Welt, um den zentralen Kern des Selbst, geschützt, unveränderlich und immer identisch mit sich selbst beizubehalten.

Der biologische Grundkonflikt aller Lebewesen besteht in der Schwierigkeit, sich in der Begegnung mit der Außenwelt zu verändern und zugleich die eigene Struktur unverändert beizubehalten. Dieser Konflikt verstärkt sich in der Psychose und wird dramatisch, weil die Abwesenheit der Membran – des Symbols des Selbst – das Innere der Zelle – den Kern des Selbst – direkt und ohne Vermittlung einem Zusammenprall mit der Welt aussetzt, bei dem es ausläuft und sich projektiv nach außen hin ergießt.

Wenn der zentrale Kern des Selbst ungeschützt mit den Emotionen der zwischenmenschlichen Beziehungen konfrontiert und dadurch verändert wird, verliert er seine Funktion der Organisation und Strukturierung der Welterfahrung in den räumlichen und zeitlichen Koordinaten, die uns die Bestätigung unserer existentiellen Kontinuität geben und uns in jeder Situation immer uns selbst sein lassen.

Die Membran der Zelle, das Symbol des Selbst, dessen Entwicklung wir mit Benedetti beim Bilderaustausch beobachten konnten, hat Analogien mit der Fähigkeit, sich selbst zu objektivieren, die das Selbst des Kindes erwirbt, bevor es mit ungefähr zwei Jahren die verbale Kommunikationsebene erreicht.

Die Fähigkeit, das Selbst zu einem Objekt der Reflexion zu machen, das für den anderen erfahrbar ist, die Fähigkeit, sich mit symbolischen Tätigkeiten wie dem Spiel zu beschäftigen, und der Erwerb der Sprache sind in der kindlichen Entwicklung miteinander verbundene und voneinander abhängige Phänomene.

Die Möglichkeit, das Selbst zu objektivieren, bildet im besonderen auch die Grundlage der Fähigkeit, die Lichtenberg (1983) als »imaginative Fähigkeit« definiert hat und die es dem Kind erlaubt, sich sein zwischenmenschliches Leben vorzustellen.

Mit dieser neuen imaginativen Fähigkeit, die mit der Möglichkeit verbunden ist, das Selbst zu objektivieren, gelingt es dem Kind, die augenblickliche Erfahrung zu transzendieren, wobei es in sich selbst den Wunsch nach einer Realität – so, wie es diese gern hätte – bewahrt (Stern 1985).

So eröffnet sich die Möglichkeit einer mehr oder weniger starken Hemmung der primitiven Tendenz der Abfuhr, und der Übergang vom

Lustprinzip zum Realitätsprinzip, vom Primärvorgang zum Sekundärvorgang, wird gefördert.

Analog dazu begannen auch unsere Patienten, in der Phase, in der sie die Fähigkeit, das Selbst zu objektivieren, erreicht hatten, in der verbalen Sprache den Sekundärvorgang anstelle des Primärvorgangs zu gebrauchen.

Gemeinsame Forschung auf dem Gebiet von symbiotischem und separatem Selbst

Das erste Symbol des Selbst, das wir auf den Bildern sehen, ist nicht nur ein Übergangsobjekt zwischen dem Patienten und dem Therapeuten, sondern auch ein Übergang zwischen Inhalt und Beinhaltendem, zwischen Innen und Außen. Vor allen Dingen ist es aber ein Kompromiß zwischen dem Wunsch nach Symbiose und demjenigen nach Trennung, die sich in der Beziehung von Übertragung und Gegenübertragung des Paares Patient – Therapeut entwickelt haben.

Dieser letzte Aspekt führte uns zur Theorie, daß in der Psychose eine Spaltung zwischen separatem Selbst und symbiotischem Selbst besteht.

Wir beobachteten diesen Prozeß besonders deutlich in den Zeichnungen eines Patienten, der seit 20 Jahren davon überzeugt war – und das trotz des Einsatzes aller Arten von pharmazeutischen, sozialen und psychologische Therapien –, von Geheimagenten mit Lebensmitteln vergiftet zu werden, was in ihm schreckliche Erlebnisse der Spaltung und der körperlichen Teilung hervorrief. Jedesmal, wenn er aß, ging er von einem Zustand des totalen, autistischen Verschlusses – von einer Art allmächtiger Unabhängigkeit – in einen Zustand symbiotischer Verschmelzung, in eine absolute Abhängigkeit über. Mit diesem Ablauf wurde er Dutzende Male im Jahr in psychiatrische Kliniken eingewiesen und wieder entlassen. Wenn der Patient vom autistischen Zustand in den symbiotischen Zustand gelangte, fühlte er sich zerspalten und zerteilt. Das Delirium war das Ergebnis eines Kompromisses zwischen extremen Trennungsbedürfnissen – einem Autismus, der ihn dazu führte, die verbale Kommunikation abzulehnen – und dem Wunsch nach einer symbiotischen Verschmelzung mit der Mutter, die seit Jahrzehnten unter dem gleichen Delirium litt.

Auf den Zeichnungen dieses Patienten können wir Bildergruppen bemerken, in denen die autistische Abwehr dominiert (Abb. 1, Der Leuchtturm, Abb. 2, Das Schloß, Abb. 3, Eine Kalaschnikow, Abb. 4, Ein Panzer), und wir finden andere Bildergruppen, in denen die symbiotische, umfangende Komponente dominiert: (Abb. 5, Der Hafen, Abb. 6, Der große Mund, Abb. 7, Das Schiff, Abb. 8, Die Nilpferde, Abb. 9, Das Paar auf der Brücke).

Auf den über tausend Bildern des Patienten zeigte sich in kontinuierlicher Wiederholung eine besondere Charakteristik: Zwischen den Bildergruppen, in denen die symbiotische Komponente, und jenen, in denen die autistisch-trennende Komponente dominierten, gab es nie irgendeinen Austausch. Es schien fast, als sei der Primärvorgang blockiert und als würden Vorgänge der Verschiebung und Verdichtung nur innerhalb derselben Bildstufe stattfinden, niemals aber zwischen einer Bildstufe und der anderen.

Wenn der Therapeut versuchte, diese verschiedenen gespalteten Bildstufen zu verbinden und ineinander zu integrieren, wurden seine Vorschläge manchmal vom Patienten angenommen und manchmal zerstört (Abb. 10, Die zerstörte Brücke).

Andere Male agierte der Patient seine Destruktivität in der therapeutischen Beziehung aus, indem er aus Sitzungen davonlief oder indem er überhaupt nicht erschien.

Diese wiederholte Konfrontation mit den destruktiven Strebungen führte zu deren teilweisen Integration mit libidinösen Strebungen, und daraus entwickelte sich dann die Struktur des Skorpions (Abb. 11), den wir als die erste symbolische Darstellung des Selbst betrachteten. Nach zwei Jahren Therapie sagte der Patient zum ersten Mal in Zusammenhang mit dem Skorpion: »Das bin ich.« Das Bild des Skorpions, der dann auf Hunderten von Zeichnungen vorkam, bestand aus einem harten Behälter, dem Panzer, der an die autistische Barriere erinnerte, und war mit einem giftigen Stachel ausgestattet. Der giftige Stachel zeigte den Zusammenhang mit den gleichen destruktiven Kräften, von denen das Gift der Verfolger stammte, den destruktiven Kräften, die jetzt – dank der Wirkung der Übertragung – begannen, sich in der Struktur des Skorpions mit den Kräften der Libido zu integrieren.

Die starren autistischen Verteidigungsmöglichkeiten des Skorpions hatten in der Tat die Funktion, den Stern zu beschützen, den unveränderlichen und konstanten Inhalt, der aus der tiefen symbiotischen Beziehung mit dem Therapeuten hervorging.

Abb. 1

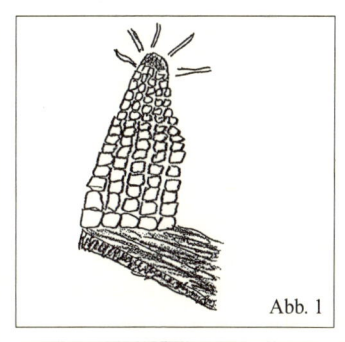

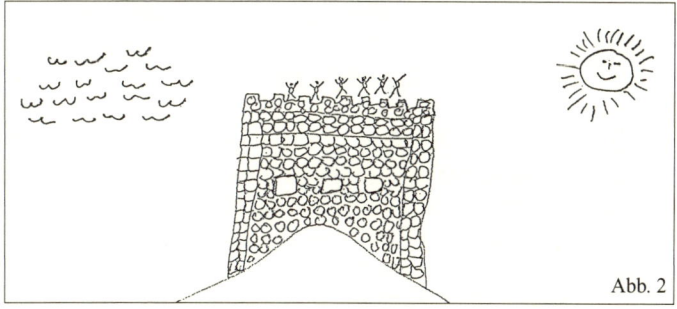

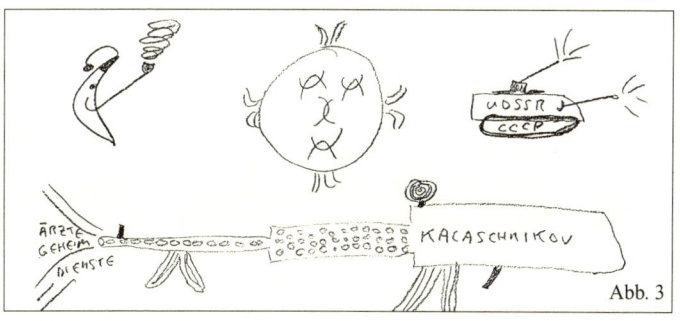

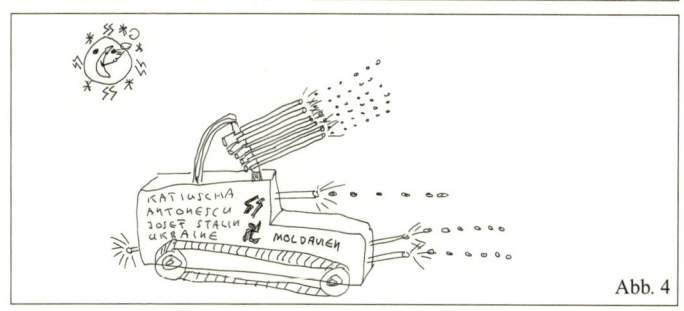

Abb. 2

Abb. 3

Abb. 4

Abb. 5

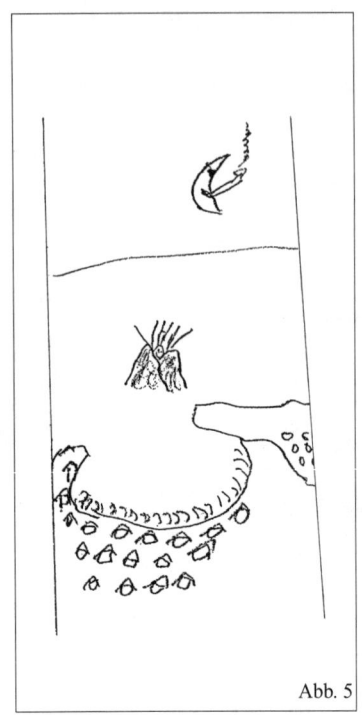

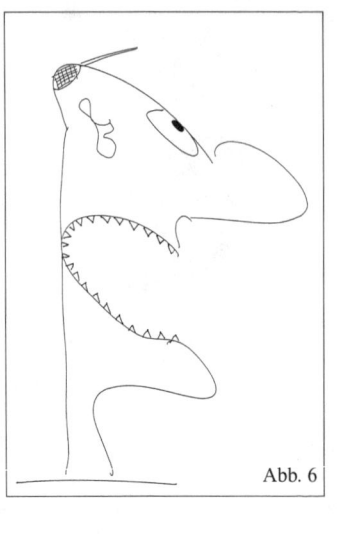

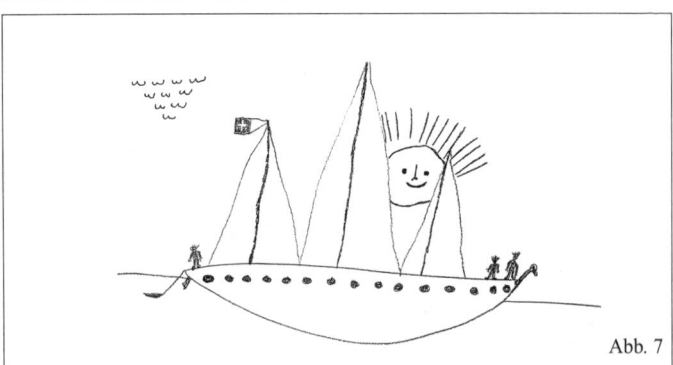

Abb. 6

Abb. 7

Abb. 8

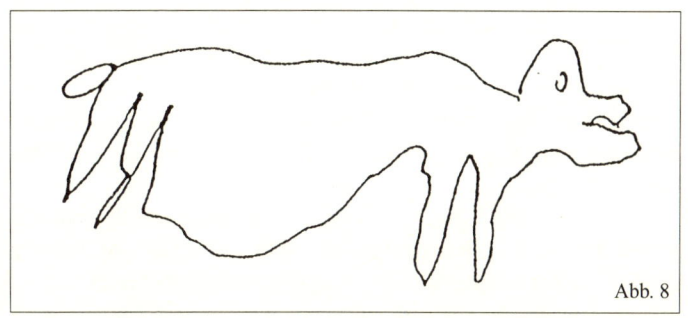

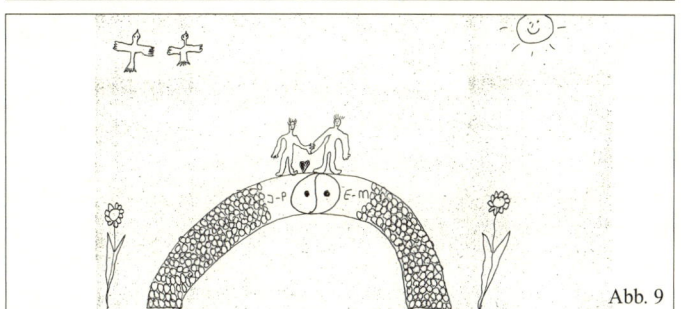

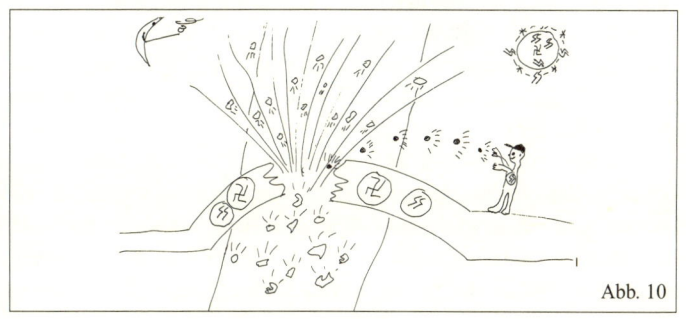

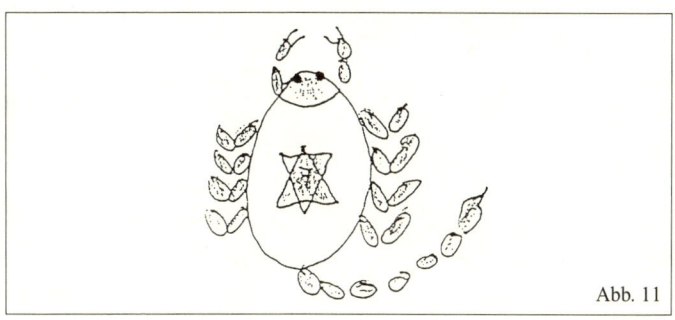

Abb. 9

Abb. 10

Abb. 11

Die symbiotische Beziehung mit dem Therapeuten war an diesem Punkt noch in einer Phase, die Searles (1965) als »ambivalent« bezeichnen würde. Das Bild des Skorpions entsprang der Beziehung als Ergebnis von Übertragung und Gegenübertragung, von Bedürfnissen nach Verschmelzung und Trennung, wobei die Bedürfnisse nach Trennung überwogen.

Als sich das Bild des vom Skorpion, diesem ersten Symbol des Selbst, beschützten Sterns entwickelt hatte, bemerkten wir, daß der Patient ihn gebrauchte, um ihn in alle vorher gespaltenen Bildergruppen einzubauen. Er gebrauchte ihn als kleinsten gemeinsamen Nenner, wie einen Faden, der durch Vorgänge der Verdichtung und Verschiebung hinweg die verschiedenen, gespaltenen Bildebenen miteinander vernähte (Abb. 12, Der Skorpion im Hafen, Abb. 13, Der Skorpion auf dem Schiff, Abb. 14, Der Skorpion im Bauch des Nilpferdes, Abb. 15, Der Skorpion im großen Mund).

Die Stereomorphien, das heißt die Bilder wie das des großen Mundes, die die schizophrenen Patienten unverändert Tausende Male wiederholen und die den verbalen und motorischen Stereotypien entsprechen, veränderten sich genau dann, wenn der Patient in der Lage war, eine Verdichtung herzustellen zwischen den Bildergruppen, in denen die autistische Barriere dominierte, und zwischen denen, bei denen wir die verschmelzende Dominante erlebten, was parallel zur Veränderung der Struktur der chronischen Delirien verlief (Abb. 16, Der große Mund, der endlich geschlossen ist).

Diese Verbindung führte zu einer Neuorganisation der Struktur der Bilder, so daß die Bildergruppen, die vorher wechselseitig bedrohend wirkten, jetzt oft verteidigenden Charakter hatten (Abb. 17, Das Bild der Brücke als Barrikade und der verschiedenen Stufen). Hier sehen wir, wie die Brücke der Symbiose und der Integration, die vorher für

Abb. 12

Abb. 13

Abb. 14

Abb. 15

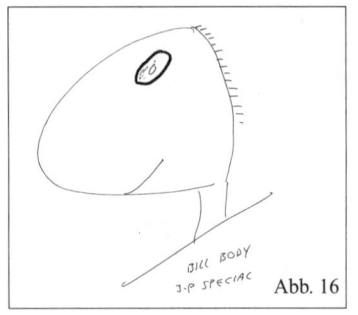

Abb. 16

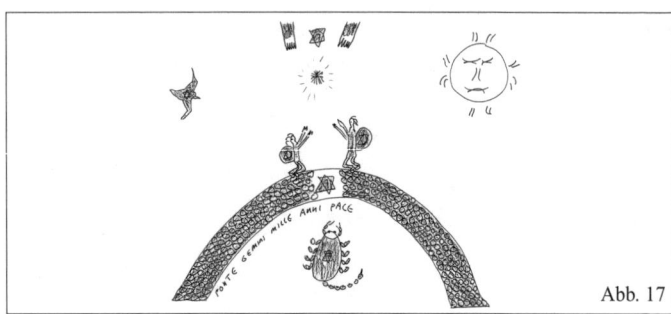

Abb. 17

Abb. 18

Abb. 19

Abb. 20

die pathologisch gespaltene Identität gefährlich war, eine Mauer bildet, einen Schutz, der die Verteidigungsmöglichkeiten des Skorpions erweitert (Abb. 18, Das Schloß). Der Skorpion wird jetzt von der Festung des Autismus geschützt, der sich mehr und mehr in die symbiotische Beziehung integriert (Abb. 19, Der Bunker zwischen dem symbiotischen Paar).

Jene Bildergruppen, die wieder die Möglichkeit haben, miteinander zu kommunizieren und sich in der Weise verändern, ordnen sich im allgemeinen so an, daß sie sich gegenseitig aufnehmen (Abb. 20, Der Bunker, der das symbiotische Paar aufnimmt).

Die Beobachtung dieser Bilder von diesem und später anderer Patienten, die deutlich eine Spaltung zwischen Darstellungen des vorzeitig getrennten Selbst und Darstellungen des mit dem Objekt fusionierten Selbst aufzeigten, veranlaßte uns zur Formulierung der Hypothese, daß sich, zumindest bei einigen psychotischen Patienten, eine Spaltung zwischen separaten und symbiotischen Zuständen des Selbst nachweisen läßt.

Wir nehmen an, daß diese Spaltung ihren Ursprung in der frühesten Kindheit des Patienten hat, und vertreten die Theorie, daß sich das Selbst gleichzeitig in einem doppelten Raum bildet: im interpersonalem Raum der symbiotischen Beziehung zur mütterlichen Umwelt und im intrapsychischen, subjektiven Raum, der von der mütterlichen abgegrenzt ist.

Wir haben dieses Modell der kindlichen Entwicklung *komplementär* genannt, entsprechend dem Prinzip der Komplementarität bei Niels Bohr. Es ist eine Weiterentwicklung und Ergänzung des klassischen psychoanalytischen Interpretationsmodells, das die Schizophrenie mit einer oralen Fixierung verbindet. Die klassische Hypothese einer oralen Fixierung auf eine symbiotische Phase, die durch eine Nichtunterscheidung zwischen Subjekt und Objekt gekennzeichnet ist, erhellt uns zwar die psychotische Pathologie insoweit diese ein Übermaß an symbiotischer Identifizierung aufweist, aber sie erklärt uns nicht, wie die Symptome einer übermäßigen Getrenntheit, die autistischen Symptome der Psychose, zustande kommen. Um die Symptome einer übermäßigen autistischen Trennung in der Schizophrenie zu verstehen, vermutet Margaret Mahler ein frühes Trauma, das im zur psychotischen Erkrankung disponierten Kind eine Fixierung auf eine autistische Phase hervorruft, die zeitlich vor der symbiotischen Phase liegt. Die Fixierung auf die symbiotische Phase hingegen charakterisiert nach M. Mahler symbiotische Psychosen, die durch eine übermäßige spiegelnde Identifizierung gekennzeichnet sind.

Die Konzeption von Margaret Mahler – auch wenn sie eine große Hilfe für die analytische Praxis bedeutete – erklärt nicht vollständig, warum von einem Tag auf den anderen, manchmal auch im Verlauf nur weniger Stunden, Patienten, die unter einer symbiotischen Psychose leiden, plötzlich Symptome autistischer Art aufweisen und umgekehrt autistische Patienten auf einmal Symptome symbiotischer Art erleben.

Die gegenwärtigen Methoden der Beobachtung von Kleinkindern haben die Existenz einer frühen autistischen Phase beim Neugeborenen nicht bestätigt, und am Ende ihres Lebens drückte Margaret Mahler selbst Zweifel an der Existenz einer frühen autistischen Phase beim Kind aus.

Neuere Beobachtungen von Neugeborenen haben das lineare kindliche Entwicklungsmodell Autismus – Symbiose – Trennung, das von Mahler angenommen wurde, durch ein Entwicklungsmodell ersetzt, das als »komplementär« bezeichnet werden könnte, da es Analogien zum Prinzip der Komplementarität von Bohr aufweist. Im komplementären Modell der psychischen Entwicklung fragt man sich nicht mehr, in welchem Moment unsere Psyche, die als eine kontinuierliche

Struktur geboren wird, das heißt mit der mütterlichen Umwelt verschmolzen und von ihr nicht unterschieden, diskontinuierlich wird, das heißt, wann sie sich von der mütterlichen Umwelt trennt. Im komplementären Modell der psychischen Entwicklung bilden Symbiose und Trennung zwei autonome Entwicklungslinien, die weiterlaufen, indem sie sich ineinander integrieren, aber grundsätzlich voneinander unterschieden bleiben. Es gibt also keinen Übergang von der Symbiose, von der psychischen Kontinuität, zur Getrenntheit, zur psychischen Diskontinuität. Wie in der Physik die Materie paradoxerweise gleichzeitig Welle und Partikel, Energie und Materie ist, ist unser Selbst mit dem anderen verbunden und ist gleichzeitig von ihm getrennt. Neben einem Teil des Selbst, der von der Außenwelt abgegrenzt arbeitet, existiert ein archaischer Teil des Selbst, der unbewußt fortfährt, in Symbiose mit der Außenwelt zu arbeiten.

Wir nehmen an, daß die Nahtstelle zwischen Innen- und Außenwelt in richtigem Abstand zum Bewußtsein liegen muß. Eine zu große Nähe könnte die Identitätserfahrung des separaten Selbst bedrohen; andererseits sollte die Distanz nicht zu groß sein, da es einen Austausch von Affekten braucht, eine emotionale Verbindung zwischen Innen- und Außenwelt, so daß diese das separate Selbst motivieren und neugierig machen kann und es veranlaßt, sich für die Außenwelt zu interessieren, insofern diese unbewußt ein Spiegel des Inneren ist.

Jedes von außen kommende Objekt ist ein Symbol, da es unbewußt unseren Gedanken entspringt, ist aber zugleich auch nicht unser Gedanke und bleibt von diesem abgetrennt.

Das Symbol wird aus einer kontinuierlichen Interaktion und Integration zwischen Innen und Außen geboren, und durch das Symbol erfahren und umfassen wir in uns, das heißt in unserem (abgetrennten) Denken, Objekte der Außenwelt, denen wir unbewußt (symbiotisch) Teile unseres Denkens anvertrauen. Wir sind in Symbolen denkende Wesen – was unser Menschsein bestimmt, durch das Symbol umfangen wir das, was uns umfängt.

Unsere Hypothese besagt, daß es in der Schizophrenie zu einem Bruch kommt in der Integration zwischen der symbiotischen Entwicklungslinie des Selbst und der Entwicklungslinie, die auf der Trennung Selbst – Nichtselbst gründet. Aufgrund dieser verfehlten Integration entstehen zwei nicht vereinbare Kerne des Selbst, die sich gegenseitig als »Nicht-Selbst« begegnen; der eine wird durch ein übermächtiges Bedürfnis nach Symbiose, der andere durch ein ebenso übersteigertes Bedürfnis nach autistisch geprägter Trennung charakterisiert.

Diese beiden Kerne, sowohl der symbiotische als auch der autistische Teil des Selbst, zersplittern sich gegenseitig jedesmal, wenn sich symbiotische oder trennende Wünsche aktivieren, denn sie sind beide gleichzeitig und gleich intensiv vorhanden, weil sie nicht ineinander integriert sind.

Das gleichzeitige Aufleben des Wunsches, in die Einheitserfahrung zurückzukehren (mit dem daraus sich ergebenden symbiotischen Verhalten), und der Angst, von dieser Einheit verschluckt zu werden und die Identität zu verlieren (mit dem daraus sich ergebenden Verhalten des autistischen Rückzugs), ist unserer Meinung nach der charakteristische Zug der psychotischen Struktur.

Der psychotische Konflikt zwischen Trennung und Symbiose ist eigentlich ein universeller, menschlicher, existentieller Konflikt und nicht unähnlich demjenigen, den Schopenhauer beschreibt, wenn er die menschliche Grundsituation mit derjenigen von den Stachelschweinen vergleicht, die, um den Winter zu überleben, keine andere Möglichkeit haben, als sich fest aneinandergeschmiegt in ihrer Höhle gegenseitig zu wärmen. Was den Psychotiker vom Gesunden unterscheidet, ist die tödliche Bedrohung, die aus einer solchen Situation erwächst: Es ist, wie wenn die winterliche Kälte die Stachelschweine töten könnte, die sich auf eine höchst gefährliche und zugleich unnütze Art verteidigen, indem sie ihre eigenen Stacheln mit einer tödlichen Substanz vergiften. Dadurch riskieren die Tiere den Tod ebenso in der Eiseskälte ihrer Einsamkeit wie in der tödlich vergiftenden Nähe. Und je mehr sie in der Eiseskälte allein sind, um so mehr müssen sie sich einander annähern und sich damit gegenseitig vergiften; und je mehr sie sich vergiften, um so mehr müssen sie sich isolieren.

Dieser unheilvolle Konflikt zwischen Symbiose und Trennung wiederholt sich unvermeidlich in der Übertragung. Wenn wir uns einer autistischen Verschlossenheit des Patienten gegenüber befinden, die in der Gegenübertragung das Erleben wachruft, nicht zu existieren, sich unnütz und gelangweilt zu fühlen, zu einem Gegenstand zu werden, kann es nützlich sein, zu bedenken und sich bewußt zu sein, daß in diesem Moment parallel zur autistischen Übertragung – die von Freud als Abwesenheit von Übertragung bezeichnet würde – eine abgespaltene Ebene der Spiegelbeziehung wirksam sein könnte, nämlich eine symbiotische Übertragung. Es könnte sein, daß Patient und Therapeut diese abwehren, um die eigene Individualität zu schützen, die durch die nicht abgrenzende Intensität einer solchen Beziehung, in der das Subjekt im Objekt ertrinken könnte, bedroht wird. Wenn im Gegenteil eine symbiotische Übertragung aktiv ist und der Patient mit seinem Therapeuten verschmilzt, kann es nützlich sein zu bedenken, daß sich der Patient verzweifelt vor einer autistischen Einsamkeit verteidigt, die nur unsichtbar vorhanden ist, da sie eben abgespalten ist.

Die theoretische Konzeption, die auf der gleichzeitigen Entwicklung der symbiotischen und der separaten Möglichkeiten des Selbst gründet und der verfehlten Integration von Symbiose und Trennung in der Entwicklung des Selbst in der Schizophrenie, führt zu wesentlichen Erkenntnissen in bezug auf die Praxis der Psychotherapie der Psychosen. Das Ziel der Therapie besteht nicht mehr darin, den Patienten aus einer symbiotischen Verschmelzung, in der er gefangen wäre, zu befreien und ihm die Erfahrung der Getrenntheit zu ermöglichen, sondern darin, symbiotische und trennende Erfahrungsmöglichkeiten ineinander zu integrieren.

Diese theoretische Position könnte dem Therapeuten helfen, in der Gegenübertragung symbiotisches Erleben weniger abzuwehren, das heißt, er könnte es dem Patienten erleichtern, in der Übertragung eine therapeutische Symbiose zu erleben, die eine korrigierende Wiederholung der pathologischen Symbiose wäre.

Hatte der Patient in der pathologischen Symbiose die eigene Individualität, die eigenen Grenzen und den eigenen Zustand der Ge-

Abb. 21

trenntheit verloren, so findet er in der therapeutischen Symbiose im Therapeuten die eigenen Grenzen, das eigene separate Selbst wieder.

Wir können dieses Finden der Getrenntheit durch die Erfahrung der therapeutischen Symbiose auch auf Bildern von Patienten erkennen:

Abb. 21: Auf diesem Bild, das vor Beginn der Psychotherapie von einer psychotischen Patientin gezeichnet wurde, ist ein Ausdruck pathologischer Symbiose zu sehen. Der bezeichnende Titel dieses Bildes ist »Ich und meine Mutter«. Wir sehen, wie die Dualität die Identität annulliert und daher gefährlich wird.

Abb. 22: Dieses im fünften Jahr der Psychotherapie entstandene Bild ist hingegen eine Darstellung der therapeutischen Symbiose, die trotz aller Intensität der Beziehung die individuelle Differenzierung nährt und bereichert.

Auf diese Art (Abb. 23) wird die Symbiose zu einem konstanten, introjizierten Objekt, das die Identität beschützt.

Die fehlende Integration von separatem Selbst und symbiotischem Selbst kann in Beziehung gesetzt werden mit der Spaltung zwischen Inhalt und Beinhaltendem, und das bietet uns einen neuen Gesichtspunkt, um die ersten psychoanalytischen Beobachtungen der psychotischen Spaltung zwischen Wortvorstellungen (auditive Erinnerungsspuren) und Sachvorstellungen (visuelle Erinnerungsspuren), die dann als Spaltung zwischen Bedeutungsträger und Bedeutung konzeptualisiert wurde, neu zu überlegen.

Wir fassen die psychoanalytische Auffassung der Schizophrenie nach Freud in drei Punkten zusammen:

1. Rückzug der libidinösen Besetzung der Sachvorstellungen, der Inhalte des Unbewußten.
2. Fehlende Korrespondenz zwischen Sachvorstellungen (visuelle Erinnerungsspuren) und Wortvorstellungen (akustische Erinnerungsspuren), was mit der Blockierung der topischen Regression einhergeht.
3. Blockierung des Primärvorgangs im Unbewußten und Versuch der Selbstheilung durch den Vollzug des Primärvorgangs im Bewußtsein anhand der Repräsentation überbesetzter Worte.

Dank meiner Gespräche mit Gaetano Benedetti hat sich in mir der Gedanke entwickelt, daß die Spaltung zwischen auditiven Wortvorstel-

Abb. 22

Abb. 23

lungen und visuellen Sachvorstellungen (und somit die Blockierung des Primärvorgangs) bedingt ist durch eine gestörte Entwicklung des symbiotischen Selbst, das sich nicht in den Raum des separaten Selbst integriert. Ich meine, daß sich die psychische Funktionsweise des getrennten Selbst auf physischer Ebene in einer diskriminierenden Wahrnehmungsart widerspiegelt, die die Sinnesreize differenziert, während die psychische Funktionsweise des symbiotischen Selbst sich somatisch in einer konvergierend-synästhetischen Wahrnehmungsart äußert, die die Sinnesreize vereint. Die diskriminierenddivergierende Wahrnehmung beruht nicht nur auf der Unterscheidung zwischen getrennten Sinneskanälen, sondern vor allem auf der Trennung zwischen Selbst und Nicht-Selbst. Den anderen Pol bildet das konvergierend-synästhetische System, das nicht nur alle möglichen Sinnesreize untereinander verbindet und somit die Synästhesie produziert, sondern das Selbst mit den Objekten der Umwelt so verbindet, daß das Individuum die Außenwelt in einem Prozeß der Identifizierung mit dieser wahrnimmt.

Wahrscheinlich war es das Bewußtsein, sich selbst und die Realität auf diese doppelte Art wahrzunehmen und zu imaginieren, die Jung zur Frage führte: »Bin ich Jung, der auf dem Fels sitzt, oder bin ich der Fels, auf dem Jung sitzt?« Eine ähnliche Frage muß auch den Dichter Tagore dazu bewegt haben, diesen Absatz zu schreiben:

»An einem der beiden Pole, in die sich mein Wesen aufspaltet, bin ich eins mit den leblosen Kreaturen und den Steinen; ich unterliege der Herrschaft der universellen Gesetze. In dieser liegt, verloren in der tiefsten Dunkelheit aller Zeiten, das Fundament meiner Existenz, dessen Kraft in einer engen Beziehung mit dem Verständnis der Welt und der Fülle der Einheit mit allen Dingen besteht. Am anderen Pol meines Seins aber unterscheide ich mich von allem, habe ich den Kreis der Gleichheit überschritten und bin als Individuum isoliert. Ich bin nur ich, einzigartig, nicht vergleichbar; das Gewicht des gesamten Universums kann meine Person trotz der Schwerkraft aller Dinge nicht zermalmen. Sie scheint klein zu sein, ist in Wirklichkeit aber groß, da sie den Kräften standhält, die sie vernichten und zwingen wollen, ihr Anderssein zu verlieren und eins mit dem Staub zu werden.«

Die doppelte Wahrnehmung: »konvergierend-symbiotischsynästhetisch« einerseits und »divergierend-separat« andererseits führt uns zu der Auffassung, daß wir zwei miteinander integrierte Möglichkeiten besitzen, uns selbst und die Welt wahrzunehmen: von innen her, das heißt getrennt von der Umwelt, und von außen, das heißt in Symbiose mit der Umwelt. Der Verlust der Integration dieser beiden Modalitäten der Selbstwahrnehmung prägt die Erlebnisweise psychotischer Patienten, die sich ständig beobachtet, gefilmt und ausspioniert fühlen: Sie fühlen sich »von außen wahrgenommen« und sind nicht in der Lage, diese Tatsache auf eine persönliche Aktivität ihrer Selbstwahrnehmung zurückzuführen. In diesen Situationen wird das Selbst durch die externe Selbstwahrnehmung, die in Symbiose mit der Umwelt stattfindet, bedroht und entleert.

Ich halte es für möglich, daß der Konflikt und der Bruch der Integration zwischen symbiotischer und separater Entwicklungslinie des Selbst, wie er die Psychose charakterisiert, sich auf physiologischer Ebene in einer Disharmonie zwischen fusionalem und diskriminierendem Wahrnehmungssystem äußert. Dadurch kommt es zur psychotischen Störung der Symbolisierung, in der sich das Gleichgewicht zwischen Identität und Verschiedenheit verliert, das die Grundlage für die Analogien der symbolischen Prozesse bildet.

Öffnung für transdisziplinäre Erkenntnisse

Ein Aspekt der Persönlichkeit Gaetano Benedettis, den ich besonders anregend finde, ist seine transdisziplinäre Öffnung. Benedetti hat sich niemals hinter den sicheren Mauern einer psychoanalytischen Schule verschanzt – obwohl er selbst der Gründer einer der aktivsten psychoanalytischen Schulen Italiens ist –, sondern ist vielmehr ständig auf der Suche nach neuen Kontaktpunkten und Integrationsbrücken zu anderen psychiatrischen Disziplinen. Während unserer gemeinsamen Arbeitsjahre hat mich seine Öffnung anderem Wissen gegenüber auch außerhalb der psychotherapeutischen Wissenschaft immer wieder begeistert. So bin ich dazu gekommen, die Hypothese der Dissoziation zwischen symbiotischem und separatem Selbst und der daraus entspringenden Disharmonie zwischen konvergent-synästhetischem und divergierend-diskriminierendem Wahrnehmungssystem mit anderen nicht psychotherapeutischen Disziplinen zu konfrontieren. Nachfolgend ein kurzer Überblick über die von mir gefundenen Berührungspunkte.

- *Neuropathologie des limbischen Systems* – Zahlreiche Studien post mortem belegen übereinstimmend bei schizophrenen Patienten strukturelle Abweichungen der makroskopischen und mikroskopischen Anatomie der Schlüsselstrukturen des limbischen Systems – Hippocampus, Amygdala, Gyrus hippocampalis – sowie des paralimbischen Systems – entorhinaler Cortex, orbitaler Cortex, Girus cinguli (Altshuler et al. 1990, Brown et al. 1986, Falkai et al. 1988a,

Jakob und Beckmann 1986, Jeste und Lohr 1981, Conrad et al. 1991, Falkai und Bogerts 1986, Falkai et al. 1988b, Kovelman und Scheibel 1984, Senitz und Winkelmann 1991)

- *Tiermodelle* – Läsionen, die durch Infusion von Ibotensäure in den vorderen Hippocampus von Ratten am 7. Lebenstag erzeugt wurden, erzeugten beim Versuchstier Verhaltensweisen, die mit einigen sowohl positiven wie negativen Symptomen der Schizophrenie vergleichbar sind. Diese Veränderungen manifestieren sich erst in der Pubertät (Lipska et al. 1993, Lipska und Weinberger 1994).

- *Elektroenzephalographische Untersuchungen* weisen bei schizophrenen Personen seit der Mitte der sechziger Jahren Anomalien bei den Wellenmustern des Hippocampus im Vergleich zu gesunden Altersgenossen nach. Diese Anomalien sind während der akuten Phase deutlicher, während der interkritischen Phase dagegen weniger stark. LSD verstärkt sie, Neuroleptika lassen sie verschwinden. Kokkou und Lehmann (1983) haben Störungen der Informationsverarbeitung bei schizophrenen Personen nachgewiesen: Das Elektroenzephalogramm registrierte Veränderungen der Reaktivität in Form eines abnormen Theta-Rhythmus als Antwort auf visuelle, akustische und verbale Sinnesreize.

- *Studien mit magnetischer Nuklearresonanz (MNR) und computerisierter Tomographie (CT)* (Brown et al. 1986, Jakob und Beckmann 1986, Kovelmann und Scheibel 1986, Weinberger 1987, Suddath et al. 1990) erbrachten bei schizophrenen Patienten zahlreiche Belege für die Reduktion des Volumens des Hippocampus, der Amygdala, des Gyrus hippocampalis und des entorhinalen Cortex.

- *Erkenntnisse zur Physiologie des limbischen Systems* – Papez stellte als erster 1937 die Hypothese auf, daß das limbische System eine wichtige Rolle bei der Genese der Emotionen spielt. Er stellte fest, daß die Sinnesafferenzen auf der Höhe des Thalamus divergieren, wobei die einen zum Cortex aufsteigen, wo die Sinneswahrnehmungen analysiert werden, während die anderen, die mit emotionalen Erfahrungen verknüpft sind, durch den Hippocampus zu den Mamillarkörpern und von dort über den Tractus mamillothalamicus zum vorderen Thalamus und schließlich zum Cortex gelangen.

Die Funktionen des Hippocampus haben als erste McLean und Ploog (1962) verdeutlicht, die die Hypothese aufstellten, daß das limbische System und besonders der Hippocampus eine Art Analysator bilden, der aus den Einzelheiten der Sinneserfahrungen gemeinsame Kategorien abstrahiert, indem er sie durch die Gefühlserfahrung verknüpft, die, wie McLean meint, auf der Synästhesie der verschiedenen Sinnesarten beruht. Der Hippocampus ist zwar unfähig, die verbale Sprache zu analysieren, ist aber beim Menschen an der Genese der präverbalen Symbolik beteiligt. Letztere ist eng mit den Emotionen verbunden, bei denen zum Beispiel die Wahrnehmung der Farbe Rot nicht konzeptualisiert, sondern mit emotionalen Wahrnehmungen wie Blut, Kampf, Mohnblumen und so weiter verknüpft wird. Zahlreiche Elemente der Realität, die in der intellektuellen Analyse getrennt erscheinen, werden auf limbischer Ebene miteinander verschmolzen. McLean meint zudem, daß bei der Verarbeitung der Stimuli im Hippocampus nur schwach unterschieden wird zwischen dem, was außerhalb des Selbst liegt, und dem, was innerhalb liegt. Zahlreiche weitere Autoren (Gray 1982, Mesulam 1986, Schmajuk 1987, Van Hosen 1982, Bogerts und Falkai 1996) haben schrittweise erkannt, daß neben der Koordinierung der emotionalen und kognitiven Aktivität eine der wesentlichen Funktionen des limbischen Systems und des entorhinalen Cortex des Hippocampus die Integration, Assoziation und Verarbeitung der verschiedenen Sinnesmodalitäten ist.

- Nach Citowic (1988, 1989) ist bei der Verarbeitung der Sinnesreize, neben einem spezifischen, analytisch differenzierenden kortikalen System, ein aspezifisches hippocampales System tätig, das die Sinnesimpulse nicht analytisch, sondern synkretistisch, aufgrund sinnlicher und synästhetischer Korrespondenzen verarbeitet. Das spezifische kortikale System unterscheidet und differenziert die Wahrnehmungen, die von getrennten afferenten Sinneskanälen zugeleitet werden: somästhetische (Tast-, Wärme- und Schmerzempfindungen), akustische, visuelle, auditive und Geruchswahrnehmungen. Das aspezifische System, das die limbischen Schaltkreise, besonders die des Hippocampus, mit einbezieht, ist ein System, in dem die verschiedenen Sinnesinformationen konvergieren. Wir haben also eine doppelte Bahn für die Verarbeitung der Sinnesinformationen. Parallel zu einer Modalität, die die Reize trennt und differenziert, arbeitet eine Art von Wahrnehmung, die sie untereinander verknüpft und verschmilzt.

- *Biochemische Studien* – Die biochemische Theorie, die den größten Teil der Studien auf diesem Gebiet ausgelöst hat, ist die Dopamin-Hypothese, die in den sechziger und anfangs der siebziger Jahre entwickelt wurde. Sie besagt, daß die Schizophrenie auf eine funktionale Hyperaktivität des Dopaminsystems des Gehirns zurückzuführen ist. Zwanzig Jahre später konnte die Dopamin-Hypothese mit Hilfe der Positronen-Emissions-Tomographie (PET) und des Studiums des Dopamin-Metabolismus verfeinert werden. Die Effizienz der Neuroleptika bei der Kontrolle der psychotischen Symptome wird heute mit ihrer Einwirkung auf die mesolimbischen und mesokortikalen Areale erklärt, wobei man annimmt, daß die Schizophrenie auf eine Dysregulierung des Gleichgewichts zwischen den hyperaktiven mesolimbischen und den hypoaktiven mesokortikalen dopaminergen Neuronen zurückgeht (Weinberger 1987, Heritch 1990, Davis et al. 1991).

  Wenn es zutrifft, daß die dopaminergen Neuronen synästhetisch, das heißt für die Konvergenz der Sinneswahrnehmungen verantwortlich, und die mesokortikalen analytisch-diskriminierend sind, könnte dieses mesolimbisch-mesokortikale Ungleichgewicht ein Ungleichgewicht zwischen trennenden und konvergierenden Wahrnehmungsmodalitäten widerspiegeln, das heißt auf klinischer Ebene, zwischen Gleichheit und Ungleichheit, zwischen Verschmelzung und Differenzierung, zwischen Symbiose und Separation.

- *Physiopathologie der Sinneswahrnehmungen in der Schizophrenie* – In dieser Disziplin wurden Studien über die Schizophrenie von der klinischen Beobachtung sensorieller Wahrnehmungsstörungen angeregt: akustische Halluzinationen bei 75 % der Patienten, visuelle Halluzinationen (49 %), somatisch-taktile Halluzinationen (20 %), Geruchshalluzinationen (6 %) (Andreasen und Black 1990). Bexton et al. 1954 und Heron 1961 haben gezeigt, daß gesunde Erwachsene nach wenigen Tagen sensorieller Deprivation alle Anzeichen einer akuten Psychose entwickelten. Sullwold 1977 hat in der Schizophrenie einen Defekt der basalen Integration der Sinneswahrnehmungen angenommen, Mundt und Lang haben

1987 gezeigt, daß bei Schizophrenen die cross-modalen Reaktionszeiten zwischen den verschiedenen Sinneskanälen beeinträchtigt sind. Parnas (1996) postulierte bei der Schizophrenie eine Dysfunktion der integrierenden intermodalen Wahrnehmungsfähigkeit. Bogerts und Falkai (1996) glauben, daß das strukturelle und funktionale Defizit der limbischen und paralimbischen Regionen ein entsprechendes Ungenügen der assoziativen und integrativen intermodalen Sinnesfunktionen sowie eine verzerrte Wahrnehmung der Realität hervorruft.

- *Psychologie und Psychopathologie der kindlichen Entwicklung* – Auf dem Feld der Psychologie der kindlichen Entwicklung hat die direkte Beobachtung von Kindern gezeigt, daß die Synästhesien, die durch die Übertragung affektiver und kognitiver Informationen von einem Kanal auf den anderen gekennzeichnet sind, während der 15 ersten Lebensmonate besonders stark wirksam sind (Stern 1985). Insbesondere die audiovisuellen Synästhesien (Lewcowicz und Turkewitz 1980) und die Synästhesie zwischen Seh- und Tastsinn (Meltzoff und Borton 1979) wurden bei drei Wochen alten Kindern nachgewiesen.

- *Zusammenhang zwischen beeinträchtigter Reizverarbeitung im Kindesalter und dem Risiko, als Erwachsener eine Schizophrenie zu entwickeln.* – 1971 begann Erlenmeyer-Kimling am New York State Psychiatric Institute in Zusammenarbeit mit dem National Institute of Mental Health in Washington eine Studie an 250 Kindern, die unter Anomalien der akustisch ausgelösten Potentiale (Welle P300) und der visuell ausgelösten Potentiale (Welle N100) litten. Die Kinder bekundeten Schwierigkeiten bei der Organisation und Verarbeitung von Reizen, die mehrere Sinnesmodalitäten ansprachen. Die Studie hat gezeigt, daß Kinder mit Störungen der Informationsverarbeitung als Erwachsene statistisch signifikant häufiger eine Schizophrenie entwickeln.

Die Studie von Erlenmeyer-Kimling wurde von Greenspan (1979, 1981, 1986) ausgeweitet, wiederum am National Institute of Mental Health. Der Autor beobachtete, daß dann, wenn die Eltern von Neugeborenen mit hohem Risiko (d. h. mit Anomalien der akustisch und visuell ausgelösten Potentiale und mit Störungen bei der Verarbeitung akustischer Wahrnehmungen) intakte Sinnesmodalitäten ansprachen, um mit den Kindern zu kommunizieren, diese als Erwachsene kein größeres Risiko als gesunde Kinder aufwiesen, eine Schizophrenie zu entwickeln. Dagegen entwickelten Kinder mit hohem Risiko, deren Eltern den gestörten auditiven Kanal überstimulierten, um mit ihnen zu kommunizieren, als Erwachsene häufiger eine Schizophrenie als die Vergleichsgruppe gesunder Kinder.

Ich habe eine Reihe von Daten aufgeführt, die körperliche Veränderungen in der Schizophrenie belegen, welche Störungen bei der Verarbeitung der Sinnesreize und ein Ungleichgewicht zwischen Konvergenz und Divergenz der Sinneswahrnehmungen und folglich eine Störung der Symbolprozesse auslösen. Diese Veränderungen, die sich als neuropathologisches und biochemisches Ungleichgewicht zwischen den mesolimbischen und mesocorticalen Arealen zeigen, können nach Meinung der Forscher eine verzerrte Repräsentation der Wirklichkeit bedingen, die den Kranken in einen Zustand extremer Konfusion oder extremer Trennung und Distanz versetzt.

Ich meine, daß diese somatischen Schäden die physische Seite des unbewußten psychischen Konflikts sind zwischen dem starken Wunsch nach symbiotischer Identifikation (der sich physisch als übermäßige Konvergenz der Sinneswahrnehmungen äußert) und einem entgegengesetzten übermäßigen Wunsch nach Separation und Individualisierung (der sich auf physischer Ebene als deregulierte Divergenz der sinnlichen Wahrnehmungen äußert).

Da ich mit der Ansicht übereinstimme, daß die gleiche, in ihrem Wesen nicht erkennbare Realität von uns entweder physisch oder in ihrer psychischen Bedeutung, ihrem unbewußten Sinn, wahrgenommen werden kann (Chiozza 1988), schließe ich sowohl die reduktive These aus, daß ein biologischer, physischer Schaden den psychischen Konflikt bewirkt, wie auch die gleichermaßen reduktive Ansicht, daß es der psychische Konflikt ist, der die biologischen Schäden hervorruft. Vielmehr halte ich es für wahrscheinlich, daß ein intensiver unbewußter Konflikt zwischen Symbiose und Separation – der sich vielleicht sogar von Generationen zu Generation überträgt – auf psychischer Ebene nicht ertragen werden kann und sich daher als scheinbar »sinn-lose« physische Beeinträchtigung zeigt.

Wenn es uns gelingt, in den anatomischen und physiologischen Beinträchtigungen (im Ungleichgewicht zwischen Strukturen, die für die konvergierende und divergierende Sinneswahrnehmung verantwortlich sind und in der dadurch bedingten Beeinträchtigung der Konstruktion des Sinnes der Realität) die verdrängte psychische Bedeutung wiederzufinden (d. h. den Konflikt zwischen Symbiose und Separation, zwischen Fusion und Individualität), machen wir den ersten Schritt auf dem Weg, der den Patienten dazu führen kann, den Sinn, die Bedeutung seiner Krankheit zu erkennen, und wir leiten damit den Prozeß der Heilung ein.

Ausweitung der Forschung auf das Gebiet der Gruppentherapie

Die transdisziplinäre Öffnung im Denken von Gaetano Benedetti hat in mir eine Neugier geweckt, die sich nicht nur auf ein weiter ausgreifendes Verständnis der Schizophrenie beschränkt, sondern mich vor allem dazu ermutigt hat, neue Wege, neue Formen der Psychotherapie zu erkunden, um jene psychotischen Patienten zu erreichen, die nicht auf die traditionellen Behandlungsformen reagieren.

Ich habe bereits gezeigt, wie das progressive therapeutische Spiegelbild im Rahmen einer individuellen Psychotherapie mit psychotischen Patienten das Prinzip der Integration von symbiotischem Selbst und separatem Selbst und der Verbindung von visuellen Sachvorstellungen (die Bilder) und akustischen Wortvorstellungen (die Worte, die die Bilder kommentieren oder interpretieren) anwendet.

Der Austausch mit Benedetti war für mich die Quelle einer weiteren Entwicklung, nämlich der Anwendung des Prinzips der Integration von symbiotischem und separatem Selbst und der sensoriellen Integration auf den Kontext der Gruppenpsychotherapie psychotischer Patienten.

Die Anwendung des progressiven therapeutischen Spiegelbilds in der Gruppe erweitert die Möglichkeiten der sensoriellen Integration, die sich nun nicht mehr lediglich auf die Verbindung von Bild und Wort beschränkt, sondern auch die somästhetischen Bahnen (Tastsinn, Temperatur- und Schmerzempfinden) mitbenutzt.

Außer den Patienten nehmen an der Gruppentherapie aktive Beobachter teil, die entweder Kollegen oder Ausbildungskandidaten sind. Im allgemeinen stehen Patienten und aktive Beobachter im Verhältnis eins zu eins, so daß jeder Patient in Partnerschaft mit einem aktiven

Beobachter arbeiten kann. Es kann aber auch sein, daß die Patienten paarweise miteinander arbeiten.

In der ersten Phase der Sitzung werden die Arbeitspaare gebildet, jedes Paar kommuniziert miteinander durch die Anwendung des progressiven therapeutischen Spiegelzeichnens, wobei einer das Bild des anderen kopiert, dabei aber kleine Einzelheiten hinzufügt oder entfernt, die dann zu einer graphischen Darstellung der affektiven Kommunikation des Paares werden.

Während dieser graphischen Arbeit sitzt das Paar mit dem Rücken aneinandergelehnt, so daß der gemeinsame Rhythmus und die gemeinsamen Bewegungen, die das Malen begleiten, auf den Rücken, den Arm und die Hand des zeichnenden Partners übertragen werden. Oft sehen wir auf den Bildern graphische Besonderheiten, die die Interaktion des Sich-Berührens, den Körperkontakt Rücken an Rücken, darstellen. Die graphische Übersetzung dieser physischen Interaktion kann zum Beispiel in der Form einer Person, die sich an ein Schiff lehnt, sich an einen Baum schmiegt oder durch zwei aneinandergelehnte Herzen ausgedrückt werden.

Sind einmal die graphischen Darstellungen des Kontakts entstanden, kann die affektive Qualität der somatischen Beziehung auf verschiedene Arten hervorgehoben werden: ein intensiverer Kontrast, eine stärkere Farbe oder eine schärfere Linie werden für die affektive Kommunikation zu visuell ausgedrückten Bedeutungsträgern.

Die präverbale Kommunikation beschränkt sich nicht nur darauf, die physische Interaktion bildlich auszudrücken, sondern kann auch in entgegengesetzter Richtung verlaufen, indem sie ein graphisches Bild durch Körperempfindungen (Tastsinn, Temperatur- und zuweilen auch Schmerzempfinden) interpretiert. So kann zum Beispiel ein Paar, das das Meer gezeichnet hat, die Wellen des Meeres auch durch eine Wellenbewegung der Wirbelsäule ausdrücken.

Man kann auch jedes Paar dazu aufzufordern, ein Element des Bildes, das es als affektiv bedeutungsvoll empfindet, mental zu visualisieren und es mit Bewegungen zu untermalen, die sich dann in somatischen Interaktionen mit dem Partner widerspiegeln. So können wir das Schicksal, die Verwandlungen und die Entwicklungen dieser graphischen und körperlichen Figur im imaginären Raum miterleben.

Neben dieser ersten Stufe der Sinnesintegration zwischen kommunikativ-visuellem und kommunikativ-somästhetischem Kanal finden wir eine zweite Stufe von visuell-auditiv-somästhetischer Integration, bei der das graphische Bild und die dazu gehörende körperliche Interaktion (oder umgekehrt erst die Bewegung, dann das dazu gehörende Bild) durch den Klang eines Musikinstruments beschrieben werden (z. B. kann die Meereswelle durch die »ocean drum« ausgedrückt werden).

Wenn es möglich ist, kann man natürlich körperliche Interaktionen, Bilder und Worte, sowohl in bezug auf einzelne Bilder wie auch in bezug auf Geschichten, die aus der Bilderfolge entstehen, verbinden.

Ziel dieser ersten Phase ist es, innerhalb der einzelnen Paare eine libidinöse Neubesetzung der visuellen Darstellungen des Unbewußten zu fördern, indem man auf der einen Seite die visuellen Bilder untereinander verbindet und auf der anderen Seite die synästhetischen Verbindungen zwischen visuellen Bildern, somästhetischen Wahrnehmungen des Körperschemas und auditiven Vorstellungen von Worten rekonstruiert.

Grundlage dieser Arbeit bildet die Hypothese, daß in der Psychose die fehlende libidinöse Besetzung der Sachvorstellungen (im wesentlichen Bilder des erotischen Körpers) durch ein Auseinanderfallen, eine Desorganisation des Körperschemas bedingt ist, so daß sich – da die Integration von symbiotischem und separatem Selbst fehlt – die Entsprechungen zwischen somästhetischen und den dazu gehörenden visuellen Wahrnehmungen nicht aktivieren. Daraus entsteht die Spaltung zwischen Sachvorstellungen und Wortvorstellungen und die Blockierung des Primärvorgans.

In der zweiten Phase der Gruppe dehnt sich die Arbeit des Paares auf die gesamte Gruppe aus, um alle Teilnehmer in den psychotherapeutischen Prozeß mit einzubeziehen. Die gemalten Bilder werden im Kreis ausgelegt, und jeder stellt seine Arbeit der Gruppe vor. Hier besteht oft die Schwierigkeiten, daß es vielen Teilnehmern nicht möglich ist, ihre Aufmerksamkeit für längere Zeit auf Bilder zu konzentrieren, weder auf die eigenen noch auf die anderer, was dann von den Urhebern der Bilder als eine Abwertung ihrer Arbeit durch die Gruppe empfunden werden kann.

Um dieses Hindernis zu überwinden und um die kreativen, heilsamen Wirkungen der Bilder zu verstärken, schlagen wir den Teilnehmern vor, die Bilder mit der Haut zu betrachten. Es wird also eine Wahrnehmungsart eingesetzt, die Sehen und Berühren miteinander verbindet. Der Autor des Bildes nimmt die Hand des Betrachters und führt diese über das gesamte Bild. Jedes Bildelement wird berührt, gestreichelt, man fühlt die Dichte der Farben, man verweilt länger auf Einzelheiten, die von Emotionen durchtränkt sind. Die affektiv intensivsten Elemente des Bildes werden dann auf den Körper des Betrachters, auf die Schultern, auf den Rücken, auf den Arm und die Hand übertragen. Oft ruft diese einfache Erfahrung eine Synästhesie[1] hervor; der Beschenkte kann den physischen Kontakt in ein visuelles Bild umwandeln.

So erhalten wir die Aufmerksamkeit der gesamten Gruppe, die sich in angemessener Form auf die produzierten Bilder konzentriert, und fördern zudem mit der Verknüpfung von Zeichnungen einerseits, die ja letzlich Sachvorstellungen und somit Bilder des Unbewußten sind, und Körperzonen andererseits eine »Verkörperung« der visuellen Bilder, die nun mit dem Leib assoziiert werden und so dem Rückzug der libidinösen Besetzung von den Inhalten des Unbewußten entgegenwirken.

In der Endphase der Gruppenarbeit kommen wir zu der sogenannten *Animation* des Bildes. Der Therapeut sucht das Bild oder die Bilder aus, die die Dynamik der Übertragung innerhalb der Gruppe am stärksten ausdrücken. Er unterteilt die Bilder in die verschiedenen Elemente, die sie graphisch konstituieren, wobei er jeden Teilnehmer auffordert, sich mit einem Bildelement zu identifizieren und es durch Bewegungen und körperliche Interaktionen mit den anderen zu beleben.

Abb. 24: Als Beispiel nehme ich das Bild einer schizophrenen Patientin, die an so starken Identitätsstörungen leidet, daß sie nicht einmal ihren Namen kennt und sich tot fühlt. Auf dem von ihr gezeichneten Bild sehen wir drei Blumen, die unter einem Erdhügel begraben

---

[1] Wenn wir mit Personen arbeiten, deren Symbolisierungsprozesse desorganisiert sind, versuchen wir von den Elementarfunktionen auszugehen, von denen die gesamte Symbolisierung stammt. Besonders suchen wir solche Synästhesien hervorzurufen, die affektive Wahrnehmungen von einen Sinneskanal auf den anderen übertragen. Wir arbeiten also auf der Stufe der präsymbolischen Phänomene. Nehmen wir z. B. eine Synästhesie, bei der der Anblick eines Sonnenstrahls auf einer Mauer das physische Gefühl von Wärme aufkommen läßt. Wir können diese Synästhesie in zwei Elemente aufteilen: 1. Die visuelle Wahrnehmung des Sonnenstrahls, was kein Symbol, sondern einen Sinneswahrnehmung ist; sie entsteht durch die direkte Einwirkung des Objekts, das den visuellen Kanal stimuliert. 2. Die physische Wahrnehmung der wärmenden Wirkung des Sonnenstrahls, die auch ohne direkte Stimulierung des thermischen Kanals durch das Objekt erlebt wird und die somit ein Präsymbol darstellt.

Abb. 24

Abb. 25

sind, während oben am Himmel die Sonne scheint. Sofort wird der Sinn dieses Bildes klar; die Patientin identifiziert sich mit einer toten Blume, die Psychotherapie und den Therapeuten empfindet sie als Sonne, die in ihr das Leben, ihre eigene Weiblichkeit, ihre Schönheit, ihr inneres Potential befruchten und wiedererwecken könnte, den ganzen Reichtum, der noch immer von der Erde erstickt wird. Die Kollegin, die mit der Patientin als Partnerin arbeitet, antwortet mit dem folgenden, wunderschönen Bild.

Abb. 25: Ein Sonnenstrahl, der durch einen Spalt in die Erde dringt und Licht und Leben auf die begrabene Blume wirft. Die Bedeutung dieser zeichnerischen Botschaft ist unmittelbar einsichtig, sie sagt alles, ohne der Worte zu bedürfen: Die affektive Wärme der Beziehung ist in der Lage, die Widerstände und die autistischen Barrieren der Patientin zu überwinden, bis sie diese in so großer Tiefe berührt, daß sie ihr inneres Potential wecken kann. Und so geschieht es auch tatsächlich im Leben der Patientin, die sich nach langjährigen, chronischen Symptomen langsam und zaghaft einer Kommunikation zu öffnen beginnt, wie eine vergrabene Blume, zu der nun dennoch die Nahrung vorgedrungen ist. Der Therapeut beschließt, dieses Bild zu animieren, da es eine Dynamik der gesamten Gruppe ausdrückt: Auch sie ist wie eine Blume, die die Sonnennahrung gleichzeitig wünscht und fürchtet. Jeder Teilnehmer sucht sich ein Element des Bildes aus und identifiziert sich mit diesem – einer interpretiert die Blumen, einer den Rasen, einer die Sonne, einer den Sonnenstrahl, der durch die Erde dringt, einer den Himmel, einer den Hügel, einer die Erde. Das gewählte graphische Element wird zu einer Art Kleid, das man anzieht, um in ein lebendes Bild einzutreten und mit den anderen zu interagieren. Diese Art eines schützenden Kleides erlaubt intensive körperliche Kontakte, ohne daß das zerbrechliche Selbst des Patienten direkt dem symbiotischen Ansturm ausgesetzt wird.

Das separate Selbst des Patienten wird von dem ausgesuchten Bild verteidigt, das die Rolle jenes *Symbols des Selbst* übernimmt, das bei schweren Psychosen oft fehlt, eine schützende Membran, die symbiotisch mit den anderen Teilnehmern interagiert und sich verändert, um den zentralen Kern, das Selbst des Patienten, intakt zu bewahren.

Die Animation des Bildes wird von einfachen Kommentaren und verbalen Interpretationen begleitet, die Worte und Bilder assoziieren und so versuchen, eine gemeinsame affektive Sprache zu entwickeln: »Die Erde wird vom Sonnenstrahl durchdrungen, und die Blume öffnet sich dem Licht« oder »Die unterirdische Blume steckt ihre Wurzeln tief in die Erde und saugt ihre Nahrung aus ihr«.

Die verbale Intervention kommentiert und interpretiert die physische synästhetisch-symbiotische Interaktion, indem sie ihr eine Bedeutung, eine Grenze und eine Verbindung zum Wort gibt. Vielen psychotischen Patienten, die Körperkontakt fürchteten, gelang es durch die Technik der Sinnesintegration, Körperkontakt zu tolerieren und sich dabei wohl zu fühlen. Oft hat der Leidende in der Psychose gerade das nötig, vor dem er sich am meisten fürchtet. Der in sich selbst eingeschlossene Patient, der nicht mit der Außenwelt kommuniziert, braucht in Wirklichkeit dringend die Kommunikation, ebenso wie der Patient, der jegliche Berührung verweigert, dringend der Affekte bedarf, die dieser Kontakt vermittelt.

Der starke latente Wunsch wird jedoch radikal von einem entgegengesetzten Verhalten verleugnet, was mit der Tatsache verbunden ist, daß der Patient riskiert, seine eigenen Grenzen und seine eigene Identität zu verlieren, wenn er sich auf das Abenteuer einer unvorsichtigen intensiven Annäherung zum anderen einläßt.

Die Einladung, mit den anderen durch die Vermittlung des Bildes oder durch die Interpretation einer graphischen Rolle physisch zu interagieren, erlaubt es, während des Körperkontakts die Integrität des Selbst zu bewahren, das sich nicht direkt der Interaktion aussetzt. Es ist nicht der Patient A, der den Patienten B streichelt, sondern die Sonne – die der Patient A interpretiert –, die ihren Sonnenstrahl aussendet und damit die Blume – die der Patient B interpretiert – erwärmt.

Um die nach Trennung strebende Abwehr der Patienten nicht übermäßig zu strapazieren, wird ihnen immer die Gelegenheit geboten, aus einer gewissen Distanz an der Bildanimation teilzunehmen, indem sie diese mit musikalischen Rhythmen oder Melodien begleiten, oder indem sie ganz einfach als Beobachter dabei sind.

Außer der Möglichkeit, synästhetisch-symbiotische und trennende Erfahrungen untereinander zu integrieren, bietet die Animation des Bildes der gesamten Gruppe auch eine Gelegenheit, in die kreative Potentialität des Bildes einzutauchen, indem sie diese in sich aufnimmt und durch ihre Bearbeitung entfaltet. Wenn das Bild Verletzungen und Zersplitterungen ausdrückt, so können diese dank des libidinösen Einsatzes der Gruppe, die eine Dialektik und eine Kommunikation zwischen den gespaltenen Elementen des Bildes erschafft, vernäht und verschweißt werden.

Die Animierung des Bildes hat also wie das progressive therapeutische Spiegelbild in der Gruppe das Ziel:

1. die Blockierung des Primärvorgangs aufzuheben und eine freie Kommunikation zwischen den Sachvorstellungen, zwischen den Bildern (die mit dem Körperschema verbunden sind) zu fördern;
2. den auditiven, den visuellen und somästhetischen Kanal (Tast-, Wärme und Schmerzempfinden) miteinander zu verbinden;
3. die Sachvorstellungen, die Inhalte des Unbewußten, neu zu besetzen;
4. die Integration von separatem Selbst und symbiotischem Selbst zu fördern.

Eine Variante der Bildanimation, die in die gleiche Richtung geht und das Interesse vieler schizophrener Patienten besonders zu fesseln scheint, ist folgende: Der Patient sucht ein graphisches Element aus, zum Beispiel einen Schmetterling, berührt ihn mit den Fingern. Dann stellt er sich vor, diesen Schmetterling zu nehmen und ihn wegzutragen, er setzt ihn auf einen Körperteil eines anderen Gruppenmitgliedes, zum Beispiel auf die Stirn; der andere verwandelt sich nun in einen Schmetterling, bewegt sich wie ein Schmetterling und improvisiert den Tanz eines Schmetterlings. Es ergibt sich, daß ein anderer Teilnehmer als interessantes Element des Bildes eine Blume ausgewählt hat; er streichelt sie und »malt« sie dann auf einen Körperteil eines weiteren Gruppenmitglieds, das sich nun wie eine Blume bewegt, wie eine Blume duftet, sich der Sonne öffnet wie eine Blume: Es ist jetzt möglich, daß sich Schmetterling und Blume begegnen. In der Zwischenzeit hat sich ein anderes Gruppenmitglied die Sonne ausgesucht und kopiert sie auf den Schultern eines anderen Teilnehmers: Nun haben wir die Sonne, die in der Begegnung mit ihren Strahlen die gesamte Gruppe wärmt. Auf diese Weise werden die verkörperten Bilder mit der Haut erfühlt und gewinnen so eine tiefe affektive Bedeutung.

Ich habe bemerkt, daß es vor allem die Patienten mit den größten verbalen Störungen sind, die diese Form präverbaler Kommunikation vorziehen und echte Freude ausdrücken, wenn sie den anderen ein deutlich affektives Bild, wie einen Sonnenstrahl, ein Herz oder eine Träne, schenken können. Diese Freude scheint mir mit der Möglichkeit verbunden zu sein, Affekte in einer ihnen angemessenen Form auszutauschen.

Ich mußte dabei an die bereits erwähnten Erfahrungen Greenspans denken, der mit kleinen Kindern arbeitete, die unter Störungen im auditiv-sprachlichen Bereich litten. Diese Kinder gelangten zur Symbolisierungsfähigkeit und zur Fähigkeit, affektive Botschaften zu verstehen, wenn ihre Eltern auf anderen Sinneskanälen als dem beschädigten mit ihnen kommunizierten.

Andererseits gelangten Kinder mit denselben Störungen weder zur Symbolisierungsfähigkeit noch zum Verstehen der affektiven Sprache (und entwickelten dann als Erwachsene eine Schizophrenie), wenn ihre Angst erzeugenden Eltern bei ihnen gerade den beschädigten auditiv-verbalen Kanal überstimulierten.

Daraus formte sich in mir die Überlegung, daß sich die Psychiatrie den schizophrenen Patienten gegenüber allzuoft wie diese Angst erzeugenden Eltern verhält, die das Wesen des Defekts ihrer Kinder nicht akzeptieren und sie überstimulieren, ohne daß es ihnen gelingt, mit ihnen eine affektive Kommunikation herzustellen.

Wie oft verlangen wir vom Patienten, indem wir ausschließlich die logisch-verbale Sprache gebrauchen, eine Anpassung an die Normalität, an die Rhythmen der Gesellschaft und der Arbeitswelt, an die Parameter der verbalen Psychotherapie, ohne darauf zu achten, daß die logisch-verbale Sprache die Wirklichkeit des Gesunden meint, für den Patienten aber (gut 50 % aller schizophrenen Patienten weisen Sprachstörungen auf!) oftmals eine unerträgliche Überstimulierung bedeutet und sein Anderssein noch mehr betont.

In der Begegnung mit Gaetano Benedetti ist mir immer stärker bewußt geworden, welchen Wert und welche Bedeutung der Austausch verwandelnder Bilder besitzt, wenn es darum geht, ein positives Selbst-Bild des psychotischen Patienten neu zu konstruieren. Ich habe es mir zur Aufgabe gemacht, unsere Kenntnisse und unsere wissenschaftlichen Überlegungen zu den Möglichkeiten der präverbalen Kommunikation zu vertiefen, im Bemühen, die Affekte wieder mit der verbalen Sprache zu verbinden, damit diese zu einem geeigneten Instrument der therapeutische Beziehung mit unseren Schwerstkranken wird.

Literatur

Altshuler; L. L.; Casanova, M. F.; Goldberg, T. E. (1990): The hippocampus and parahippocampus in schizophrenics, suicide and control brains. Arch. Gen. Psychiatry 47: 1029–1034.

Andreasen, N. C.; Black (1990): Introductory Textbook of Psychiatry, 164.
Benedetti, G. (1975): Psychiatrische Aspekte des Schöpferischen. Göttingen.
Benedetti, G. (1980): Alienazione e personazione nella psicoterapia della malattia mentale. Torino.
Benedetti, G. (1997): La psicoterapia come sfida esistenziale. Milano.
Benedetti, G.; Furlan, P. M. (Hg.) (1993): The Psychotherapy of Schizophrenia. Seattle/Toronto/Bern/Göttingen.
Benedetti, G., Peciccia, M. (1994): Psychodynamic Reflections on the Delusion of Persecution. Nord. J. Psychiatry 48: 391–196.
Benedetti, G., Peciccia, M. (1996): Vom Psychopathologischen Wesen der Schizophrenie. In: Strobl, R. (Hg.): Schizophrenie und Psychotherapie. Linz.
Benedetti, G.; Peciccia, M. (1998): L'idea delirante nell'approccio affettivo-rappresentazionale. In: Affetti e pensiero orientamenti psicoanalitici. Moretti e Vitali.
Benedetti, G.; Peciccia, M. (1999): Attualità del concetto di dissociazione mentale. In: Psicopatologia della schizofrenia. A cura di M. Rossi Monti e G. Stanghellini. Milano.
Benedetti, G.; (1998): Botschaft der Träume. Unter Mitarbeit von Neubuhr, E.; Peciccia, M.; Zindel, J. P. Göttingen.
Bexton, W. H.; Heron, W.; Scott, T. H. (1954): Canad. J. Psychol. 8: 70–76.
Bogerts, B.; Falkai, P. (1996): Postmortem cerebral abnormalities in schizophrenics. In: Contemporary Issues in the treatment of schizophrenia. Hg. v. C. L. Shriqui u. H. A. Nasrallah. Washington D.C./London.
Brown, R., Colter, N.; Corsellis, J. (1986): Postmortem evidence of structural brain changes in schizophrenia: differences in brain weight, temporal horn, area and parahippocampal gyrus compared with affective disorder. Arch. Gen. Psychiatry 43: 36–42.
Chiozza, L. A. (1988): Perché ci ammaliamo. Rom.
Citowic, R. E. (1988): Synesthesia: A Union of the Senses. New York.
Citowic, R. E. (1989): Synesthesia and mapping of subjective sensory dimensions. Neurology 39: 849–850.
Conrad, A. J.; Abebe, T.; Austin, R. (1991): Hippocampal cell disarray in schizophrenia. Arch. Gen. Psychiatry 48: 413–517.
Davis, K. L.; Kahn, R. S.; Ko, G.; Davidson, M. (1991): Dopamine in schizophrenia: a review and reconceptualization. American Journal of Psychiatry 148: 1474–1486.
Erlenmeyer-Kimling (1976): A prospective study of children at-risk for schizophrenia: methodological considerations and some preliminary findings. In: Wirt, R. A.; Winokur, J.; Roff, M. (Hg.): Life History Research in Psychopathology. Vol. 4. Minneapolis.
Falkai, P.; Bogerts, B.; Rozumek, M. (1988a): Cell loss and volume reduction in the entorhinal cortex of schizophrenics. Biol. Psychiatry 24: 515–521.
Falkai, P.; Bogerts, B.; Roberts, G. W. (1988b): Measurement of the alpha-cell migration in the entorhinal region: a marker for developmental disturbances in schizophrenia? Schizophr. Res. 1: 157–158.

Falkai, P.; Bogerts, B. (1989): Morphometric evidence for developmental disturbances in brains of some schizophrenics. Schizophr. Res. 2: 99.
Freud, S.: Metapsychologische Ergänzung zur Traumlehre. Gesammelte Werke 10, Imago, London, 1940–1952.
Gray, J. A. (1982): The neuropsychology of anxiety: an enquiry into the function of the septo-hippocampal system. Oxford.
Greenspan, S. I. (1979): Intelligence and Adaptations: an Integration of Psychoanalytic and Piagetian Developmental Psychology. Psychological Issues, Monographies 47/48. New York.
Greenspan, S. I. (1981): Psychopathology and Adaptation in Infancy and Early Childhood: Principles of Clinical Diagnosis and Preventive Intervention. New York.
Greenspan, S. I. (1986): Approccio Evolutivo alla Psicopatologia: Prospettive Emerse dal lavoro clinico. In: Feinsilver, D.: Towards a Comprehensive Model for Schizophrenic Disorders. New York.
Heritch, A. J. (1990): Evidence for reduced and dysregulated turnover of dopamine in schizophrenia. Schizophr. Bull. 16: 605–615.
Heron, W. (1961): Cognitive and Physiological effects of perceptual isolation. In: Sensorial Deprivation, a cura di P. Salomon et al. Cambridge.
Jakob, J.; Beckmann, H. (1986): Prenatal developmental disturbances in the limbic and allocortex in schizophrenics. J. Neural. Transm. 65: 303–326.
Jeste, D. V.; Lohr, J. B. (1989): The genetics of schizophrenia is the genetic of neurodevelopment. Br. J. Psychiatry.
Koukkou, M.; Lehmann (1983): EEG reactivity in psychopathology: a psychophysiological information processing approach. In: Perris, C.; Kemali B.; Koukkou, M. (Hg.): Neurophisiological Correlates of Normal Cognition and Psychopathology. Advanceses in Biologichal Psychiatry, Vol. 13, S. 43–48.
Kovelman J. A.; Scheibel, A. B. (1986): A neurohistological correlate of schizophrenia. Biol. Psychiatry 19: 1601–1621.
Lacan, J. (1949): Le stade du miroir comme formateur de la fonction du Je. Revue Française de psychanalyse 4: 449–460.
Lewcowicz, D. J.; Turkewitz, G. (1980): Cross-modal equivalence in early infancy: audio-visual intensity matching. Developmental Psychology 16: 597–607.
Lichtenberg, J. D. (1983): Psychoanalysis and Infant Research. New York.
Lipska, B. K.; Jaskiw, G. E.; Weinberger, D. R. (1993): Postpubertal emergence of irresponsiveness to stress and to amphetamine after neonatal excitoxic ippocampal damage: a potential animal model of schizophrenia. Neuropsychopharmacology 9: 67–75.
Lipska, B. K.; Weinberger, D. R. (1994): Subchronic treatment with aloperidol and clozapine in rats with neonatal excitoxic hippocampal damage. Neuropychopharmacology 10: 199–205.
Mahler, M. (1952): On Child Psychosis and Schizophrenia. Autistic and Symbiotic Infantile Psychoses. Psychoanal. Study Child, Vol. 7, S. 286–305.
Mahler, M. S. (1969): Perturbances of Symbiosis and Individuation in the Psy-

chotic Ego. In: Problems of Psychosis. Excerpta Medica Foundation, Amsterdam.
McLean P. D., Ploog, W. D. (1962): J. Neurophysiol. 25: 29-55.
Meltzoff, A. N.; Borton, W. (1979): Intermodal matching by human neonates. Nature 282: 403–404.
Mesulam, M. M. (1986): Patterns in behavioral neuroanatomy: association areas, the limbic system and hemispheric specializations. In: Principles of Behavioral Neurology. Hg. v. by M. M. Mesulam. Philadelphia P. A., S. 1–70.
Mundt, C.; Lang, H. (1987): Die Psychopathologie der Schizophrenien. In: Kisker, K. P.; Lauter, H.; Meyer, J.-E.; Mueller, C.; Stroemgren, E. (Hg.): Schizophrenie, Psychiatrie der Gegenwart. Bd. 4. 3. Aufl. Berlin/Heidelberg/New York, S. 37–70.
Parnas (1996): Schizophrenic trait features, binding and cortico-coortical-connectivity: a neurodevelopmental pathogenic hypothesis. Neurol. Psychiatry Brain Res. 4: 185–196.
Peciccia, M. (1998): Immagini grafiche ed oniriche nella psicoterapia della schizofrenia: la tecnica del disegno speculare progressivo terapeutico. In: L'adolescenza della mente. A cura di R. M. Salerno, M. Alessandrini, F. M. Ferro. Ed. Medi@med.
Peciccia, M.; Benedetti, G. (1996): The splitting between separate and symbiotic states of the self in the psychodinamic of schizophrenia. Int. Forum Psychoanal. 5: 23–38.
Peciccia, M.; Benedetti, G. (1998): The integration of sensorial channels through progressive mirror drawing in the psychotherapy of schizophrenic patients with disturbances in verbal language. The Journal of the American Academy of Psychoanalysis. Vol. 26 N. 1, Spring 1998.
Schmajuk, N. A. (1987): Animals models for schizophrenia: the hippocampal lesioned animal. Schizoph. Bull. 13: 317–327.
Searles, H. F. (1965): Collected Papers on Schizophrenia and Related Subjects. London.
Senitz, D.: Winkelmann, E. (1991): Neuronale Strukturanormalitat im orbitofrontalen Cortex bei Schizophrenen. J. Hirnforsch. 32: 149–158.
Stern, D. N. (1985): The Interpersonal World of the Infant. New York.
Suddath, R. C.; Christison, G. W.; Torrey, E. F.; Casanova, M. F.; Weinberger, D. R. (1990): Anatomical abnormalities in the brain of monozygotic twins discordant for schizophrenia. N. Eng. J. Med. 322: 789–794.
Sullwold, L. (1977): Symptome schizophrener Erkrankungen. Uncharakteristische Basisstörungen. Berlin/Heidelberg/ New York.
Van Hosen, G. W. (1982): The parahippocampal gyrus: new observations regarding its cortical connections in the monkey. Trends neurosci 5: 345–350.
Weinberger, D. R. (1987): Implication of normal brain development for the pathogenesis of schizophrenia. Archives of General Psychiatry 44: 660–668.

Alice Bernhard-Hegglin

Wege des Hoffens

Hoffnung ist in Benedettis Werk eine tragende Grundkraft, eine Dimension, in der sich eine neue therapeutische Sichtweise, heilendes Handeln und wissenschaftliches Erkennen verwirklichen. Dieses Hoffen ist in allem vernehmbar als Wirkkraft, auch wenn sie selten als solche explizit ausgedrückt wird. Vielmehr ist seine Welt, sein Werk, sein Weg, umfangen und getragen von einer Dimension, die wir Hoffen nennen. Begegnung wagen als Akt des Hoffens – so fassen wir die Grundthematik von Benedettis Weg. Wir suchen diesen Weg mitzugehen.

Aufbrechen – Im ersten Abschnitt beziehe ich mich auf Benedettis frühe Werke zur Psychotherapie; wir begleiten ihn auf seinem Weg zu einer kreativen Freiheit des therapeutischen Denkens und Handelns. Es ist ein Weg, der aus Hoffnung entsteht und der zugleich ein Weg des wachsenden therapeutischen Hoffens ist. In der hoffenden Begegnung mit dem Leidenden wird ein neuer Horizont des Menschlichen sichtbar.

Unterwegs – Im zweiten Abschnitt sind wir mit Benedetti unterwegs im Raum einer auf Begegnung und Hoffnung gegründeten Psychotherapie und erblicken mit ihm die Ausweitung dieses Horizontes. Ich beziehe mich vor allem auf das Werk »Psychotherapie als existentielle Herausforderung«.

Brücken – Im dritten Abschnitt schöpfe ich aus auf seinem Werk »Psyche und Biologie«. In seinem Streben, beide Pole des Menschlichen in ihrem Zusammenwirken zu verstehen, in seinem verantwortlichen Arbeiten an beiden Polen, im möglichen Zusammenführen der Teilwissenschaften vom Menschen zum Wissen um die menschliche Ganzheit, lebt und wirkt ein starkes Hoffen des Therapeuten und Forschers Benedetti.

Entgrenzung – In allen Dimensionen von Benedettis therapeutischem Handeln und dem darauf aufbauenden Forschen ist der Raum des Unbewußten von Anfang an von zentraler Bedeutung. In einem vierten Abschnitt wenden wir uns dem späten Werk »Botschaft der Träume« zu, einer Hermeneutik und Anthropologie des Traums und des Unbewußten. Das Unbewußte, erkannt und gedeutet als unsere menschliche Möglichkeit der »Entgrenzung von Raum und Zeit«, öffnet neue Sichtweisen und vermag in einen neuen Raum des Hoffens zu führen.

Im Raum des Hoffens – In meiner Schlußbetrachtung stelle ich die Frage nach dem Wesen des Hoffens in Benedettis Welt. Wir finden dabei zum Entwurf einer dialogischen Hoffnung, die aus der therapeutischen Erfahrung kommend, sich als eine eigentliche Metaphysik des Hoffens zu artikulieren beginnt.

Aufbrechen

Wir können durch frühe Werke hindurch etwas erahnen von Benedettis geistigem Aufbruch und seinem Suchen neuer Wege. Ich beziehe mich hier auf seine Werke »Der psychisch Leidende und seine Welt« (PL)[1], »Klinische Psychotherapie« (KP), sowie »Der Geisteskranke als Mitmensch« (GM). Es ist ein Weg, der ausgeht von einer sich immer mehr ausweitenden und vertiefenden Psychoanalyse und der ihn hinführt über die »Erforschung der Welt der Kommunikation« zur dialogischen »Hoffnung als Grundprinzip der Psychotherapie«.

Zur Grundausrichtung eines neuen Weges

Wenn wir versuchen, mit Benedetti seinen Weg zu einer immer größeren kreativen Freiheit des therapeutischen Denkens und Handelns zu durchschreiten, fällt auf, wie er in seiner fragenden Offenheit das Frühere nicht zerstört, sondern es ausweitet. Indem er Grenzen aufbricht, erkennt er das Gültige im von anderen schon Erkannten, und er integriert es in seine neuen Erkenntnisse. Diese Grundhaltung läßt ihn

---

1 Die Bibliographie der zitierten Werke Benedettis mit den hier im Beitrag verwendeten Abkürzungen findet sich am Schluß des Buches.

sagen, »daß Geistesgeschichte immer ein Fortschreiten ist; ein Fortschritt ist sie aber nur, wenn sie sich im Bewußtsein ihrer Ursprünge bewegt. Im Ursprung ist oft die ferne weitere Stufe angedeutet, vorbereitet, vorausgenommen« (ZT, S. 15).

Seine Grundorientierung ist auch in seiner frühen Haltung gegenüber der Psychoanalyse zu sehen. Er befragt sie in großer Offenheit, stellt dabei vieles in Frage, erkennt das in seiner Sichtweise weiterhin Gültige, und er integriert dieses in neue Antworten. Ich will zu Beginn nur einige seiner manchmal überraschenden Perspektiven herausstellen.

Auch wenn er immer wieder betont, wie er anderen Denkrichtungen offen war und diese integrierte, während er viele Konzepte der Psychoanalyse, ja sogar Grundkonzepte umwerfen mußte, bleibt bei ihm eine große Wertschätzung dieser tiefenpsychologischen Richtung bestehen. Es sind für ihn in der Psychoanalyse Perspektiven sichtbar, denen er einen bleibenden Wert beimißt: »Die Psychoanalyse, die heute oft ernüchternd betrachtet wird, ist in Wahrheit ein Ort der Spiritualität und der Lebensschöpfung in unserem Zeitalter. Aber es kommt darauf an, bei wem man sie macht« (W, S. 36). Diese Sichtweise erkennt er im Rückblick in der Haltung und Arbeitsweise seines Lehrers Gustav Bally, nämlich in der »Verbindung von Triebanalyse mit einer existentiellen Besinnung auf jene geistigen Situationen, die wohl aus den Triebschicksalen stammten, über diese hinauswuchsen und erst auf ihrer eigenen geisteswissenschaftlichen Ebene, im vollen Respekt vor ihrer Autonomie, ganz verstanden werden konnten« (W, S. 35).

In seinen frühen Texten setzt sich Benedetti mit den wesentlichen Unterschieden in der Therapie von Psychosen und Neurosen auseinander, die sein Suchen nach neuen therapeutischen Zugängen zum Leidenden nicht nur rechtfertigen, sondern auch notwendig machen. Diese Abgrenzung führt ihn zu neuen Sichtweisen und läßt ihn neue therapeutische Wege einschlagen.

Er weist dabei auf das Grundanliegen der Psychoanalyse, das er darin sieht, daß Veränderung und Heilung durch Einsicht, die auch eine emotionale Dimension hat, möglich wird. Dieser Möglichkeit stellt er die Begrenzungen des psychotischen Menschen gegenüber, und er sagt, daß das Grundanliegen in der Psychotherapie von Psychosen nicht aufdeckend, sondern *offenbarend* ist, indem sie »den Patienten weniger ihr krankhaftes Verhalten als vielmehr die potentielle Ganzheit, die erstrebte Verständlichkeit, die geleistete Einfühlbarkeit und die erlebte

Liebenswürdigkeit der kranken Person mitten in den Zerrformen der Psychose« zeigt. Sie sucht den »psychischen Austausch«, sie möchte »ein neues Selbstverständis vermitteln, das eigentlich in der liebenden Zuwendung des Psychiaters zu seinem Patienten entsteht. Dies ist aber nur möglich, wenn die ganze Art des Deutens, des Eingehens auf den psychisch Kranken sich ändert« (GM, S. 5).

Sich zu Beginn des Weges selbst befragen

Die kreative therapeutische Freiheit führt auch zu neuen Sichtweisen auf die Selbstreflexion des Therapeuten: Der Weg zu sich selbst ist zugleich ein Weg zum leidenden Mitmenschen und umgekehrt. Der Leidende weist auf tiefere Schichten des Menschseins hin, und er verweist auch auf das Kranksein der Gesellschaft.

Der Therapeut soll im Leidenden sich selbst sehen; er arbeitet im Wissen, daß im psychisch Leidenden »eine uns ähnliche Menschlichkeit verborgen liegt« (KP, S. 16). Dieses Offensein für das *allgemein menschliche Anliegen* im Leiden bleibt eine der wichtigen Grundlinien in Benedettis Forschen. Die Einfühlung, mit der er in einem frühen Text den leidenden Mitmenschen schildert, zeigt uns diese Haltung: »Geboren in eine Welt, die bei aller Mitmenschlichkeit nach Leistung und Wert unweigerlich klassifiziert, voller Bedürftigkeiten, die im Gegensatz stehen nicht nur zur Hingabefähigkeit der anderen, sondern auch zu seiner eigenen; mit seiner Sehnsucht immer an Grenzen stoßend, die letzten Endes kein Mensch ihm wegnehmen kann – und immer angesichts eines Todes, der nie als Erfüllung erscheint, sondern als letzte Vergegenwärtigung des Ungelebten, Verpaßten, Unwiederbringbaren droht: so bleibt der psychisch Leidende stets ein Einsamer« (PL, S. 7).

So wie im psychischen Leiden die tieferen Seinsschichten sich offenbaren, begegnet Benedetti auch einer anderen Tiefendimension des Menschlichen gerade im Leiden. Der Lebensvollzug des psychisch Leidenden zeigt, daß Menschsein sich in der Grenzsituation verwirklicht, und weist darauf hin, »daß die Grenzsituation derart zum Zentrum der Existenz gehören kann, daß sie uns mehr Einblick in den Wesensgrund geben kann, als viele neutrale Beobachtungen« (GM, S. 99).

Der Therapeut soll nicht auf der Basis einer »Theoriegläubigkeit« arbeiten. Er soll vielmehr, auch im Sich-Aneignen von Theorien, dazu fähig werden, das Erlernte zu relativieren. »Theorien kommen und gehen, ohne uns zum Kranken zu führen. Allein die therapeutische Dimension einer Theorie ist wichtig« (GM, S. 93). Denn »überall dort, wo wir auf Grund erlernter Methoden mit einem Menschen sprechen, kommen wir auf jenen unbedingten Grund, wo er unseresgleichen ist. Beides ist wahr, die Notwendigkeit der Technik und die Offenheit auf einen Geist, der alle technischen Regeln durchbricht« (KP, S. 46).

Als Voraussetzung des therapeutischen Arbeitens genügt deshalb nicht einfach eine »Ausbildungsanalyse«. Der Therapeut »ist *nur* insofern und nur dann weiter als andere, wenn er gelernt hat, sich mehr als diese selbst in Frage zu stellen, an mancher selbstherrlichen Sicherheit tiefer zu zweifeln. In vielen Fällen ist er ein durch die Not des Lebens gezeichneter Mensch« (PL, S. 83). Die therapeutische Selbstreflexion soll zur »Wahrnehmung der eigenen Grenzen und somit auch der eigenen relativen Hilflosigkeit im Geschehen der Hilfsaktion« (KP, S. 49) führen. Psychotherapie bleibt Grenzerfahrung, »ein Können an der Grenze des Nichtkönnens, ein Mitsein an der Grenze des Fremdbleibens, ein Verstehen an der Grenze der undurchdringlichen Geschiedenheit« (PL, S. 7).

Aus dieser Haltung erwächst für Benedetti die Überzeugung, daß Therapie, Wachstum und Heilung nicht »machbar« sind. »Was für den Kranken daraus resultiert, liegt nicht in unserer Hand. Es ist unverfügbar. Die Psychotherapie ist letztlich eine Haltung, nicht nur eine Behandlungsmethode« (KP, S. 32). Heilung ist »ein Ereignis, das in sich selber ruht, das nicht machbar und nicht verfügbar ist, und doch sind alle methodisch überlegten und rationalen Schritte dazu notwendig.« (KP, S. 44). In der therapeutischen Arbeit ist darum das Wartenkönnen wesentlich: »Der Psychotherapeut ist ein Künstler des Wartens« (KP, S. 31).

So wie der Leidende sich durch den Therapeuten entfaltet, findet auch der Therapeut durch diesen zu seiner Gestalt; *er wird und entfaltet sich durch den Patienten.* Eine solche Grundhaltung gibt dem Leidenden eine neue Dimension seines Wertes; er und sein Therapeut sind in einem dualen Entfaltungsprozeß aufeinander angewiesen, ja erst an seinem Patienten findet der Therapeut seine innere therapeutische Gestalt, es »wird der Arzt erst an seinem Patienten zum Therapeuten« (KP, S. 50).

In der therapeutischen Selbstreflexion soll sich der Therapeut auch mit der *gesellschaftlichen Verstrickung psychischen Leidens* befassen.

Diese Reflexion wird ihm ermöglichen, durch den Leidenden hindurch die Normen der Gesellschaft in Frage zu stellen, statt gesellschaftliche Normen fraglos zu übernehmen. »Die Krankheit wird dann eben in erster Linie als jene Unordnung gesehen, die das soziale Leben bedroht. Dann aber erscheint die zweite Seite der psychiatrischen Aufgabe: Wir erfahren in der psychotherapeutischen Sicht manches, was in der Mitwelt zur Norm gehört, beim Kranken aber als Quelle der Geistesstörung selber betrachtet werden muß. Wir verfolgen die weitgesponnenen Fäden, die das psychopathologische Phänomen mit der Sozietät verbinden« (KP, S. 20).

Benedetti formuliert den Ausdruck einer »verantwortlichen Treue zum heilenden Kern der fremden Person«. Diese Treue erfordert vom Therapeuten, daß er weder »den Tendenzen des Patienten noch dem Versuch der Gesellschaft – und zwar der Gesellschaft in uns« erliegt (KP, S. 51). Die offene Wahrnehmung der »Gesellschaft in uns« gehört in seiner Sichtweise zur therapeutischen Selbstreflexion.

Wege des Forschens: Intersubjektives versus objektivierendes Erkennen

Es geht Benedetti in seinem frühen Werk nicht um Theoriebildung und nicht um die Frage der Methode. Schon zu Beginn seines Forschens sucht er »eine individuelle Haltung« und »keine ›eigene Theorie‹, die sich den bereits bestehenden zugesellen würde« (KP, S. 11). Er nennt sein Hauptanliegen »eine Erforschung der Kommunikation«, und er erkennt die Möglichkeit, die »Psychopathologie als wesentliches Mittel der Kommunikation zu benützen« (KP, S. 9, 10). Denn »erst wenn gewisse kommunikative Voraussetzungen der Arzt-Patienten-Situation geklärt und ein tieferes Bild vom Wesen psychischen Krankseins gewonnen ist, kann die methodische Frage besser gesehen werden« (KP, S. 11).

Forschung und Mit-Sein, Teil-Haben am anderen, sind in dieser Forschungsorientierung nicht trennbar: »Psychotherapie ist das in gleicher Weise anteilnehmende und forschende Verweilen des Arztes im Netz zwischenmenschlicher Beziehungen« (KP, S. 15). In der Verbindung von »Anteilnehmen und Forschen« drückt sich letztlich die Kontinuität seines Weges aus: Forschen ist zugleich ein liebendes Erkennen des Leidenden und seiner Welt.

In einer nur objektivierenden, naturwissenschaftlichen Haltung steht der Wissenschafter seinem Objekt beobachtend gegenüber, aber er wird »als Psychotherapeut durch die Weise der Bezugnahme immer selber menschlich in Anspruch genommen«. Das Forschungsfeld ist nicht der andere, sondern die Beziehung zwischen dem Forscher und dem zu Erforschenden: »Man entdeckt, daß die Prozesse, welche man erforschen und beschreiben will, nicht im Kranken als in einem Objekt stattfinden: Sie ereignen sich andauernd in einem sowohl durch den Kranken wie durch den Arzt abgesteckten Feld, welches allein zu erforschen ist«, und diese »zwischenmenschliche Situation mit dem Kranken kann der Psychotherapeut im selben Grade untersuchen, wie er daran teilnimmt«. Darum gibt es in der Wissenschaft der Therapie »keine absolut objektivierten Befunde – denn die Erkenntnis muß immer eine Erkenntnis zu zweien sein – die Frucht gegenseitiger Bezugnahme« (KP, S. 15). Die Bedeutung therapeutischer Forschungsergebnisse liegt im Anerkennen ihrer »kommunikativen Evidenz« (KP, S. 19).

Zwischen objektivierendem Erkennen und dialogischem Erkennen bleibt ein Spannungsfeld bestehen. Der Therapeut, der forscht, arbeitet trotz dieser Vorgaben auf einem wissenschaftlich klar definierbaren Boden: Es sind Theorien, die er erarbeitet hat und die ihm eine Grundorientierung des therapeutischen Erkennens ermöglichen. Solche Theorien sind »Verstehensdimensionen« und »bilden die wissenschaftliche Grundlage seiner Arbeit. Sie geben ihm die Möglichkeit, sich in den komplexen Situationen des Dialoges zu orientieren, wo die Intuition allein nicht genügt« (KP, S. 16). Auf der vorgegebenen wissenschaftlichen Grundlage entsteht das therapeutische Erkennen, auch jenes des forschenden Therapeuten, als ein dialogisches Erkennen.

Die Polarität von naturwissenschaftlich-objektivierbarem Erkennen und dialogischem Beziehungserkennen verlangt also das Erarbeiten von Theorien und Erlernen von Methoden, zugleich aber das Wissen darum, daß alle Methoden letztlich nur im Mit-Sein wirken können. Dadurch bewegt sich »jede Psychotherapie in einer Paradoxie« (KP, S. 46). Diese Paradoxie ist unumgänglich, weil »menschliches Leiden nirgends, auch nicht im Bereich psychischer Krankheit, in einer Weise verstanden werden kann, die als Formel, Anschauung, Theorie dem unbeteiligten Beobachter verfügbar wäre. Hier hört die Psychotherapie auf, Naturwissenschaft zu sein, zu welcher die Nachprüfbarkeit der Befunde durch den ›objektiv‹ eingestellten Beobachter gehört« (KP, S. 20). Die therapeutische Wirklichkeit »entfaltet sich in einem anderen Erkenntnisraum als in demjenigen der objektiven Wirklichkeit, welche die Naturwissenschaft untersucht. Sie entfaltet sich grundsätzlich in einem dualen Raum, der Arzt und Patient umspannt« (GM, S. 99).

Eine ausschließlich naturwissenschaftliche Zugangsweise im Bereich der Therapie ist zudem nicht möglich wegen der *Singularität des Menschen*; denn was ein Mensch »aus seinen Problemen, seiner Angst, seiner Existenz macht, diese in die Zukunft gerichtete Front des Daseins, diese letzte persönliche Verantwortung am eigenen Sein, welche durch keine kausale Erklärung erfaßt wird, liegt im Wesen der personalen Einmaligkeit. An dieser Grenze hört auch die Wissenschaft auf, die immer nur Ähnlichkeiten, gesetzmäßige Vergleiche, charakteristische Situationen, typische Verläufe und Ordnungen wahrnimmt und untersucht« (PL, S. 9). Wenn »Theorie hilfreich ist – so doch immer nur als Orientierung, als Hintergrund für das Einmalige der Erfahrung. Die Singularität des Menschen wird keine Naturwissenschaft ergründen« (KP, S. 25).

Wie in allen Dimensionen des Denkens ist Benedettis Sichtweise auch hier auf das Verbindende ausgerichtet, ja er betont die absolute Notwendigkeit, an beiden Polen zu arbeiten und an der Verbindung, dem Austausch zwischen objektivierendem Erkennen und intersubjektivem Verstehen zu arbeiten.

Aufgrund dieser Polarität definiert Benedetti Psychotherapie als »Kunst und Wissenschaft zugleich«: »Auch hier zeigt sich die nicht ganz kodifizierbare Qualität dieser Wissenschaft, welche im Vorfeld der Kunst endet« (GM, S. 85).

Übernommenes in Frage stellen – neue methodische Ansätze sehen

Alles Methodische soll dem heilenden Aufbau von Beziehung und Kommunikation dienen. Diese Forderung ist wesentlich, denn »während menschliches Leiden die Beziehung oft vertieft, läßt psychisches Leiden sie zerbrechen, der Mensch entfremdet sich selbst« (KP, S. 23).

In dieser Sichtweise beginnt Benedetti verschiedene methodische Zugänge zu hinterfragen. So stellt er unter anderem die freie Assoziation der Psychoanalyse in Frage: »Wir sind mehr und mehr zu der Überzeugung gelangt, daß das freie Assoziieren Bedeutungsgrenzen kennt, die auch einen andern Ursprung als den Widerstand des Patienten haben. Die Grenze im Erfahrbaren ergibt sich, vor allem in der schweren psychischen Krankheit, aus der Tatsache, daß gewisse Dinge, Situationen, Tatbestände, die von den freien Assoziationen berührt werden, in ihrem wahren Wesen nur in einer dialogischen Dimension, d. h., erst durch die Stellungnahme des Therapeuten erfahren werden können«, das heißt, daß »die adäquate Ich-Objekt-Beziehung sich beim Fehlen der adäquaten mitmenschlichen Beziehung nicht konstituieren kann« (KP, S. 33).

Deuten verlangt ein *ganzheitliches Hinhören auf die Sinnstruktur des Leidens*, ein Offensein und Sich-ansprechen-Lassen. Es ist in der therapeutischen Beziehung wesentlich, »zu verweilen, hellhörig zu werden für die verborgene Tiefenseite des Leidens, für die Sinnstruktur der nicht nur vorliegenden, sondern uns auch ansprechenden Psychopathologie« (KP, S. 22).

Benedetti braucht das Bild von der »Sphäre« der Worte: »Das Wort des Patienten wird verstanden, indem man feinsinnig auf die Bedeutung hört, welche im Wort mitklingt, ohne in ihm begriffliche Gestalt anzunehmen. Man erfaßt die ›Sphäre‹ der Worte. Diese Wahrnehmung hat freilich eine irrationale Wurzel, sie ist vor willkürlicher Interpretation nicht geschützt.« Das Hinhören auf das, was mitklingt, »kann durch die Übung, die Wiederholung, die Übereinstimmung, die Kontakte mit anderen geübten Therapeuten, durch die an vielen Patienten gewonnene Erfahrung, die jeweilige gute Gegenübertragung, die Gabe der Intuition zu einem Instrument werden« (KP, S. 26).

Deuten muß aus einem emotionalen Mit-Sein heraus wachsen, aus dem Wahrnehmen dessen, wieviel Wahrheit der Leidende jetzt aufnehmen kann, aus einem »Gefühl für das Niveau, auf dem sich ein Patient befindet, für die Dosis Wahrheit, die er ertragen kann, für den Grad der Angst, die katalysatorisch den Wachstumsprozeß fördert«. Deuten soll dem Patienten Mittel geben, mit denen er etwas anfangen kann. »Das ist Voraussetzung adäquaten Deutens. Ohne dieses Gefühl wird das Deuten zu einer intellektualistischen Spielerei mit dem verwundeten Leben des anderen« (KP, S. 139).

Es gibt also ein therapeutisches Wissen, das nicht mitgeteilt wird, eine »Interpretation, die als Wissen des Therapeuten dem Entwicklungsprozeß des Patienten wie ein Hintergrund dient«.

Von den Anfängen bis zu seinen Spätwerken umkreist Benedetti die menschliche Fähigkeit der *Erschaffung von Symbolen.* »Die Symbolfunktion ist etwas primär in der Psyche verankertes, und das Bedürfnis der Zeichensetzung, bei der ein anschaulicher oder gedanklicher Inhalt einen anderen repräsentiert, ist offenbar spezifisch für Menschlich-Psychisches überhaupt« (KP, S. 158). Ohne Zugang zum Symbol ist therapeutisches Arbeiten nicht möglich.

Die Bedeutung der Symbolsprache zeigt sich vor allem in den Bildern des Traums, in denen sich die Seele oft so klar erkennen kann, »wie kaum in dem allen Selbsttäuschungen preisgegebenen Wachzustand«. Zudem wird im Traumsymbol »das innere Bild exteriorisiert und so einer Handhabung, einem dauernden Umgang durch den Patienten zugänglich gemacht« (KP, S. 161).

Benedetti weitet die Bedeutungsdimension des Symbolischen aus, und er stellt sie dadurch in Gegensatz zur übernommenen psychoanalytischen Bedeutungszuweisung. »Eine im tieferen Sinne geistige Erfahrung kann sich in einem Traumbild ausdrücken, das eine sexuelle Sprache redet. Situationen der Selbstverwirklichung können z. B. im Traum ›materialisiert‹ erscheinen. ... Wenn die Psychoanalyse uns zeigt, daß selbst Traumbilder, die dem Wortlaut nach keine sexuelle Sprache reden, im Grunde – wenn man hinter dem manifesten Bild an den latenten Traumgedanken gelangt – oft Triebwünsche meinen, so dürfen wir nicht übersehen, daß auch das Umgekehrte wahr sein kann. Es gehört zum Wesen des Symbols, daß es durch alle Seinssphären hindurchreicht, in allem Sphären Entsprechungen finden kann« (KP, S. 106).

In gleicher Weise besinnt sich Benedetti auf die »Ursprache« des Handelns als Symbol, ohne damit die Kraft und die Wirkung des Wortes zu schmälern. »Die Handlung (ist) eine primitivere Kraft als das Wort, sie knüpft an die ursprünglichen Kommunikationsmedien des Menschen an. Die ersten Bezugnahmen des Menschen auf seinesgleichen waren, sowohl in der Phylo- wie in der Ontogenese nicht begrifflicher, sondern psychomotorischer Natur. Diese Bezugnahme kann also manche Patienten, die vom Wort nicht mehr angesprochen werden, vor allem Geisteskranke, noch erreichen« (KP, S. 159).

Die therapeutische Bedeutung der Urbeziehung bedenken

Schon in den frühesten Texten drückt Benedetti die Überzeugung aus, daß die menschliche Urbeziehung zwischen dem Kind und seiner ersten Umwelt von grundlegender Bedeutung für die Selbstbildung ist. Er drückt diese Sicht in einer kurzen, intensiven Formulierung aus: *»Das Ich fängt sein Sein als ein Du an«* (PL, S. 26). »Am Anfang des Lebens stehen die Urpartner. Alles, was sie fühlen und sagen im Verhältnis zum Kinde, jede affektive Regung, jede Wertung des Kindes wird durch Interiorisierung ihres Bildes zum konstruktiven Element des keimenden Selbst« (KP, S. 93). Das Kind »erkennt sich selber in den Weisen, wie es als ein ursprüngliches Du erkannt, als ein so und so wahrgenommener Mitmensch aus der noch gestaltlosen Fülle unausgetragener Lebensmöglichkeiten in einem geprägten Lebensstil aufgehoben wurde« (PL, S. 26).

Dieses *Erkannt-Werden* in der Urbeziehung ermöglicht die *Selbstbildung* und legt damit den Grund zum menschlichen Selbstverständnis. Ähnliches geschieht im therapeutischen Erleben des Erkanntwerdens. »Wir vermuten, daß der Kranke in dieser Weise den regressiven Weg wählt, den alle ursprüngliche psychische Integration geht: ... Erst im integrierten Bild, in einem Bild also, das nicht die vom Patienten frustrierte Sozietät, sondern der ›liebende‹ Therapeut entfaltet, kann der Patient eigentlich zu sich kommen« (GM, S. 37).

Im liebenden Angeschaut-Werden wird das Ich zu einem Wert: Die Leidenden »sprechen von sich wie von Abfällen der Gesellschaft. Ihre Existenz zu bejahen ist das Geheimnis der Psychotherapie. Ich sage Geheimnis, weil dieser Satz auf etwas hinweist, das sich in keiner Lehre fassen läßt. Unsere Bejahung wirkt aber intrapsychisch integrierend, weil das Ich ein soziales Gebilde ist und sich erst in kommunikativen Dimensionen entwirft« (GM, S. 85).

In seinen frühen Ausführungen zur Bedeutung der Urbeziehung spricht Benedetti auch von der zur Selbstbildung notwendigen Erfahrung von Abgrenzung. Ohne Erfahren der eigenen Grenzen in einem ursprünglichen Sinn als Erfahrung von Gestaltsein, ist kein Selbstsein möglich: »Die *lebensgestaltende Funktion der Grenze* im Erleben sehen wir darin, daß erst durch sie das Menschenkind zwischen sich selber und der Umwelt unterscheiden lernt, ein Ich-Bewußtsein entwickelt, eine Selbst-Identität findet, sich selber als begrenztes Wesen fühlt und entdeckt« (PL, S. 143).

Benedetti verweist aber auch auf die Grenzen dieser Sichtweise: »Die These, daß menschliches Selbstverständnis ein später Ausdruck der Weise ist, wie der Mensch durch seine ihn empfangenden Partner verstanden wurde, ist freilich paradox, denn in Wirklichkeit kennt sie Grenzen und Ausnahmen. Selbstverständnis kann sich als ein Ausdruck der Freiheit jenseits aller sozialen Bedingungen entwerfen. Was aber in der Sphäre geistiger Freiheit gilt, wird fraglich auf der elementaren Stufe, wo der Geist noch nicht als selbständiges Wesen erwacht ist. Der Mensch existiert zuerst als abhängiges Wesen. Im Brennpunkt mitmenschlicher Zuwendung wird er sich selber« (KP, S. 25).

Existentielles Mit-Sein wagen – Dualisierung des Erlebens

Die therapeutische Beziehungsart ist »eine intentionale Bewegung«, ein intentionales »Sich-in-Beziehung-Setzen« (KP, S. 18). Der Therapeut »ist im Modus der Liebe bei ihm – therapeutische Liebe als metaphysische Liebe. Der Psychotherapeut liebt seinen Patienten in einer ›intransitiven Weise‹, in der Identifikation mit ihm. ... Er liebt seinen Partner, noch bevor er ihn überhaupt als diesen bestimmten Menschen erfährt und kennt, weil seine Liebe eine metaphysische und nicht bloß eine sympathisierende Haltung ist« (KP, S. 49).

Dieser »Modus der Liebe« führt Benedetti zu dem von Ludwig Binswanger geschaffenen Begriff der Tragung: »*›Tragung‹ hat eine andere Zeitdimension als ›Übertragung‹*. Letztere kann im Verlaufe weniger Tage vollendet sein. Aber die Tragung ist immer eine wirkliches Getragensein über lange Zeitabschnitte hinweg, in den Stunden der positiven und der negativen Übertragung, in den Momenten der Aussichtslosigkeit, durch die leeren Augenblicke und die vielen Klagen des Kranken hindurch. Es vollendet sich dann ein Kreis, der mehr ist als die Summe aller Deutungen und Einsichten und der vielmehr in der Erfahrung einer ungebrochenen mitmenschlichen Kontinuität liegt« (KP, S. 132).

Therapeutisches Mitsein führt den Therapeuten zu einer existentiellen Teilnahme am Erleben des Patienten, das Benedetti schon früh die *Dualisierung des Leidens* nennt. Durch die Dualisierung wird das Leiden »ein duales Erleben«, das auch im Therapeuten »stattfindet und in seinen Träumen und wachen Phantasien sichtbar wird« (GM,

S. 34). »Der Patient dreht sich in den fürchterlichen Bildern des Nichtseins, die ich am Anfang andeutete. ... Eine erste Aufgabe des Therapeuten liegt darin, das ausweglose, zum inneren Tod führende psychotische Dilemma in einen dualen Prozeß zu verwandeln, der dann eine Lösungsmöglichkeit anbietet« (GM, S. 30). Durch die Dualisierung entsteht zudem für den Kranken »die Möglichkeit, Leiden in der dialogischen Beziehung auf einen Hörenden hin zu realisieren« (GM, S. 96), was seine Einsamkeit aufbricht.

Wachsen durch Erkannt-Werden ermöglichen

In der existentiellen Verbundenheit mit seinem Therapeuten kann der psychisch Leidende die Grunderfahrung machen, »in seinem So-Sein, wie es sich aus den tausend Bedingungen seiner Vergangenheit ergibt und wie es sich im Augenblick der Gegenwart auf eine Zukunft hin entscheidet, erkannt zu werden« (KP, S. 24). Erkannt-Werden heißt also »in seiner Gegenwart und seinen Werdensmöglichkeiten bejaht« werden« (KP, S. 182). Der Psychotherapeut »wendet seine Aufmerksamkeit nicht nur dem zu, was am Kranken ist, sondern auch dem, was an ihm werden möchte« (KP, S. 16).

Der Leidende erlebt »ein hoffnungsloses Ringen im Versuch, vor seinen Mitmenschen ... und auch vor sich selber zu verbergen, wie er ist, wie er fürchtet zu sein«. Aber gerade dadurch, daß er sich verbirgt, kann er sich nicht weiterentwickeln. »Durch dieses Sich-Verbergen und -Verschließen bleiben auch seine Werdensmöglichkeiten versperrt.« Er kann sich nicht selbst dem anderen offenbaren: »Eine solche dialogische Erfahrung kann sich ein psychisch Kranker nicht selber erschließen; sie muß ihm erschlossen werden« (KP, S. 24).

Im Erkennen der Werdensmöglichkeit des Kranken verwirklicht sich die therapeutische Hoffnung, sie »wurzelt im Glauben des Arztes an die Möglichkeit, eine verschüttete und immer irgendwie verkannte Existenzseite des Kranken zu vertreten, zu verteidigen, zu pflegen, zum Leben zu rufen und am Leben zu erhalten. Dieser unbeirrbare Glaube an ein nie ausgelöschtes Menschliches ist in der hoffnungsarmen und öden Welt der psychischen Krankheit das Moment, das den Arzt und seinen Kranken wirklich verbinden kann. Alles psychologische Wissen bewegt sich auf dieser Grundlage oder es ist unnütz und nichtig« (KP, S. 22).

In seiner spiegelnden Haltung blickt der Therapeut nicht entwertend auf den Leidenden herab, auch wenn er dessen ganze Unerwachsenheit sieht, sondern er blickt hinauf zu den Entfaltungsmöglichkeiten: »Aber es macht sich ein Unterschied bemerkbar, ob wir von der Warte einer Norm auf dieses Infantile herabblicken oder ob wir aus der sich uns im psychotherapeutischen Dialog anvertrauenden infantilen Welt zu ihren weiteren Entfaltungsmöglichkeiten aufblicken« (KP, S. 37). Eine ganze Welt der therapeutischen Werthaltung drückt sich in diesem »Hinaufblicken« zum Leidenden aus!

In dieser Grundhaltung kann der Therapeut durch seine Begegnungs- und Verstehensweise die gespaltenen Welten des Kranken in eine dialogische Beziehung hineinführen. »Er bringt die ›Teilpersönlichkeiten‹, die voneinander losgelöst sind, fortwährend miteinander ins Gespräch, auf jene Mitte zu, die sich allein aus der verstehenden Zuwendung ergibt« (KP, S. 18). Im erkennenden Mit-Sein des Therapeuten können sich manche Wesensteile des Kranken, welche zunächst nur noch im projektiven Raum, nur noch als »Nicht-Ich«, »nicht-mein«, »nicht-mir-zugehörig« vom Patienten wahrgenommen werden, allmählich dialogisch klären und so integrationsreif werden (KP, S. 93). Der Leidende erlebt allein »die Unmöglichkeit, sich selber um eine Ichmitte zu sammeln«, er erlebt »die Zersplitterung in bloß phantasierte Seinsmöglichkeiten« (KP, S. 182), aber »in der Zuwendung zu seinem Werdensbild fassen wir für ihn die gespaltenen Gegenpole zusammen« (KP, S. 84).

In der therapeutischen Beziehung neue Lebensgeschichte erschaffen

Im Zusammenhang mit der Aufarbeitung der Lebensgeschichte sucht Benedetti den Begriff der Verdrängung tiefer zu verstehen. Das Verdrängte ist für ihn das »Abgelehnte, Verdrängte, Abgespaltene ... das erfrorene Leben« (PL, S. 68). »In einem universaleren Sinne des Wortes verdrängt ist nicht nur das einst Gewußte und dann unter der Wirkung der Angst Vergessene, sondern auch das nie Gewußte, das Kreatürliche, das mangels eines adäquaten Empfanges in der Entwicklung Steckengebliebene, das sich nur noch als Lücke, Unsicherheit und Schwäche manifestiert« (PL, S. 71).

Die *Übertragung*, in der sich Lebensgeschichte neu finden kann, ist Ausdruck einer echten Beziehung; sie wird der Raum des *keimenden Lebens.* »Erst die Übertragung ist der Ort, wo beim Patienten neue Regungen ohne allzu große Gefahr zum Ausdruck gebracht werden können. Nicht nur werden in der Beziehung zum Arzt alte Gefühlseinstellungen wiederholt, sondern es wendet sich ihm ein keimendes, beginnendes Leben zu, das in dieser Beziehung eben zu sich selber, zu seiner Entfaltungsmöglichkeit gelangt.« Benedetti schildert dieses keimende Leben liebevoll und sagt von ihm: »Es wagt noch nicht, sich im weiteren sozialen Kreis zu äußern. Es muß im Schoß der einigermaßen erprobten therapeutischen Situation, sozusagen auf einem Übungsgelände, seine ersten Schritte versuchen, bevor der Gang in die weite Welt gelingt« (KP, S. 92).

Wenn Lebensgeschichte in der therapeutischen Beziehung neu aufleben kann, wird der Therapeut durch sein Mit-Sein »dem Patienten seine Vergangenheit neu schenken« (KP, S. 31). »Immer darauf ausgerichtet, was aus dem Symptom werden möchte, und auf das frühere Leiden, das es bedingte, wenden wir uns einer Leidensvergangenheit und einer Hoffnungszukunft zu« (KP, S. 27). Denn es sind die Symptome seelischen Leidens »nur für den starre Gebilde, der sie von außen betrachtet. In der therapeutischen Beziehung werden sie zu Kanälen des Werdens, sie weisen auf immer neue und tiefere, langsam aufdämmernde Perspektiven, Aspekte und Hintergründe« (KP, S. 76).

Benedetti spricht in diesem Zusammenhang auch von dem dialektischen Pol zwischen möglicher Veränderung und der notwendigen »Annahme dessen, das nicht mehr zu ändern ist«. »Annahme heißt«, selbst das Leiden »von der Liebe umfangen zu sehen«. »Die umgreifende Liebe« kann dann selbst etwas Leidvolles, das »nicht mehr aufzuheben ist, verwandeln« (KP, S. 81).

Der Dimension des Hoffens Raum geben

Ohne explizit von Hoffnung zu sprechen, drückt sich in der Zuwendungsweise Benedettis zu den Leidenden ein therapeutisches Hoffen aus; es zeigt sich darin, daß er sich auf das Werdende ausrichtet und es wahrnimmt, auch wenn es noch verborgen liegt. Er erschafft so für und mit dem Leidenden »Hoffnungszukunft« (KP, S. 27).

Oft aber zeigt sich keine solche »Werdensaussicht«, kein verborgener Keim des Hoffens. Dann beginnt das, was Benedetti im späteren Werk die Übertragungshoffnung nennt. Dieser Haltung eines stellvertretenden Hoffens begegnen wir schon im frühen Werk, ohne daß der Begriff gebraucht wird. Benedetti faßt es so: »Wenn das Symptom in seiner sichtbaren Struktur keine solchen Werdensaussicht enthält, wenn ein Traum etwa nur von Tod und Niedergang berichtet, dann beginnt die psychotherapeutische Phantasie das Symptom, den Traum in einen assoziativen Kontext zu bringen, wo dann Raum für die Hoffnung entsteht« (KP, S. 17). Indem der Arzt »sich an den Ort begeben hat, wo sein Patient steht, dessen Situation erfahren und dort nach einem Ausblick gesucht hat«, kann er »der Hoffnungslosigkeit des Kranken eine ›Dennoch-Hoffnung‹ entgegengehalten« (KP, S. 82).

Hoffnung erwacht auch durch Ermutigung, und der gute Therapeut ist »unerschöpflich im Sichmerken dieser kleinsten Zeichen einer Änderung, einer Besserung« (KP, S. 155). »Unter Ermutigung verstehe ich jene Art des Deutens und Antwortens, die dem Kranken unsere nie wankende Zuversicht in seine Wachstumsmöglichkeiten zurückgibt« (KP, S. 141).

Die *Dimension des Hoffens kann sich nur im Dialog erschließen*; sie wird dann eine das Leben verändernde Dimension, selbst wenn schwer zu heilende Störungen bleiben. »Manchmal ist es so: Das Leiden bleibt, die Form der Austragung aber ändert sich. Sie ändert sich, wenn jene Dimension der Hoffnung gefunden wird, die sich eigentlich nur im wahrhaft verstehenden Gespräch erschließt« (PL, S. 155).

Hoffen als Dialog wird Ausdruck eines *metaphysischen Vertrauens*: »Wir reden zu ihm in einer Weise, welche ein letztes Vertrauen in die Kontinuität und Unzerstörbarkeit seines Lebens ist« (GM, S. 69).

So wird eine Therapie von Benedetti schon früh verstanden als ein Ereignis, das in sich selber gründet. »Eine individuelle Psychotherapie ist aber auch ein wirkliches Erlebnis, sie ist wie alle großen menschlichen Erfahrungen unabhängig von sozialen, ärztlichen und psychologischen Gesichtspunkten, unabhängig von den Gesichtspunkten der Nützlichkeit, ja sogar der Wiederholbarkeit und der Lehrbarkeit. Sie gründet in sich selbst. Sie ist ›eine Chiffre der Transzendenz‹« (GM, S. 77).

Ich habe in diesem ersten Abschnitt versucht, etwas vom Aufbrechen Benedettis mitzuvollziehen. Ich habe von Aufbrechen gesprochen: Aufbrechen übernommener Sichtweisen und Methoden, die zu eng geworden sind, Suchen neuer Wege, die zu Begegnung führen. Dieses

Aufbrechen ist ein Akt des therapeutischen Hoffens. Die Dynamik und Kraft des Aufbrechens, die Grundbewegung im Weitergehen, die Wegrichtung, ist Ausdruck eines inneren Wissens, daß selbst zur Einsamkeit des tiefsten seelischen Leidens eine Brücke der Kommunikation gefunden werden kann. Daß so Möglichkeiten der verstehenden Nähe, des Mitseins, des Mitgehens sich eröffnen, die alle auf einen Horizont des Lebens hinweisen. Es ist ein Suchen von neuen Wegen zu lebenschaffender Nähe mit dem Leidenden, ein Hoffen als Lebensbewegung zu neuen Möglichkeiten des heilenden Erkennens hin.

Auf diesen Wegen verwirklicht sich immer stärker jener Raum der kreativen therapeutischen Freiheit, die uns beeindruckt. Wir erleben mit Benedetti, wie er auf der Grundlage erlernter Methoden in einem Geist der therapeutischen Zuwendung neue Erfahrungen macht, sie beobachtet, sie auswertet, sie zu konzeptualisieren beginnt. »Unsere Art, beim Kranken zu sein, ist die Voraussetzung all dessen, was wir tun. In unserem Deuten und Handeln verdichtet und verwirklicht sich menschliche Zuwendung, die unerschöpflich im Entwerfen neuer methodischer Möglichkeiten ist.«

Benedettis Überzeugung, daß Psychotherapie unlösbar verbunden ist mit dem, was er »das Sein und Werden« des Therapeuten nennt, wird auf seinem Weg immer stärker vernehmbar, »denn entscheidend ist nicht nur, wer ein Therapeut *ist*, sondern wie er im Zusammensein mit seinem Patienten *wird*« (KP, S. 195). »Die Psychotherapie hat wesensmäßig zwei Pfeiler. Der eine gründet in dem, was mitteilbar ist – im Wort, der Deutung, der faßbaren Tat. Der andere Pfeiler aber gründet in der Existenz des Therapeuten selber, in seinem Sein und Werden« (KP, S. 195). In allem Suchen nach dem Lehrbaren und Lernbaren reift das Wissen um die »Psychotherapie als existentielle Herausforderung«.

Zugleich spricht Benedetti schon zu Beginn seines Weges als Therapeut und Forscher von einer Dimension des Transzendenten, in welcher in seiner Erfahrungsweise therapeutisches Handeln gründet. Oder vielmehr vermittelt er diese Dimension ahnungsweise, setzt sie gegenwärtig im »Modus der Ehrfurcht«, macht sie erfahrbar in seinem Schweigen. »Der Ursprung selber, aus dem die Psychotherapie lebt, kann nicht in Worte gefaßt werden. Es soll genügen, wenn er von ferne spürbar wird« (KP, S. 196).

Unterwegs

In diesem zweiten Abschnitt beziehe ich mich auf »Todeslandschaften der Seele« (T, 1999[5]), aber vor allem auf das Werk »Psychotherapie als existentielle Herausforderung« (P, 1998[2]), in welchem Benedetti einen reichen Einblick in sein therapeutisches Denken und Handeln gibt, das sich aus über vierzig Jahren Erfahrung heraus formt. Die Grundhaltung, die sich in diesen Werken ausdrückt, weist über Methoden und Theorien hinaus und macht eine allgemein menschliche Grundlage therapeutischer Erfahrung sichtbar. Viele dieser Dimensionen sahen wir im Entstehen begriffen auf unserem Weg durch Benedettis frühe Werke zur Psychotherapie. Wir können die darin sichtbar werdende Grundorientierung mit seinen eigenen Worten umschreiben in der Definition der Psychotherapie als einer »Wissenschaft, die auf der Grundlage von Begegnung entsteht und eine hermeneutische Dimension in sich schließt« (P 14). Im folgenden beschränke ich mich im wesentlichen auf das Sichtbarmachen dieser grundlegenden Begegnungsdimensionen, die immer auch Dimensionen des Hoffens sind.

Vergegenwärtigen wir uns nochmals, daß Benedetti schon zu Beginn seines Weges darauf hinweist, daß Theorien relativierbar sind und für ihn die Person des Therapeuten im Mittelpunkt steht. Diese Sichtweise verstärkt sich auf dem langen Weg seiner therapeutischen Erfahrung, und er betont auch im späteren Werk immer wieder, »daß für die Psychotherapie die personale Grundlage wesentlich ist« (P, S. 11).

Zu den Modellen der Psychopathologie, die als Grundlage der Therapie gebraucht werden, sagt Benedetti: »Psychopathologische Modelle sind auswechselbar. Sie sind nie endgültig. Sie haben einen ›operationalen‹ Sinn, das heißt, ihre Wahrheit besteht in dem, was wir mit ihnen machen« (P, S. 12). Er weist darauf hin, »daß man mit den verschiedensten Modellen operieren kann und daß daher auch die verschiedensten Therapien wirksam sind« (P, S. 12). Für ihn sind Methoden und Theorien wie »alle Technik, alles Wissen, alle Theorie nur die selbstverständliche, ›handwerkliche‹ Grundlage« (P, S. 3) therapeutischen Arbeitens. In einem späteren Werk führt Benedetti diese Sichtweise noch weiter: »Ich denke, daß alle Modelle vom Menschen, die wir in der Psychotherapie entwerfen und welche das symbolische Wesen des Menschen begreifen wollen, selber Symbole einer letztlich nie ganz zu erkennenden und zu besitzenden Wahrheit sind, Symbole mit einem ›operationalen‹ Sinn der Hilfe« (ZT, S. 266).

Als forschender Therapeut betont er, daß alles Wissen über sich hinausweist und zu neuem Fragen verpflichtet. »Das bedeutet, daß die Analyse des Menschen nie zu einem verfügbaren Wissen führt; sie ordnet, damit neue Gedanken über jene Ordnung hinausgreifen« (BT, S. 21).

Wenden wir uns nun den wichtigsten Dimensionen seines therapeutischen Denkens und Handelns zu, wie sie sich im Werk »Psychotherapie als existentielle Herausforderung« ausgestalten, und erinnern wir uns dabei, daß er diese schon auf dem Weg seines Suchens zu formulieren begann.

Dualisierung als therapeutisches Grundprinzip

Therapeutische Begegnung schafft zuerst einen neuen Raum: Wo in der Einsamkeit der Einzelne mit seinem Leiden allein war, entsteht in der Begegnung eine *gemeinsame Welt*. In diesem Raum wird das Leiden dualisiert: es wird neu wahrgenommen als ein Leiden, das zwei Menschen verbindet. Benedetti nennt die »Dualisierung« die erste Phase, den ersten wichtigen Begriff im therapeutischen Geschehen. In ihr wird eine neue Wahrnehmung des Leidens möglich, die einsame Not wird eine »übernommene und geteilte Not« (P, S. 44). Ohne Dualisierung ist keine Therapie möglich, sie ist das »Grundprinzip jeder Psychotherapie« (P, S. 129).

In einem großen Reichtum von Bildern begegnen wir dem Phänomen der Dualität. Es sind Bilder des Weges, des Unterwegs-Seins, der gemeinsamen Wanderung als duales Schicksal, die sich in vielen Träumen und Phantasien ausgestalten. In der Dualität geht der Therapeut mit dem Leidenden einen gemeinsamen Weg. So schreibt Benedetti im Anschluß an einen Traum: »Der Kranke hörte nachdenklich zu und fragte dann, zum freudigen Erstaunen des Arztes, ob dieser mit in die Wüste käme. Damit hatte ein Dialog begonnen, in dessen Verlauf Träume auftauchten, in denen die beiden unterwegs am Verdursten, am Verhungern, in der sengenden Hitze oder in der Kälte einer Polarnacht waren« (P, S. 76, 77). Auf diesem gemeinsamen Weg kann der Patient den Therapeuten »als Gefährten, als Seite der eigenen Existenz erleben« (P, S. 141). Benedetti spricht sogar von einem »gemeinsamen

Lebensweg mit dem Leidenden« (P, S. 214), von »Etappen des gemeinsamen Lebensweges und Stufen des inneren Prozesses« (P, S. 244), die er mit dem Leidenden durchlebt.

Es sind auch Bilder, welche die Dualisierung als ein *Eintreten in die Landschaft des Leidenden* ausdrücken, als ein Hineingehen in seine Situationen, als »eine vorübergehende Versetzung des Therapeuten (in seinen Träumen und Assoziationen) in die ... Situationen und Landschaften seiner Patienten« (P, S. 64). Dualität wird auch sichtbar im therapeutischen Verinnerlichen der trostlosen Landschaften des Leidenden. Der Therapeut nimmt die *Todeslandschaften* in sich hinein, der Patient beginnt sie von seinem lebendigen Teil her zu sehen und zu erleben (T, S. 227).

Benedetti beschreibt den Prozeß der Dualisierung als Erschaffen einer gemeinsamen Welt. Es ist das »Erschaffen einer dualen Realität« (T, S. 183), es entsteht ein »dualer Raum« (T, S. 26), eine »duale Situation« (T, S. 202). Der Therapeut übernimmt die Sprache, die Bilder des Leidenden, er übernimmt Aspekte des Erlebens »seines Patienten in sein eigenes Erleben und seine Sprache«, er erschafft dadurch »Bilder der Kommunikation, der Dualität, des Sich-verständlich-Machens« (P, S. 78). Es entsteht der Raum, in welchem »duale Einheit« (T, S. 169) erfahrbar wird. Die gemeinsam geschaffenen Bilder können heilend wirken.

Dualität drückt Benedetti weiter aus durch Bilder der Übernahme von Leiden, als Teilnahme am Symptom, als Miterleben, Mit-Sein, als Beim-anderen-Bleiben. Er spricht vom »Beweis unseres Mittragens, unseres Bei-ihm-Bleibens« (P, S. 99). Der Therapeut lebt in der Dualität »mehr als nur Empathie, Einfühlung, Intuition, Selbst-Versenkung – ... nicht bloß ein Über-sich-hinaus-Gehen, sondern auch und vor allem ein Auf-sich-nehmen« (P, S. 65). Er kann etwas wirklich »stellvertretend durchleiden« (P, S. 43). Darum führt die therapeutische Begegnung zur »Erschütterung im Miterleben« (P, S. 19).

Benedetti versucht den Leidenden »von innen«, »vom Erleben her« (T, S. 41) zu verstehen. »Psychopathologie wird dadurch als ein Weg zum Kranken erforscht: ohne ihre beobachtende Warte aufzugeben, versetzt sie uns gleichzeitig in die innere Lebensgeschichte und in die Welt des Kranken, wobei sie in ihm Erfahrungen der Dualisierung stiftet« (T, S. 40). Auch Diagnostik gibt es nicht »an sich«, »sondern immer nur eine duale Situation« (T, S. 41); Verstehen geschieht im »dialogischen Erfahrungsraum« (T, S. 218). Von den Symptomen sagt

Benedetti: »Sie sind in die dialogische Dimension eingeholt«
(T, S. 218).

Spiegelung als Wesenserkenntnis

Benedetti vergleicht die therapeutische Dualität mit der ursprünglichen Dualität von Kind und Mutter. *Selbstidentität* hat sich ursprünglich in »einer Situation der Dualität entwickelt« (P, S. 60). Ähnliches geschieht in der *therapeutischen Dualität*: »Der Analytiker spiegelt also dem Patienten nur das zurück, was dieser in sich trägt, so wie die Mutter es bei ihrem Kinde tut. Er wird zum Spiegel von dessen positiver Potentialität; denn die Spiegelfunktion des Analytikers verläuft nicht nur in den Bahnen rationaler Prozesse, sondern schlägt sich vielmehr in jenen menschlichen Verhaltensweisen nieder, wie sie sich im Schauen und Sich-Zuwenden des mütterlichen Gesichtes finden« (T, S. 221). In dieser therapeutischen Haltung, »im zugewandten Antlitz des Therapeuten«, sieht Benedetti die heilende Grunderfahrung, in der das Selbst sich neu bilden kann.

Im kreativen therapeutischen Spiegel begegnet der Leidende seiner *möglichen Ganzheit*. Er »erhascht jeweils – wie in einem unendlich fernen Spiegel – jenes integrierte Bildnis, das wir uns von ihm geschaffen haben, und er beginnt in der Folge, sich langsam darauf zuzubewegen« (T, S. 295). Das Selbst kann »durch den integrierend wirkenden Spiegel« (T, S. 175) des Therapeuten zu seiner Ganzheit finden.

Benedetti schafft in diesem Zusammenhang den Begriff der *Positivierung*, mit dem er eine dialogische Umwandlung des kranken Erlebens durch den Therapeuten umschreibt, der in die Welt des Leidenden eintritt, sie durch sein Miterleben dualisiert und sie so dem Dialog öffnet. »Die dialogische Positivierung eines solchen Erlebens im Spiegel des Arztes, der dem Patienten immer wieder ein positives Selbstbild zurückgibt, der sich in seine Welt begibt, seine Symbole versteht, sie positiv amplifiziert oder umwandelt – diese Positivierung ist *der entscheidende therapeutische Faktor* ... der sogar bei den nicht geheilten als existentielle Bestätigung der eigenen Person positiv in der Erinnerung bleibt« (P, S. 50).

Begegnung und Verinnerlichung

Schon in den frühen Werken beobachtet Benedetti erste Spuren einer *gegenseitigen Verinnerlichung von Patient und Therapeut* und entdeckt, daß diese heilend wirken kann.

In immer neuen Zugangsweisen beschreibt er im späteren Werk den Prozeß und die heilende Wirkung der therapeutischen Verinnerlichung. Durch eine »kreative Identifikation mit dem Patienten erschafft der Therapeut von unbewußten Wahrnehmungen geleitet, ein positives Bild des Patienten«, und er spiegelt ihm diese »Imago« zurück. In diesem positivierenden Spiegel, in dem »eine potentielle Selbstmöglichkeit zur Spiegelung gelangt« (T, S. 175), kann sich der Patient selbst neu wahrnehmen, er kann dieses Bild verinnerlichen, es wird zum neuen inneren Selbst-Bild. Dadurch beginnt er, »seine negative Selbstidentität zu korrigieren und die fehlende positive aufzubauen« (P, S. 220).

Benedetti spricht von einer doppelten Spiegelung, die therapeutische Beziehung ist eine »Spiegelbeziehung«: »Wie der Therapeut zum Spiegel des Kranken wird, so wird dieser seinerseits zum Spiegel des Therapeuten« (T, S. 175). In der Dualität der Therapie erkennen sich beide Partner im Anderen neu, und die therapeutische Begegnung wird auch zu einem Ort, wo sich beide gegenseitig verinnerlichen, sich dadurch verwandeln und erneuern. Die Therapie ist für beide Partner ein »dualer Verwandlungsprozeß« (T, S. 236), in welchem sie ihre Identität neu wahrnehmen.

Die Identität des Therapeuten entsteht in der Begegnung wie die Patientenidentität. Benedetti betont, daß auch der Therapeut vom Patienten Antwort erwartet, auf ihn angewiesen ist: »Therapeutische Hingabe, die nicht auch Antwort erwartet, wird zu einer narzißtischen Manifestation, zu einer heroisch überhöhten Selbstvorstellung. Der Therapeut braucht aber den Patienten, so wie dieser den Therapeuten braucht. Ohne diese Reziprozität, die sich langsam aus einer von Einseitigkeit geprägten Beziehung heraus entwickelt, ist Therapie, ist Dualität nicht möglich. Und eine beiderseits als stabil zu bezeichnende Selbstidentität kann nur in der Dualität wurzeln« (T, S. 267).

Die gegenseitige Introjektion kann so intensiv sein, daß sie als ein gemeinsamer Kreislauf erlebt wird. Die Leidenden »sprechen etwa davon, wie ihre Beziehung zum Therapeuten einer ›Nabelschnur‹ gleicht, durch die ein gegenseitiger Lymphaustausch stattfindet: Die

›verdorbene‹ Lymphe des Kranken wird durch eine dialytischen Prozeß ›entgiftet‹, wird von der ›psychischen Lymphe‹ des Therapeuten durchsetzt und gereinigt« (T, S. 194).

Das Erleben von Nähe durch Verinnerlichung ermöglicht eine neue Selbstfindung des Leidenden und führt damit auch zur Möglichkeit der Gestaltwerdung: Er beginnt sich vom Therapeuten abzugrenzen. »Indem sich der Patient mit dem Therapeuten identifiziert, findet er zunächst eine eigene Identität. Gleichzeitig beginnt er aber, sich von ihm abzuheben« (T, S. 196).

Das Unbewußte als Begegnungsdimension

Das Phänomen einer unbewußten Kommunikation zwischen Patient und Therapeut beobachtet Benedetti schon in den frühen Werken zur Psychotherapie: Es finden sich dort gleichsam frühe Spuren einer Intuition, in der die Bedeutsamkeit dieses Geschehens erahnt wird.

Im Werk »Psychotherapie als existentielle Herausforderung« wird die Wirklichkeit des Unbewußten für Benedetti in seiner therapeutischen Arbeit so stark und eindringlich erfahrbar, daß er alle Möglichkeiten der Sprache ausschöpfen, ja zum Teil auch neue Bilder und Ausdrücke schaffen muß, um das zu sagen, was ihm in der Dimension des Unbewußten als Geschehen begegnet.

So spricht er von der »Tiefenperson« des Patienten und des Therapeuten, von ihren »Tiefenschichten«. Den Austausch zwischen ihnen umschreibt er als »Tiefendialog«, er spricht von einer »therapeutischen Tiefenverbindung«, vom »präverbalen Übersteig zur Tiefenperson«, von einer »Symbiose des Unbewußten«. In dieser ereignet sich eine »Migration unbewußter Gedanken und Phantasien«. Es gibt für ihn eine »Kommunikation von Tiefenperson zu Tiefenperson«, ein Wirken über »die Brücke des Unbewußten«. Er erlebt in der Dualität die »gemeinsame Kreativität zweier Unbewußter«.

Im therapeutischen Begegnungsgeschehen beginnt eine »Aktivierung des Unbewußten bei beiden« (P, S. 220), dem Leidenden und dem Therapeuten. Beide erleben sowohl das Erwachen des Unbewußten als auch »das Ineinandergreifen von Bewußtem und Unbewußtem« (P, S. 162) in der Begegnung.

Die Aktivierung des Unbewußten beim Therapeuten ist wesentlich, denn für ihn gibt es »eine therapeutische Funktion des Unbewußten«

(P, S. 163). Es ist erfahrbar, »daß nicht nur das bewußte Selbst des Therapeuten, sondern auch sein Unbewußtes therapeutisch strukturiert sein kann, und zwar so weit, daß es therapeutische Funktionen übernimmt« (P, S. 155). Das therapeutische Unbewußte wird eine Quelle der positiven Zuwendung; der Therapeut erlebt in der Begegnung »das Unbewußte mit seinen reichen Reserven an therapeutischer Libido« (P,, S. 162), »als Quelle therapeutischer Libido«.

Das therapeutische Unbewußte ist kreativ, es kann im Leidenden etwas wecken und stiften. (P, S. 144). Der Therapeut soll den »unerschöpflichen Reichtum voll ausnutzen, den unser Unbewußtes birgt, und entdecken, auf welche Weise dieses wirksam sein kann« (P, S. 141). Er darf in den Therapien den »steuernden Kräften des Unbewußten« vertrauen.

Aber nicht nur das therapeutische Unbewußte ist kreativ, sondern auch jenes des Patienten. Oft ist es »der Patient selber, der ihm die wichtigsten therapeutischen Einfälle über das Unbewußte vermittelt« (P, S. 61). Das therapeutische Unbewußte wird »vom Leidenden berührt, angerufen, aktiviert« (P, S. 223).

Das kreative Unbewußte, das im Therapeuten und im Patienten aktiv wird, führt oft zu einer *gemeinsamen Kreativität*. Dies erweist sich vor allem in Träumen, in welchen sich ein geheimnisvolles kreatives Zusammenwirken zweier Unbewußter zu manifestieren scheint.

In der therapeutischen Tiefenverbindung kann die ursprüngliche Einheitserfahrung zwischen Mutter und Kind neu erlebt werden als ein Erleben von Einheit und Trennung zugleich. Benedetti vermutet, daß im Erleben von Symbiose und Trennung eine allgemein menschliche Erfahrungsmöglichkeit sich verwirklicht, die auch beim Erwachsenen erhalten bleibt. »Vielleicht gibt es in der Tiefenperson des Menschen ›Zonen‹, ›Gebiete‹, an denen Menschen, die in einer besonderen Beziehung zueinander stehen, teilnehmen« (P, S. 140). Die therapeutische Tiefenverbindung ist für ihn eine solche Beziehung.

Immer wieder spricht Benedetti von der Bildung eines *gemeinsamen Unbewußten*, das er als schöpferische Kraft erfährt: »Wir müssen dem Raum der Intuition und dem gemeinsamen therapeutischen Unbewußten eine eigene schöpferische Tätigkeit zuerkennen« (P, S. 81).

Erfahrbar wird die Dimension des gemeinsamen Unbewußten vor allem in den Phänomenen des Traums. Benedetti spricht von therapeutischen Träumen, »die die Situation des Patienten direkt gestalten, verändern – wohl im Sinne einer Wunscherfüllung. Sie gehen aber über die bloße Wunscherfüllung des Therapeuten hinaus, weil sie nach meiner Erfahrung eine gewisse prognostische Bedeutung haben. Gelingt es dem therapeutischen Unbewußten, dem Patienten im Traum eine neue Aussicht zu eröffnen, so ist dies auch ein Zeichen, daß tatsächliche Möglichkeiten dafür vorhanden sind« (P, S. 130). Therapeutische Träume haben für ihn also einen prognostischen Wert, denn sie können »etwas ausdrücken, das nicht nur auf die Vergangenheit, sondern vor allem auf die Zukunft hinweist« (P, S. 134).

Wenn der Therapeut, von seinem kreativen Unbewußten geführt, dem Leidenden neue Perspektiven zu öffnen vermag, haben seine Träume oft nicht nur prognostischen Wert, sondern es sind »eigentliche Heilträume«. Solche Träume können auffallende Fortschritte in der Therapie bewirken, auch wenn sie dem Patienten nicht mitgeteilt werden. Beim Therapeuten wird das Entwerfen von heilenden Perspektiven im Traum bewußt wahrgenommen und durchgearbeitet; unbewußt erreicht es auch den Leidenden, berührt und beeinflußt ihn, und es kann Entwicklung bewirken.

Oft gelingt es dem Therapeuten, im Traum »Ängste und Belastungen zu übernehmen und zu überwinden«. »Ängste und Belastungen werden dadurch tatsächlich geringer, und zwar nicht selten sogar, wenn (den Patienten) die Träume nicht mitgeteilt werden – offenbar genügt die Wirkung ... in dem sich zwischen Patient und Therapeut ausprägenden gemeinsamen Unbewußten« (P, S. 130, 131). Das Mittragen des Therapeuten wirkt über »die Brücke des Unbewußten«, in einer »therapeutischen Tiefenverbindung« (P, S. 77) vom Unbewußten des einen zum Unbewußten des anderen.

Solche Phänomene »sprechen für die Migration unbewußter Phantasien von einem Partner zum anderen« (P, S. 157). »Also stehen wir im Unbewußten in einer Kommunikation miteinander, von der wir sonst nichts wissen« (P, S. 140). In seinem späteren Werk schafft Benedetti für diese unbewußte Verbundenheit den Begriff des dualen Unbewußten.

Das Prinzip Hoffnung – Hoffnung als Grunddimension jeder Therapie

Aus den Hoffnungserfahrungen seiner eigenen Kindheit, aus der darauf aufgebauten Lebenshoffnung gelangt, Benedetti zum »Prinzip Hoffnung«. Sein ganzes therapeutisches Arbeiten läßt sich in diesem Prinzip zusammenfassen. Aber es ist, wie er schon von seiner Kindheit sagt, die Hoffnung gerade in der Situation der Verzweiflung. »Das Prinzip der Hoffnung,« schreibt er, »ist keine Beschönigung der erlebten tragischen Realität ... Die Hoffnung ist eben weder Beschönigung einer solchen, noch eine eigene Regression. Sie ist auch nicht mehr unreflektiert, wie in der Kindheit«, die »*wissende Hoffnung* ist eine ›posttragische‹. Sie kann vom tragischen Geschehen nicht mehr zerstört werden; denn sie gründet in der Erfahrung, daß die Urdimension der Existenz Liebe ist« (P, S. 269).

Wie »die Urdimension der Existenz Liebe ist«, wird Hoffnung zur Grunddimension aller Therapie. »Ohne diese Hoffnung wäre keine Therapie, auch keine Selbsttherapie möglich«. Hoffnung wird letztlich eine spirituelle Erfahrung, die über sich hinausweist. Um sie zu erfassen, ist ein Blick in eine metaphysische Dimension notwendig. »Hoffnung ist aber, metaphysisch gesehen, keine mögliche Selbsttäuschung, sondern Ahnung der letzten, wirklichen Realität« (P, S. 262).

In der Therapie ist *Hoffnung eingeholt in die Dualität*. »Nicht das Diagnostizieren des Negativen ist es, das Hoffnung schöpfen läßt, sondern die Neuauflage einer aus der Welt gefallenen Situation in der Beziehung zu zweit, die teils zwar das Negative widerspiegelt, es aber zum andern auch anreichert und umformt« (T, S. 269). »In der Therapie liegt die Hoffnung implizite schon in der Tatsache der Dualität, in deren Spannung das kreative Bild entworfen und angenommen wird« (P, S. 269).

In dualen Raum der Therapie ist Hoffnung, wie im Kunstwerk, eine »latent bestehende Hoffnung inmitten der manifesten Hoffnungslosigkeit« (P, S. 265). Diese Hoffnung lebt zu Beginn oft nur im Therapeuten. Benedetti schafft den Begriff der *Übertragungshoffnung*. Der Therapeut dualisiert die Hoffnungslosigkeit des Leidenden, und er sucht darin Hoffnung zu erschaffen. Das therapeutische Hoffen wird vom Patienten erahnt, lebt unbewußt auch in ihm, auch wenn es noch nicht seine eigene Hoffnung sein kann. Oft geschieht Heilungsbeginn »aus einer unbewußten Übertragungshoffnung« (P, S. 71).

Begegnungswirklichkeit und anthropologischer Horizont

Wir sind mit Benedetti durch Begegnungsdimensionen hindurchgegangen, die in seiner Sichtweise für die therapeutische Begegnungsart bedeutungsvoll sind. Wir sahen, wie er Dualität, Wesenserkenntnis, Verinnerlichung, dialogische Hoffnung als solche grundlegenden Dimensionen versteht. Wir sahen, wie für ihn alles Begegnen in die Tiefenschicht des Menschen hineinwirkt und dadurch Begegnung in einem umfassenden Raum, dem Unbewußten, möglich wird. Ja, der Begegnungsraum des Unbewußten wird von ihm in einer besonderen Art und Weise exploriert, wird als Wirklichkeit erfahren und erfahrbar gemacht.

Benedetti fragt nach dem »anthropologischen Horizont« seiner therapeutischen Erfahrungen, und er sucht in seinem therapeutischen Arbeiten »Bausteine zu einer Philosophie des Menschen in den Grenzsituationen seiner Existenz«. Immer wieder betont er, daß der psychisch Leidende in besonders eindringlicher Weise offenbart, wie menschliche Existenz grundlegend sich als ein Sein in der Grenzsituation zeigt. Wir sind »Grenz-Wesen«, als Menschen leben wir immer in den Grenzsituationen unserer Existenz, ohne darum zu wissen; alle, die therapeutische Hilfe suchen, beginnen, sich dieser Existenzweise bewußt zu werden.

Bedenken wir noch einmal seine Definition der Psychotherapie als »Wissenschaft, die auf der Grundlage von Begegnung entsteht und eine hermeneutische Dimension in sich schließt«. Ich suchte Benedettis Sichtweise von therapeutischer Begegnung zu erfassen und sprach dabei nicht explizit von der hermeneutischen Dimension. Der hermeneutische Akt verwirklicht sich in der Begegnungsweise selbst, und nicht als eine zusätzliche Dimension, die von der Begegnungswirklichkeit abgelöst werden kann. Das therapeutische Begegnen ist in sich ein hermeneutischer Akt: Nicht in unserem verbalen Deuten, so Benedetti, sondern in der Art unseres Mitseins selbst verwirklicht sich heilendes Erkennen und Anerkennen des Leidenden. In einer Hermeneutik des Mit-Seins kann neues Leben keimen und sich entfalten.

Benedetti weist in allen therapeutischen Begegnungsdimensionen darauf hin, daß in der Therapie der *Ursprung unserer Selbstwerdung*, die menschliche Ursituation von Begegnung zwischen dem Kind und seiner ersten Umwelt, mitlebt. In seiner Sichtweise zeigen sich darin anthropologische Grundvollzüge, die auch beim Erwachsenen weiterwirken. Sie verwirklichen sich in jeder tiefer gehenden menschlichen Begegnung; aber auf einmalige und eindringliche Weise in der therapeutischen Begegnungserfahrung.

Wir sehen das in Benedettis Begriff der therapeutischen Dualität, die mehr und anderes ist als eine rationale Beziehungsgestaltung, die umfassender und unbedingter ist und die er letztlich auf die ursprüngliche Beziehungserfahrung zurückführt. Nur in der Dualität kann sich das Selbst bilden, nur in einer dualen Situation kann es sich umbilden und erneuern. »Das Ich fängt sein Sein als ein Du an«, und dies gilt in besonderer Weise auch für die therapeutische Begegnung.

Auch im Begriff der therapeutischen Spiegelung, im liebenden Angeschaut-Werden, weist Benedetti zurück auf den Anfang unserer Selbstbildung. Im Angeschaut-Werden erwacht das Selbst und kann sich entfalten. Die therapeutische Begegnung ist für ihn mehr und anderes als ein diagnostisches Erkennen des Negativen und Gestörten, sie will eine Wesenserkenntnis sein, die das positive potentielle Selbst möglichst in seiner Ganzheit zu erschauen und zu spiegeln sucht.

In der Wirkweise der Verinnerlichung, die für Benedetti von großer Bedeutung ist, sieht er auch ein ursprüngliches Geschehen: Aus der Spiegelung seiner ersten Umwelt und der Verinnerlichung dieser Bilder bildet sich der Kern des Selbst. Im therapeutische Begegnungsgeschehen kann durch die Verinnerlichung eines neuen Spiegelbilds das Selbst sich erneuern, umbilden und ausweiten.

Aus diesen Grunderfahrungen entsteht das Gefühl von »Lebensrecht«, das Gefühl, wertvoll und liebenswert zu sein, entsteht Lebenshoffnung, wird Selbstentfaltung als Lebensgeschichte möglich. Es sind anthropologische Dimensionen, auf die Benedetti uns hinweist, und die er in seinem therapeutischen und wissenschaftlichen Arbeiten »erlebt, untersucht und konzeptualisiert« (T, S. 311).

Wir dürfen also, wenn wir Benedettis Sichtweise von therapeutischen Begegnungsdimensionen betrachten, vom Sichtbarwerden eines »anthropologischen Horizonts«, von der Begegnungswirklichkeit als einer anthropologischen Wirklichkeit sprechen. Auch bei mehr rational orientierten Therapien oder primär auf Verhaltensänderung ausgerichteten Therapien leben diese Tiefenschichten mit, selbst wenn sie nicht explizit mit einbezogen und bedacht werden. Sie sind als Quelle von Lebenskraft an der Weiterentwicklung beteiligt – oder wirken im Gegenteil lebens- und entwicklungshemmend.

Brücken

Aus der Spaltung zwischen Psychischem und Organischem zur polaren Spannung

Benedetti forscht nicht selbst auf dem Gebiet der biologischen Psychologie, aber er betont die Bedeutung dieser Forschungsrichtung, und er integriert die wesentlichen Ergebnisse in seine psychotherapeutische Forschung. Mein Ziel ist es, seine Grundorientierung mitzuvollziehen, es geht somit nicht um eine Diskussion auf der Sachebene. Auf diesem Gebiet macht Forschung ständige Fortschritte, Benedettis Grundorientierung behält darin ihre Gültigkeit.

Ich versuche in diesem dritten Abschnitt, den ich vor allem auf seinem Werk »Psyche und Biologie« (PB) aufbaue, Benedettis Wegrichtung nachzuvollziehen. Er selbst braucht das Bild der Brücke: Brücke, die Auseinanderliegendes verbindet, aber es grundsätzlich als zwei Pole bestehen läßt. Brücke, die so verbindet, daß ein beidseitiger Austausch, mit seinen Worten »*eine Wechselwirkung*«, »ein dynamischer Zusammenhang« entsteht. Ich zeichne diesen Weg in großen Zügen nach, indem ich mich auf jene Sichtweisen konzentriere, die für sein therapeutisches Denken und Forschen wesentlich sind.

Benedetti weist hin auf die verhängnisvolle Spaltung zwischen Psychischem und Organischem, auf die »radikale Gegenüberstellung dieser beiden Forschungswege und deren Tendenz zur Verabsolutierung« (PB, S. 88). Durch das Erkennen der Wechselwirkungen wird anstelle der Spaltung der dynamische Zusammenhang sichtbar, der Psychisches mit Organischem verbindet. »Es geht darum, im einzelnen zu wissen, wie diese Einflüsse des Daseins auf das Leben, des Lebens auf das Dasein, der mitmenschlichen Schicksale auf die Konstitution, der Konstitution auf die Lebensentwicklung, der oberen Strukturen des Gehirns auf die unteren und umgekehrt, wirksam werden. ... Wenn man dieses fundamentale Prinzip der Wechselwirkung im Auge behält, so offenbart sich einem die Einheit des menschlichen Lebens« (PB, S. 88).

Anderseits betont Benedetti immer wieder, daß es wichtig ist, gerade im Wissen um den Zusammenhang beider Pole, die Autonomie jedes einzelnen Gebiets zu berücksichtigen. »Immer wird es freilich anderseits Forschung, wird es Betrachtung geben, welche Einflüsse, Strukturen, dynamische Faktoren allein im psychologischen oder im somatischen Bereich berücksichtigt. Jeder Bereich ist dem anderen gegenüber ›autonom‹, d. h. besitzt seine Eigengesetzlichkeit. Die Autonomie des Psychischen gegenüber dem Physischen gestattet uns, in der Seele Gesetze zu entdecken, die ihr Korrelat im übrigen Organismus nicht finden« (PB, S. 89). Denn »die psychischen Funktionen sind in einer der Forschung immer durchsichtiger werdenden Materie fundiert, ohne selbst nur materiell zu sein« (PB, S. 169).

Da die psychischen Phänomene nicht vom Biologischen zu trennen sind, ist es notwendig, *naturwissenschaftliche und geisteswissenschaftliche* Methoden in den Wissenschaften vom Menschen anzuwenden. Sie müssen einerseits klar voneinander abgegrenzt werden, anderseits ist es möglich, sie zu verbinden, um zu einer ganzheitlichen Sicht zu gelangen. Benedetti erläutert diese Sichtweise anhand der Phänomene wie Angst, Aggressivität unter anderen, und er sagt dazu: »Methodisch kann man Phänomene wie Angst, Aggressivität und Abwehr sehr verschieden untersuchen. Sie eignen sich sowohl für eine geisteswissenschaftliche wie auch für eine naturwissenschaftliche Untersuchung.« Sie sind auf der eine Seite »nicht nur geistige Phänomene, weil sie bestimmten Gesetzen folgen und Beziehungen zu nervösen Strukturen aufweisen. Aber sie sind auch nicht nur somatische Vorgänge, weil sich in ihnen die volle menschliche Individualität spiegelt« (PB, S. 119). Das Wissen um die mehrdimensionalen Zugangsweisen soll »die Vielseitigkeit und Komplexität der wissenschaftlichen Beobachtungen nicht verfälschen«, sondern sie sichtbar machen (PB, S. 129).

Der naturwissenschaftlichen Forschung auf dem Gebiet des Psychischen sind Grenzen gesetzt: »Die Grenze der Forschung auf diesem Gebiet ist aber von jeher von doppelter Bedeutung gewesen: einmal ist hier die Tatsache, daß der Prozeß der Reduktion komplexer psychischer Erscheinungen auf einige wenige Radikale maximal einschränkend wirkt, dort nämlich, wo man das sehr breite Spektrum des Verhaltens auf die Funktion und die Veränderung einer nervösen Struktur zurückführen will« (PB, S. 205). »Die zweite Grenze ergibt sich aus der Tatsache, daß wir dank der Funktion der Identifikation fähig sind, feinste Komponenten des mitmenschlichen Verhaltens unmittelbar zu erfahren, währenddem auch die so feine Analyse der Gehirnkomponenten nicht gelingen will« (PB, S. 205).

Auf dem Beobachtungsfeld der Psychologie muß die *Variable der eigenen Persönlichkeit* eingeführt werden. Wenn die Psychologie als

Wissenschaft das reine Experiment verläßt und es »durch die Analyse des Erlebens ergänzt«, wird die Subjektivität des Beobachters zu einer wichtigen Variablen. »Denn das, was Erleben ist, läßt sich nicht objektiv festlegen, sondern durch ein Sich-Einfühlen, durch das Sich-Identifizieren mit dem So-Erlebenden erfassen«, »und schon diese Methode des Sich-Einfühlens führt nun in das Beobachtungsfeld die Variable der eigenen Persönlichkeit, des eigenen Erlebens ein« (PB, S. 40). »Nur auf einem Gebiet gelten heute Identifikationsvorgänge als Erkenntnisquelle: auf dem des mitmenschlichen Verstehens, also auf einer rein geisteswissenschaftlichen Ebene« (PB, S. 40).

Da die Analyse des Erlebens, trotz der Einfühlung, immer nur ein »Deuten« ist, findet die Richtigkeit des Vorgehens ihren Beweis durch die »mitmenschlichen Wirkungen«. »Dazu kommt noch, daß wir eine Erlebensgestalt nur ›deuten‹ können; das heißt, wir können kausale Reihen in der Tiefenpsychologie nicht reproduzieren, wir können bei anschauender Analyse das etwaige Mitwirken von Faktoren, die sich unserem Einfühlen entzogen haben, niemals mit Sicherheit ausschließen. Hier eröffnet sich uns also ein Wissensgebiet, dessen Wahrhaftigkeit nicht mehr im exakten Experiment festgestellt, sondern durch die mitmenschlichen (z. B. psychotherapeutischen) Wirkungen bewiesen wird, die sich aus diesem Wissen ergeben« (PB, S. 40). Die mitmenschlichen Wirkungen sind ihrerseits nur auf dem Weg der Deutung erfaßbar. (Vielleicht dürfen wir hier ergänzen, daß die objektivierende Forschung den gleichen Gesetzen unterliegt, da eine völlig sichere kausale Deutung in den Sozialwissenschaften nicht möglich ist.)

Benedetti nimmt an, daß auch in Zukunft das menschliche Erleben und Verhalten nicht auf der Basis der naturwissenschaftlichen Methoden allein erfaßt werden kann, denn »wir haben nicht mehr ein einzelnes Organ vor uns, sondern den ganzen Menschen, der sich deshalb nicht von uns deterministisch voll erfassen läßt, weil das Objekt hier von derselben Größe ist oder seine Größe überragt« (PB, S. 42). Der Mitmensch ist für den psychologisch Forschenden »ein Forschungs- und Erlebnisgegenstand von seiner eigenen Größe, also ein Gegenstand, den er nie vergegenständlichen, nie objektivieren, nie begreifend besitzen kann« (PB, S. 52). Damit führt uns Benedetti zu dem zentralen Thema der menschlichen Ganzheit und der damit in Zusammenhang stehenden wissenschaftlichen Erkenntnismöglichkeiten.

Benedetti bejaht zwar die Notwendigkeit der experimentellen Methoden, die sich der exakten Erforschung des Teiles widmen, doch weist er zugleich darauf hin, daß die Erforschung des Teiles zwar streng verifiziert werden kann, daß sie aber, um gültig zu sein, der *Integration in ein Ganzes* bedarf. »Je mehr wir uns anschicken, theoretisch simplifizierend einen Ausschnitt der menschlichen Natur unter exakten Bedingungen zu studieren, desto mehr verlieren wir die Sicht der weiteren Zusammenhänge, die jene Natur ausmachen« (PB, S. 41). »Das Problem ist grundsätzlich; die Wissenschaft vom Menschen schwankt immer, und nicht nur in der Psychiatrie, zwischen diesen zwei Polen, der strengen Verifizierbarkeit des Teils und der Deutung des Ganzen. Das Ganze kann darum nicht experimentell erklärt werden, weil der Mensch als Forschungsgegenstand von derselben Größe ist wie der Forscher selber« (PB, S. 41).

Ein wichtiger Aspekt der menschlichen Ganzheit zeigt sich im Eingebettetsein des Menschen in die Evolution. Das bedingt einerseits, daß für das Verstehen des Menschlichen die naturwissenschaftliche Sichtweise notwendig ist in bezug auf seine biologische Verwurzelung, auf sein Gewordensein in der Phylogenese. »Der Nachweis, daß solche Verhaltensweisen eine Voraussetzung in der Struktur unseres Lebens, in der Phylogenese, in der Evolution haben, öffnet uns den Blick für die naturwissenschaftliche Realität, ohne aber beim Menschen eine andere, naturwissenschaftlich nicht faßbare Komponente zu verleugnen, die erst durch den biologischen Bestand ermöglicht wird« (PB, S. 140).

Diese andere Komponente ergibt sich aus dem Eingebettetsein des Menschen in die Kultur. Durch die menschliche Verwurzelung in der Kultur und die sich daraus ergebende Geschichtlichkeit, müssen die Erkenntnisse über den Menschen im geschichtlichen Wandel immer neu durch Deutung grundgelegt und gewandelt werden. »Keine Generation kann hier auf dem Wissen früherer Generationen restlos aufbauen, weil die Herausforderung in der Begegnung mit einem Gegenstand von unserer eigenen Größe immer von neuem bestanden werden muß. Es gibt über den Menschen keine endgültige Kenntnis, sondern immer nur Deutung, und jede Epoche deutet alles wiederum anders« (PB, S. 52).

Gehirn als Lebensbaum: Ein ständig durch neue Erfahrung gestaltetes Organ

Benedetti vergleicht das menschliche Gehirn mit einem Lebensbaum. Im Zentrum stehen für ihn ständige Wachstumsstrebungen und Wachstumsmöglichkeiten durch Lernen und neue Erfahrung: »Synapsen entwickeln sich im Verlauf eines Lernakts. Sie verändern sich an Größe, an Zahl, sie sind eminent ›plastisch‹, in einem ständigen Wachstum begriffen. Nach dieser Modellvorstellung gleicht unser Nervensystem einem ›Arbor vitae‹, einem nie fertigen, ständig durch neue Erfahrung gestalteten Organ, das sich von allen anderen Körperorganen dadurch unterscheidet, daß es vom Ergebnis seiner Tätigkeit – Gedächtnis, Lernen, Erfahrung – immer aufs neue gestaltet wird« (PB, S. 33).

»Alle unsere psychischen Funktionen sind – ungleich den Funktionen der anderen körperlichen Organe – in einem hohen Grade ›plastisch‹, d. h. durch Erfahrung gestaltbar. Jede neue Erfahrung – zum Beispiel der Wut – bringt ›Gedächtnisspuren‹, die im Nervensystem und namentlich in seinen molekularen Strukturen, aufbewahrt werden. ... Somit verändert jede neue psychische Erfahrung die spezielle Reaktionsfähigkeit des Organismus, die Psyche verändert sich mit jedem neuen psychischen Akt, das Gehirn schafft sich durch die Unterbringung neuer Gedächtnisspuren und neuer biologischer Reaktionen auf dieselben seinen eigenen Aufbau« (PB, S. 83). »Das Gehirn kann sich also bestimmen, sich selber plastisch ausformen; der französische Psychiater Ey sagt von ihm, es sei das einzige Leibesorgan, das sich durch seine Entscheidungen weiterforme« (PB, S. 176).

Für Benedetti, den Therapieforscher und Therapeuten, ist vor allem wichtig, »daß die Entwicklung solcher materiellen Strukturen im Vollzug des psychischen Aktes geschieht«. Das Studium eines psychischen Phänomens wie der Aggressivität zeigt, »daß sie nicht nur ›psychisch‹, sondern auch biologisch ist, also gewisse Entsprechungen in unserem Nervensystem hat. Aber die Kehrseite dieser sozusagen ›materialisierenden‹ Forschung ist die, daß die Entwicklung solcher materiellen Strukturen im Vollzug des psychischen Aktes geschieht. Beachten wir die Tatsache, daß die materiellen Grundsteine des psychischen Phänomens keineswegs nur angeboren sind, sondern sich mitten im Erleben und durch das Erleben entwickeln« (PB, S. 130). »Nicht nur bedingen biologische Strukturen die psychischen Phänomene, sondern letztere formen fortdauernd die ersteren« (PB, S. 175).

»Die Mannigfaltigkeit unseres Verhaltens wird nicht nur durch eine ungeheuer differenzierte nervöse Struktur bestimmt, sondern auch durch den Umstand, daß diese nervöse Struktur anders funktioniert, je nach Weltkontext, in dem der Organismus steht.« Benedetti sieht darin »ein Argument gegen die einfache Reduzierung unseres psychischen Lebens mit all seinen Variablen auf das sogenannte Organische: So wichtig dieses ist, so sehr es die Voraussetzung des psychischen Lebens darstellt, und soweit es die Grenzen der möglichen Reaktionsweisen steckt, die Wahl der Reaktion hängt letzten Endes von der Wahrnehmung der Welt ab«. In diesem »Zwischenspiel von Welt und Organismus«, wie er es nennt, »gibt es kein Primäres und kein Sekundäres, sondern eine ständige Wechselwirkung auf allen Ebenen« (PB, S. 95).

Eine für den therapeutisch Forschenden wesentliche Erkenntnis liegt darin, »daß psychische Funktionen beim Menschen sich erst unter den Individuen und nicht in einem abgesonderten individuellen Raum ausbilden«. Mit dieser Perspektive verweist Benedetti im biologischen Raum auf die Erkenntnis der Begegnungsphilosophie, die aussagt, daß menschliches *Werden und Wachsen immer interindividuell* geschieht. »Eine psychische Funktion, an der zwei Personen beteiligt sind und die den Charakter einer Kommunikation zwischen den beiden hat, kristallisiert sich im interindividuellen Raum, d. h., die eine Persönlichkeit formt sich erst in der Ausrichtung auf die andere.«

Viele Krankheiten, die sich bis in den psychosomatischen Bereich manifestieren, werden durch Störung des interindividuellen Raumes hervorgerufen. Benedetti spricht in diesem Zusammenhang von eigentlichen »Kommunikationskrankheiten«, und er umfaßt damit Störungen, »die strukturell bis in den psychosomatischen Bereich verfolgt werden können, deren materielle Pathophysiologie detailliert sein kann … und die aber trotz dem Umfang an biologischen Befunden primär durch Störungen und Deformierungen des interindividuellen Raums ausgelöst wurden« (PB, S. 175).

Lernen als Wachsen – Wachsen, Umweltoffenheit und Gefährdung

Benedetti bezieht sich auf Ergebnisse der biologischen Forschung, wenn er von der *Bedeutung des Lernens* spricht. »Wir wissen, daß mit der Differenziertheit des Nervensystems sich schon bei den subhumanen Primaten ein Antrieb zur Begegnung mit der Welt entwickelt, der unabhängig von der Stillung triebmäßiger Bedürfnisse ist und die Erfahrung dieser Weltstruktur selber zum Ziele hat. Harlow z. B. hat uns Affen geschildert, die stundenlang an Rätselaufgaben arbeiten, ohne von diesem Lernen eine andere Gratifikation zu bekommen, als das Wissen um die richtige Lösung« (PB, S. 47).

Die Haltung des Lernens definiert er als eine dynamische Ausrichtung auf etwas Kommendes hin: »Das Lernen selber gründet in einem zuversichtlichen Erwarten« (PB, S. 45). Die Vorerfahrung des »harten, oft enttäuschten Lernens« schafft die Voraussetzung für den schöpferischen Einfall als »neue Handlungsgestalt«.

Das frühe Ausgeliefertsein des Menschen in eine psychische und soziale Umwelt macht ihn zu einem Risikowesen: »Der Mensch beginnt also schon bei der Geburt ein Risikowesen zu sein, weil der biologische Schutz der Gebärmutter bei ihm relativ früh mit der unberechenbaren psychischen Sphäre ausgetauscht wird. Die psychische Sphäre, die den Menschen aufnimmt, ist viel variabler, verstimmbarer, als die individuelle Sphäre des Tieres nach seiner Geburt, wo viele elterliche Verhaltensweisen durch den Instinkt stärker und stabiler geprägt werden als beim Menschen« (PB, S. 141). »Psychologisch ist die hohe seelische Gefährdung des Kindes unmittelbar verständlich aus der Überlegung, daß kein Selbstverständnis des Menschen ohne die Kooperation einer prägenden Umwelt möglich ist und daß diese Mitwelt tiefer in die abhängige kindliche Seele zu ihrem Heil oder Unheil greifen muß, als es im erwachsenen Alter geschieht.«

In dieser Sicht »ergeben sich überraschende Korrelationen zu Befunden, die auf einer elementaren, biologischen Ebene gemacht worden sind und auf eine allgemeine Richtung des Lebens hinweisen. Es scheint hier der allgemeine Zusammenhang zu bestehen, daß Zustände beschleunigter Lebensentwicklung und Zeiten des Wachstums gegenüber Noxen besonders empfindlich sind« (PB, S. 49).

Für die wachstumsintensive Zeit der Kindheit »darf heute als gesichert gelten, daß die Zeit kindlichen Wachsens und Werdens besonders neurosegefährdet ist, daß hier eine Zartheit der wachsenden psychischen Struktur gegenüber mitmenschlichen Noxen besteht«. Benedetti betont, daß jede wachstumsintensive Zeit in der menschlichen Entwicklung auch eine besonders gefährdete Phase sein kann (und bezieht dies auch auf den Wachstumsprozeß in einer Therapie!)

Die Zeit der *biologisch grundgelegten primären Beziehungen zur Welt* ist auch die Zeit des primären Lernens. »Es gibt sowohl beim Menschen wie auch bei den höheren Säugern sogenannte primäre Beziehungen zur Welt, die erlebt werden müssen, damit auf ihrer Grundlage Lernen sich weiterentfalten kann. ... Die primären Beziehungen zerfallen in zwei Hauptkategorien: Beziehungen zu Lebewesen und Beziehungen zu Objekten.« Ohne Beziehung zu Lebenspartnern, das heißt zu einer Mutter oder einem Mutterersatz, können sich viele komplexe und elementare Funktionen nicht entwickeln, weder beim Menschen noch beim Tier. Aber auch die primäre Beziehung zu Objekten ist für die menschliche Entwicklung notwendig: »Ohne Beziehung zu Objekten ist alles spätere Lernen verunmöglicht. Unser Nervensystem bedarf eines Minimums an Reizen, um sich entwickeln zu können« (PB, S. 50).

In diesem Zusammenhang spricht Benedetti auch von der Unterscheidung von Gelernt- und Angeborensein, und er betont, »daß zwischen den beiden Polen des Lebens, d. h. zwischen Gelernt- und Angeborensein, keine einfachen Gegensätze, sondern Beziehungen der Komplementarität bestehen – um hier das Wort des Atomphysikers Nils Bohr anzuwenden. Erst angeborene Strukturen ermöglichen das Lernen ... umgekehrt können diese angeborenen Strukturen sich erst im Lernen entwickeln« (PB, S. 180).

Schließlich darf die Bedeutung des Lernens auch bei angeborenen Verhaltensweisen nicht übersehen werden: »Die Verallgemeinerung einer solchen Hypothese, daß menschliches Verhalten nur genetisch-biologisch verursacht sei, stößt aber auf den gewichtigen Einwand, daß beim Menschen selbst die Instinkte eine Lernkomponente haben. Hunger, Durst, Mütterlichkeit, Sexualität entwickeln sich schon bei den subhumanen Primaten und dann erst recht beim Menschen, in Situationen, die Lernmomente beinhalten« (PB, S. 42).

»Lernmechanismus, Erinnerungen, Erfahrungen usw. spielen also in der Gestaltung psychischer Funktionen, der individuellen Entscheidungen, der Zukunftsplanung usw. eine wesentliche Rolle – es gibt in der Sphäre der höheren psychischen Vorgänge nichts nur Angeborenes – aber auch nichts rein Psychisches« (PB, S. 84).

Zu den biologischen Grundlagen der Psychotherapie

»Das Gehirn ist jenes Organ, das sich ständig selber bildet und entwickelt.« Diese Möglichkeit der steten Entwicklung betrachtet Benedetti als wesentliche Grundlage der Psychotherapie. »Die Psychotherapie beruht auf dieser Plastizität – sie ist ein Versuch, die Vergangenheit des Menschen aufs neue in Frage zu stellen und die Gegenwart aus dieser Infragestellung neu zu konzipieren und zu erleben« (PB, S. 33).

In diesem Zusammenhang kann man »die Psychotherapie auch als ein Umlernen auffassen, wobei man freilich beachten muß, daß vieles, was heilt, sich auf einer emotionellen Ebene abspielt, die unter Umständen für den Patienten so unbewußt bleibt wie das fehlerhafte Lernen« (PB, S. 66).

»Dasselbe gilt in der Psychotherapie für die mitmenschliche Intuition. Gewisse Einblicke in das Wesen eines Patienten sind selbst in der nachträglichen Reflexion unerklärlich; man weiß nicht, warum man auf die Spur eines sich später als richtig erweisenden Einfalles kam.« Allerdings gilt, was Benedetti zum Lernen und dem schöpferischen Einfall sagt, auch für den »schöpferischen Einfall« in der Psychotherapie. Zwar ist es Intuition, aber »zu dieser richtigen Intuition wäre der Psychotherapeut sicher nicht gekommen, wenn er nicht zunächst aufgrund seiner ganzen Ausbildung die Grundprobleme des Menschen, die fundamentalen psychodynamischen Mechanismen, die Struktur der Träume und der psychopathologischen Phänomene und dann auch die Vorgeschichte und das Verhalten seines Patienten genau gelernt hätte« (PB, S. 45).

Das Unbewußte, das im therapeutischen Forschen Benedettis immer mehr Raum einnehmen wird, sucht er früh auch von einer *biologischen* Seite her zu erschließen. Er äußert sich in diesem Zusammenhang zum Phänomen der unbewußten Wahrnehmung, indem er sich auf Experimente mit Primaten bezieht, die »gezeigt haben, daß Wahrnehmungsvorgänge sich auch unbewußt abspielen können, so zum Beispiel in einem anästhesierten, bewußtlosen Tier, freilich ohne daß das Bewußtsein einen Vergleich zwischen den verschiedenen Wahrnehmungsarten ziehen kann. Diese elektrophysiologisch erwiesene Feststellung, daß es unbewußte sensorische, also psychische Vorgänge gibt, ist, nebenbei gesagt, eine teilweise Bestätigung der alten tiefenpsychologischen Annahme eines Unbewußten« (PB, S. 24).

Wie es unbewußte Wahrnehmungen gibt, scheint es aus biologischer Sicht auch unbewußte Emotionen und Affekte zu geben, die von großer Wirksamkeit sind.»Wenn man bedenkt, daß Emotionen und Affekte, deren Ursprung und Struktur uns nicht bewußt zu sein brauchen, das unspezifische System aktivieren können, so wird einem klar, daß nicht nur Zustände der intellektuellen Aufmerksamkeit, sondern auch affektive Momente aus einem unbewußten Bereich des psychischen Lebens unsere höchsten diskriminatorischen Fähigkeiten steuern können.« Wir verstehen nun besser, daß man auch die tiefenpsychologisch orientierte Psychotherapie als ein Umlernen auffassen kann, und daß vieles, was heilt, sich auf einer emotionalen Ebene abspielt und unbewußt bleibt.

Von den biologischen Wurzeln zur Autonomie des Geistigen

Benedetti weist in diesem Zusammenhang darauf hin, daß die Differenzierung ein neues Organisationsprinzip des Lebens schafft, und er erwähnt »die These von Vygotsky, nach der man in der Entwicklung der Psyche zunächst, d. h. während der frühen Stadien, eine Abhängigkeit der oberen Funktionsschichten von den unteren feststellt, dann aber später auch eine Abhängigkeit der unteren von den oberen. Mit anderen Worten kann man sagen, daß mit der Differenzierung des psychischen Lebens ein neues Organisationsprinzip auftritt« (PB, S. 174).

Viele der von Benedetti erwähnten Untersuchungen sind an Primaten gemacht worden. Er stellt darum am Schluß in diesem Zusammenhang die Frage, ob sie auf die menschliche Psychologie übertragen werden können und ob es zulässig ist, sie zu einer Grundlage der Betrachtungen über Biologie und Geist zu machen. Er sagt zu dieser Fragestellung, daß »evolutionäre Ähnlichkeiten uns gestatten, von den Wurzeln, den Vorstufen der höheren psychischen Prozesse schon auf den höheren Stufen des Tieres zu sprechen. Geist bleibt per definitionem dem Menschen vorbehalten. Aber es entsteht nicht plötzlich etwas, dessen biologische Wurzeln älter sind als der Mensch selber sein dürfte« (PB, S. 205).

»Dies scheint mir von prinzipieller Bedeutung auch insofern, als die psychodynamische Weigerung, Psychisches auf Anatomisches restlos zu reduzieren, niemals behauptet hat, psychisches Leben spiele sich außerhalb des Gehirns ab. Auch die psychodynamische Denkweise vertritt die Vielschichtigkeit der Bedeutungsebenen« (PB, S. 190). Das Wissen um diese Vielschichtigkeit ist für Benedetti fundamental: »Aber das mehrdimensionale Denken bleibt grundsätzlich notwendig – es entzieht sich ihm kein Fall, wenn man genau prüft« (PL, S. 126).

In Benedettis Grundorientierung zur Integration von Psychologie und Biologie wird »die Spannung von Geist und Biologie nicht aufgehoben, aber durch eine ihr entgegenlaufende Denkrichtung komplementär ergänzt« (PB, S. 191). Biologische und anthropologische Zugangsweisen schließen sich nicht aus; die anthropologische Perspektive wird um eine wesentliche Dimension reicher, wenn sie die biologische mit einbezieht. Seine biologischen Wurzeln zu sehen ist nur dem menschlichen Geist möglich.

Diese Auffassung betont die Autonomie der psychischen Funktionen: »Keine anderen Funktionen im Organismus sind wie die psychischen autonom, d. h., vom sichtbaren Bild des Substrates teilweise unabhängig ... *Autonomie der psychischen Funktionen* meint also, daß ihre Ordnungen und Verläufe eine Eigengesetzlichkeit aufweisen, die von der Gesetzlichkeit organischer Prozesse verschieden ist« (PB, S. 185).

Entgrenzung

Das Unbewußte als schöpferische Kraft in der Evolution
– Der »Traum als Urspiel des Lebens«

In den Therapien beobachtet Benedetti viele Formen der Abspaltung des Unbewußten, die er als Selbstentfremdung erlebt, ja er sieht in der »Abspaltung des Unbewußten die verhängnisvollste Form der Selbstentfremdung« (P, S. 38). Aus seiner therapeutischen Erfahrung ist die Integration des Unbewußten eine notwendige Lebensaufgabe. Ohne diese Integration ist keine Selbstfindung, keine Erfahrung von Erneuerung und von Ganzheit möglich.

Aus den therapeutischen Beobachtungen wächst auch seine Überzeugung, daß die Erforschung des Unbewußten eine notwendige wissenschaftliche Aufgabe ist, und er sagt dazu, daß diejenigen, die sich in ihrem Wissenschaftsglauben bedroht fühlen, »die sich an der Grenze unserer Ratio abspielenden Phänomene des Unbewußten allmählich auch der Wissenschaft zugänglich« machen sollten (P, S. 60). Sein persönlicher Forschungsbeitrag ist dabei eine Phänomenologie des Unbewußten, die aus lebenslanger therapeutischer Erfahrung und Forschung entstanden ist, die er »erlebt, untersucht und konzeptualisiert« hat. Seiner Phänomenologie des Unbewußten und den in ihr gebildeten Konzepten begegnen wir vor allem in der »Psychotherapie als existentielle Herausforderung«. Wir erleben die existentielle Unmittelbarkeit seiner Erfahrungen – sie haben durch die wissenschaftliche Reflexion des Forschers nichts an Eindringlichkeit verloren.

In seinem späten Werk »Botschaft der Träume« begegnen wir ihm als dem philosophisch reflektierenden Traumforscher und Hermeneutiker, und es hat dadurch einen anderen Anmutungscharakter als das mehr aus der existentiellen Unmittelbarkeit heraustretende »Psychotherapie als existentielle Herausforderung«. Seine aus fünfzig Jahren therapeutischer Erfahrung stammenden Traumbeispiele strahlen aber immer noch die Begegnungsfrische aus, die Träume nur ausstrahlen, wenn man sie miterlebt, ja wie er einmal sagt, »wenn man sie liebt« (BT, S. 174). Es ist eine Haltung, in der er, im Wissen darum, daß »die Symbole sich oft nicht völlig verstehen, ergründen und beschreiben lassen«, dennoch versucht, ihre »Dynamik zu erahnen, die Symbole meditierend zu umkreisen und einzukreisen« (BT, S. 159). Auch die vielen Traumbilder aus Supervisionen tragen die Spuren der persönlichen Begegnung noch in sich.

In einer übergreifenden Sichtweise sucht Benedetti nicht nur die verschiedenen Zugangsweisen der frühen Tiefenpsychologie zu integrieren und weiterzuführen, sondern er bezieht auch Erkenntnisse aus der neurobiologischen Forschung mit ein. Er ist überzeugt, daß das Unbewußte, wie es sich im Traum offenbart, in einem Grenzbereich liegen muß, in welchem es nicht nur hermeneutisch angegangen werden kann. »Wenn das Traumphänomen phylogenetisch so uralt ist, dann erscheint eine solche naturgeschichtliche Tiefe in der Tat als eine Grenze psychoanalytischer oder hermeneutischer Anschauung psychologischer Phänomene, die wir nur im humanen Bereich befragen können« (BT, S. 14). Die Anthropologie des Traums muß auch auf die biologischen Wurzeln zurückgehen und sie bedenken.

Im Gegensatz zu Theorien, die den neuralen Aspekt als biologisches Substrat geistiger Phänomene fokussieren, führt Benedetti die biologische Sichtweise in eine anthropologische über. Er geht ebenfalls auf die *biologischen Wurzeln des Traumphänomens* zurück und übernimmt dabei den von I. Winson geprägten Begriff der Memorisation als Funktion des Traums, die schon beim höheren Tier beobachtet werden kann. Bereits auf biologischer Vorstufe zeigt das Phänomen der Memorisation, durch »die das Neue zum Vertrauten« werden soll, »daß eine wichtige Funktion des Traums in der Aufspeicherung von Gedächtnisspuren liegt«, und daß die erträumten Handlungen, die das Gedächtnis festigen, als »Selbsterfahrung im Selbstgedächtnis den wesentlichen Niederschlag« finden (BT, S. 17).

In der Rückbesinnung auf die biologischen Wurzeln des Traumphänomens sieht Benedetti, Winsons Sichtweisen überschreitend, ein wichtiges evolutives Geschehen darin, daß schon das höhere Tier in der Imagination des Traums sich eine innere Welt erschafft, also der Anfang der Imagination in der Evolution sich auszubilden beginnt. »Der Traum ist jener ›psychische Ort‹, wo das Tier auf der einen Seite schläft und also von der Welt getrennt ist, auf der anderen Seite durch intrapsychische Erlebnisse in der Welt ist, Bilder sieht, Feinde angreift, vor ihnen flieht und so weiter« (BT, S. 15). »Im Traum schafft sich das Tier eine innere Welt, die einerseits derjenigen entspricht, die es wachend wahrgenommen hat, die aber andrerseits im Augenblick aus seinem Innern stammt. Das heißt: an die Stelle der Wahrnehmung ist die Imagination getreten«, die »intrapsychische Imagination im Schlaf«. »Die Imagination als die Entstehung einer inneren Bilderwelt erscheint mir in der Evolution des Lebens wie eine Vorbereitung des menschlichen Erlebens; denn sie ist eine Voraussetzung der Symbolisation, die schließlich nur beim Menschen auftritt und kraft derer sich die Welt um unzählige symbolische Gestalten vermehrt, die einen Sinn ergeben und Existenz ermöglichen« (BT, S. 15). Dies ist, so betont Benedetti, der »wunderbare Anfang der Imagination, aber noch nicht der Symbolisation«, denn das Tier erlebt »lediglich die ›Vorstellung‹, nicht aber wie der Mensch, das ›unbewußte Symbol‹« (BT, S. 43).

Eine weitere evolutive Bedeutung als Vorstufe zum Menschlichen sieht Benedetti darin, daß schon beim höheren Tier »das Subjekt (im Traum) durch die intrapsychische Imagination eine Vorstellung des

Objekts entwickelt, die mit ihm selbst dauernd verbunden ist und in der es sich voll als Subjekt konstituiert« (BT, S. 16). Die imaginierte Gegenwart des Objekts im Traum ist die evolutive Vorstufe zu der verinnerlichten Anwesenheit des Anderen auf der humanen Ebene, auf die er in seinen Therapien seine Aufmerksamkeit lenkt und der er heilende Funktion beimißt.

Benedetti fast die Sichtweise, in der er biologische, neurophysiologische und hermeneutische Aspekte integriert, in einem Bild zusammen; er bezeichnet den »*Traum als Urspiel des Lebens*«. Auf der humanen Ebene ist die von Biologen hervorgehobene Funktion der Memorisation integriert in die Ebene des Symbols, denn der Mensch kann sein Traumerleben deuten. Die Selbstbildung und Selbsterneuerung ist angewiesen auf das freie »Spiel« des Traums, in welchem in immer neuem Zusammenfügen von Elementen aus dem Erlebensraum neue Gestalten von Selbst und Identität geschaffen und erprobt werden. »Es scheint mir, ... daß die Regression der Psyche auf eine ursprüngliche Stufe, wo die Welt uns bildhaft begegnet, einen neuen Anfang ermöglicht. Aber auch dann, wenn der Traum uns keine Lösung bringt, ist die Regression auf die Imago wohl die Art und Weise, wie der Schlaf mit den Informationen des Alltags umgeht. Er reduziert sie auf Imagines, die in unendlichen Variationen kombiniert und verarbeitet werden können« (BT, S. 48).

Das Bild vom »Traum als dem Urspiel des Lebens« führt Benedetti weiter aus: »Ich möchte nun annehmen, daß die Traum-Imagination, die beim Tier keine eigentlichen Symbole – d. h. Zeichen, die auf eine übergreifende Bedeutung hinweisen – kennt, einem Wiederholungstrieb entspricht, der dem Lebewesen gestattet, sich in der Schlafruhe – gesenkter Muskeltonus – die Konflikte des wachen Lebens eben in einem *entspannten* intrapsychischen Raum zu *vergegenwärtigen* und zu *bewältigen*, die fehlerhaften Verhaltensweisen ohne die Gefahr der Auseinandersetzung mit der Realität zu wiederholen und eventuell zu korrigieren, die besseren Varianten einzuüben und so das wache Leben nicht nur zu kopieren, sondern auch ›vorauszunehmen‹. *Wiederholung wäre in dieser Sicht auch ›Überholung‹* – ein ›Gegensatzpaar‹, wie ich diese Erscheinung später in meinen Ausführungen über die Struktur des Traumdenkens nennen werde« (BT, S. 16). Er spricht vom kindlichen Spiel, das sich sowohl beim Menschen wie beim Tier, zwischen den beiden Polen, »Wiederholung« und »Überholung«, in vielen Formen gestaltet und verwandelt: »gefährliche Situationen – wie Kampf, Niederlage und ähnliches – werden auch dort wiederholt und dann verwandelt; sie werden, wo sie gefährlich sind, im Spiel harmlos, weil sie nicht ganz real auftreten; sie lassen sich rückgängig machen, und sie werden vom spielenden Kind schließlich durch reifere Entwürfe ›überholt‹. Ist auch der Traum ein Urspiel des Lebens, das Spiel des Schlafes?« (BT, S. 16).

Benedetti weist darauf hin, daß in einer Hinsicht Naturwissenschaft und Geisteswissenschaft einen gleichen Gesichtspunkt vertreten: Das Durchleben der menschlichen Existenz im Traum ist lebensnotwendig, denn die seelische Gesundheit hängt weitgehend davon ab. Dieses »Spiel« des Unbewußten im Traum ermöglicht die ständige Integration des neuen Erlebens und seine Verarbeitung, es führt zu einer Erneuerung und Umbildung der Selbstidentität. Es darf angenommen werden, daß »auch dem vergessenen, nicht erinnerten Traum eine physiologische und psychologische Funktion eignet« (BT, S. 84) und »daß wir die Realität gestalten auch unter dem bewußten und unbewußten Eindruck und der Wirkung unserer Träume« (BT, S. 75).

Die natur- und die geisteswissenschaftliche Traumforschung sind komplementär, sie erschließen als zwei Pole die Funktionen des Traums und lassen dessen Botschaft verstehen. Die psychologisch-geisteswissenschaftliche Annäherung an den Traum als Erschließung des Sinns der Träume »ist wie die innere Seite« solcher Forschung, »indem sie sich unaufhörlich mit dem auseinandersetzt, was man ›die Seele der Träume‹ nennen könnte« (ZT, S. 277).

Das Unbewußte als Offenbarung des Eigentlichen

Benedetti sucht einen Weg der Integration, indem er die Sichtweisen der wichtigsten tiefenpsychologischen Forscher aufnimmt und in einer neuen Zugangsweise weiterentwickelt. Ihm geht es wie den frühen Forschern darum, die Botschaft der Träume zu entschlüsseln und fruchtbar zu machen in ihrer therapeutischen Wirksamkeit. Was dabei wesentlich ist und alle tiefenpsychologischen Denkrichtungen verbindet, ist die Überzeugung, daß der Traum eine Botschaft an den Träumenden in sich schließt, daß im Traum Offenbarung geschieht. Benedetti faßt dies, alle Verschiedenheiten in den tiefenpsychologischen Auffassungen überwindend, so zusammen: »Immer haben wir hier die Offenbarung des Eigentlichen, das uns sonst in den zerstreuenden und verdrängenden Einzelheiten des wachen Lebens verlorengeht« (BT, S. 41).

Das Denken in Bildern, die »imaginative Regression«, ist ein Weg zum eigenen Ursprung, zur eigenen Tiefe. »Haben wir doch alle in Bildern zu denken begonnen, in Bildern die Welt erfaßt, lange bevor Begriffe möglich waren« (BT, S. 51). Im Erschaffen von Symbolen kann der Träumende zu den Quellen des Ursprünglichen finden, kann Aussagen von besonderer, ursprünglicher Kraft gestalten.

Das Unbewußte vermag oft in einem einzigen Bild zusammenzufassen, was der rationale Gedanke nur in einzelnen Überlegungen zu erkennen vermag; es kann auch eine Vielheit von Erlebnisstufen in einem einzigen Bild zusammenfassen und in ihrer eigentlichen Kraft und Tiefe erleben lassen. »Die Macht des Gedankens wird erst durch das Bild evident, das jetzt Sinn ergibt, weil es ein Sinnbild ist; und der Traum ist der große ›Transformator‹, welcher die Erlebnisse der vielen, vielen Tage in ein einziges Bild übersetzt« (BT, S. 43). Die Symbolisation im Traum ist »eine Form der symbolischen Realisierung, der Offenbarung, die den rationalen Gedanken in einer unvergeßlichen Bildgestalt ausdrückt, die den Träumer erschüttert, aufwühlt und existentiell anregt« (BT, S. 44).

Oft wird der Traum zum Ort, wo das »wahre Selbst« sich auszudrücken vermag trotz aller Entfremdungen des wachen Lebens. Vielleicht zeigt es sich nur in »Spuren«, als »keimendes Selbst«, vielleicht als aufbrechende Ahnung eines anderen Selbstseins. Oft kann ein Ursprüngliches, ein Lebendiges nur noch im Traum sich ausdrücken: »Wo das ›falsche Selbst‹ (D. W. Winnicott) das Bewußtsein beherrscht, kann das ›wahre Selbst‹ sein letztes ›Reduit‹ lediglich im Traum verteidigen. ... Dort meldet sich ein Ursprüngliches an« (BT, S. 81). Der Traum hat darum »die Qualität einer Selbstoffenbarung«, der Träumende »erfährt eine Botschaft aus der eigenen Tiefe« (BT, S. 85). An dieses schlummernde Selbstsein rührt der Traum. Wenn der Träumende sich berühren läßt, kann der Traum auch zu einem Ort der Selbstentfaltung werden.

Beginnende Selbstentfaltung im Traum zeigt sich darin, daß »eine bis dahin in der Neurose oder gar in der Psychose verkümmerte Seinsmöglichkeit vom Träumer aktualisiert oder vorausgenommen« (BT, S. 22) wird. Selbstentfaltung heißt, daß sich auch Zukunft entwerfen kann. Im Traumbild zeigt sich »eine beginnende Selbstentfaltung;

wobei nicht bloß Vergangenheit verarbeitet, sondern auch Zukunft vorausgenommen wird« (BT, S. 23).

Das Unbewußte als Raum der therapeutischen Begegnung

Nach lebenslanger Wegbegleitung träumender Menschen – einer Begleitung, die Anschauen, Hinhören, liebendes Aufnehmen und zugleich wissenschaftlich fragendes Erkennen ist, wendet Benedetti im späten Werk seine Aufmerksamkeit auf die Wahrnehmung der *Zweideutigkeit im Traumphänomen.*

Aus der Auseinandersetzung mit den wichtigsten tiefenpschologischen Sichtweisen des Traums findet er zu einer Synthese, die ihn einen neuen Aspekt aufdecken läßt, nämlich die grundlegende Polarität und Zweideutigkeit der Traumaussage: Er sieht »zwei Gesichter der Träume und ihrer Symbole«, aus denen eine doppelte Botschaft spricht. Beide Aussagen sollen in ihrer Polarität zusammengesehen werden, denn sie sind komplementär. Solche zusammengehörenden Gegensatzpaare können eine funktionale, aber auch eine inhaltliche Doppeldeutigkeit ausdrücken. Funktionale Gegensatzpaare zeigen sich zum Beispiel als Pole wie: Verhüllung versus Offenbarung; Kausalität versus Finalität; Objektstufe versus Subjektstufe – um nur einige zu nennen. Die inhaltlich-symbolischen Gegensatzpaare verstehen sich wie die funktionalen als Pole, die komplementär zueinander stehen. Zu diesen inhaltlich-symbolischen Paaren zählt Benedetti unter anderen: Tod versus Leben; Selbstentfremdung versus Selbstfindung; Symbiose versus Separation. Diese Sichtweise will keine Kategorisierung sein, sondern lediglich durch den großen Reichtum von Traumbildern auf die immer wieder sichtbar werdende Doppeldeutigkeit sowohl funktionaler als auch inhaltlicher Art hinweisen. Sie will anregen zu eigener Entdeckung der fruchtbaren Polarität in der Botschaft des Traums.

Benedetti spricht von einer »schöpferischen Zweideutigkeit« der Träume, denn er versteht diese Zweideutigkeit als eine kreative Herausforderung. Die Dialektik der Traumaussage erinnert an die Dialektik der ganzen menschlichen Existenz. Man kann »Träume als Spiegel der menschlichen Konflikthaftigkeit auffassen und das Traumdenken als ein Denken in Gegensätzen begreifen, das dieser Konfliktstruktur der menschlichen Existenz besser entspricht als das einschichtige Denken des wachen Bewußtseins« (BT, S. 183). Die in unserem Wesen liegende Konflikthaftigkeit, die »tragische Kreatürlichkeit« des Menschen, offenbart sich in der Doppelgesichtigkeit des Traums besonders eindringlich« (BT, S. 19).

In Benedettis Sichtweise entsteht in der Psychotherapie die Botschaft eines Traums immer *in* und aus der Wirklichkeit der therapeutischen Begegnung, die als solche schon im voraus – als zu erwartende und als erhoffte Begegnung – wirksam sein kann. Er zeigt an Beispielen, daß bereits vor der Therapieaufnahme, nicht nur beim Patienten, sondern auch beim Therapeuten, Träume darauf hinweisen können, daß *die therapeutische Begegnung im Unbewußten schon begonnen hat.*

In seinen eigenen Erfahrungen und in Supervisionen beobachtet er, daß die therapeutische Begegnung und Beziehung eine die konkrete duale Situation der Therapie überdauernde Wirklichkeit ist, die im traumschaffenden Unbewußten immer wirkt. Der verinnerlichte und unbewußt anwesende Therapeut wirkt mit an der Gestaltung des Traums, so weit, daß »die unbewußte Anwesenheit des Therapeuten das innere Geschehen steuern« (BT, S. 106) kann. Darum soll der Therapeut bedenken, »daß gerade in der Psychotherapie die Botschaft eines Traums im Spannungsfeld der mitmenschlichen Begegnung entsteht, und zwar nicht erst nachträglich, sondern zum vornherein« (BT, S. 100).

Benedetti spricht von einer weiteren *doppelten Botschaft des Traums*: sie entsteht in der therapeutischen Situation aus der »Zweiheit der Deutung«. »Hier geht es nicht mehr nur um die Doppelgesichtigkeit des Traums, sondern um eine Dualität der Anschauung, welche dem Traum eine eigentümliche Bedeutung zuweist« (ZT, S. 276).

Schon in einem viel früheren Werk, in »Traum und Träumen« (1982), sagt Benedetti, daß jeder erzählte Traum zu einem »Ort der Begegnung« wird. Diese Sichtweise entwickelt er weiter und vertieft sie: Der Traum »lebt ein zweites Mal in der psychotherapeutischen Aussprache. Hier erst artikuliert sich voll seine Botschaft ... weil das Bewußtsein im Dialog offener wird für die Stimmen, die aus der eigenen Tiefe steigen« (BT, S. 165).

Die therapeutische Intention der Traumbotschaft kann vor allem im dualen Hinhören auf den Traum verstanden werden, denn es enthalten »alle Träume in der Psychotherapie eine Entwicklungsmöglichkeit, die nicht im Traumbericht selber, sondern erst in der dualen Rezeption enthalten ist« (BT, S. 148). Im psychotherapeutischen Austausch wird die im Traum enthaltene Entfaltungsmöglichkeit freigelegt und seine wahre Botschaft vernommen, die »nicht bloß ein Kommentar zum Traum ist, sondern recht eigentlich dessen dialogische und duale Endgestalt repräsentiert« (BT, S. 95).

Einheit und Trennung im Unbewußten

Schon in seinem frühen Werk wendet Benedetti seine therapeutische Beobachtung und die darauf aufbauende wissenschaftliche Reflexion dem Phänomen der Selbstbildung zu. Er fragt nach den Bedingungen, die zur Selbstbildung führen, und in dieser Fragestellung bedenkt er den Prozeß der ursprünglichen Selbstbildung in der Beziehung zwischen dem Kind und seiner ersten psychischen Umwelt, die *»Selbstbildung in der Urbeziehung«*.

Auch in seinem späten Werk begegnen wir dieser Ausrichtung. In den Therapien sieht er das Selbst in den Träumen seiner Patienten oft als ein sich entfaltendes Selbst, als »keimendes Selbst«: Es offenbart sich in einer Doppelgestalt von Symbiose und Separation; es wird und entfaltet sich als symbiotisches und als separates Selbst zugleich. »Nach den jüngsten Beobachtungen von Daniel Stern ist es wahrscheinlich, daß das Neugeborene von den ersten Tagen nach seiner Geburt an zwischen zwei Zuständen hin und her schwankt: zwischen der Symbiose mit der Mutter und der Trennung von ihr. Symbiose und Separation scheinen nach heutigem Forschungsstand keine aufeinanderfolgenden Entwicklungsphasen zu sein, wie Margaret Mahler annahm; vielmehr sind es zwei gegensätzliche Seiten des psychischen Wachstums, die sich parallel zueinander entwickeln« (BT, S. 138).

In Träumen wie im wachen Leben kann erfahren werden, »daß auch das erwachsene Selbst in diesen beiden Dimensionen lebt: in einer unbewußten, symbiotischen Dimension der Identifikation und in einer bewußten Dimension der Trennung, des Sich-Gegenüberstehens und der Abgrenzung. Wenn diese beiden Dimensionen ineinander integriert sind, begründen sie das einheitliche Selbst« (BT, S. 138). Das separate Selbst ist in dieser Sichtweise mehr in der Abgrenzung und näher dem Bewußtsein, das symbiotische Selbst erlebt eine mehr unbewußte Einheitserfahrung. »Beide Grunderfahrungen sind wahr, sind die zwei Hälften unserer Existenz« (BT, S. 49). Erfahrung von Symbiose und Trennung zugleich weisen auf die Grundsituation der menschlichen Begegnungsart. »Bei jeder menschlichen Begegnung stehe ich mit meinem separaten Selbst einem anderen separaten Selbst gegenüber, tausche mit ihm Informationen aus und so weiter. Aber ich begegne dem anderen auch auf der unbewußten Ebene, entlang der symbiotischen Dimension« (BT, S. 138).

Vor allem im therapeutischen Raum verwirklichen sich beide Begegnungsweisen, und dies in Benedettis Sichtweise beim Patienten wie beim Therapeuten: »unbewußte Wahrnehmung des anderen, teilweise Preisgabe des ›separaten Selbst‹ (Peciccia) im dualen Unbewußten, gegenseitiges Erkanntwerden in der Suche nach einer tieferen Identität entstehen in diesem Rahmen und sind die eigentliche Quelle der psychotherapeutischen Kreativität« (BT, S. 128).

Eine besondere Ausdrucksform des zugleich symbiotischen und separaten Selbst sind Träume aus einem gemeinsamen Unbewußten. Sie zeigen durch ihr Erscheinen als therapeutische Möglichkeit beides: Symbiose und Separation im dualen Unbewußten von Therapeut und Patient. »Beide Träume, welche in derselben Nacht bei zwei unterschiedlichen Personen aus einem gemeinsamen Unbewußten entstanden sind, lassen sich wie ein einziger Traum mit Variationen verstehen, und eben solch ein Doppeltraum stellt sowohl die therapeutische Symbiose dar als auch – durch die unterschiedliche Behandlung des Themas – den Übergang von einem separaten Selbst zum anderen« (BT, S. 124).

In diesem Zusammenhang stellt Benedetti auch die Frage nach den Grundformen menschlichen Erkennens. »Introjektion und Projektion sind Urformen der Erkenntnis, welche ohne sie nicht möglich wäre; sie erfolgen meistens unbewußt und bestimmen als emotionale Vorgänge die kognitive Funktion der Wahrnehmung« (BT, S. 27). Sie lassen sich in den Traumbildern erkennen; sie drücken sich darin aus, daß die dem Träumer erscheinende Welt sowohl eine *introjizierte wie eine projizierte Dimension* haben kann und oft beides zugleich in einer Integration von Introjektion und Projektion.

Dies bildet die Grundlage für die rätselhafte Erscheinung, daß Gestalten unserer Träume zugleich das Selbst und das dem Selbst Begegnende ausdrücken können, oder mit anderen Worten, auf der *Subjekt- und auf der Objektstufe* verstanden werden können. »Die Tatsache, daß Symbolisation sich in der Weise entwickelt, daß seelische und geistige Bilder gleichzeitig oder abwechselnd das Selbst und auch den diesem Selbst Begegnenden meinen, läßt uns auch verstehen, weshalb in den Träumen, wo so gut wie alles Symbol ist, ein und dasselbe Bild sowohl etwas Eigenes als auch etwas dem Eigenen Zustoßendes, es Aufnehmendes oder es Betreffendes bedeuten kann« (BT, S. 50). Darum wird es möglich, den gleichen Traum, seine Gestalten und Symbole sowohl auf der Subjekt- wie auf der Objektstufe zu deuten: »Außen und Innen sind im gleichen Bild enthalten, separates und symbiotisches Selbst überschneiden sich, so daß jede Deutung des Traums sowohl auf der einen als auch auf der anderen Ebene erfolgen kann« (BT, S. 50).

Der Träumende erlebt nicht nur sein Verschmelzen mit dem anderen, er kann auch durch ein symbiotisches Wahrnehmen der Welt in vielen Zeiten und Räumen seiner Existenz zugleich sein: Im Traumgeschehen »wird die *Symbiose mit der Welt* größer. ... Im Traum, der ja ein bewußtes Erleben in der Nähe des unbewußten ist, wird die Symbiose stärker, wir verschmelzen mit den Dingen, die unsere Affekte uns widerspiegeln; dafür wird, umgekehrt, das separate Selbst unbewußt« (BT, S. 140).

Das Verschmelzen mit der Welt ermöglicht eine Erfahrung von Nähe mit allem, die zugleich Dimensionen der Weite und Freiheit öffnet: »Ich meine, daß eine Eigentümlichkeit des Traums darin besteht, daß der Träumer einerseits stärker an das Traumgeschehen ausgeliefert ist als der wache Mensch an die Welt, andrerseits aber mitten in dieser ›Gefangenschaft‹ die Fähigkeit entwickelt, durch sein Traumbewußtsein unbekannte, weite Räume seiner Existenz zu erhellen« (BT, S. 141). »Der Träumer, an sich selbst im Zustand des Träumens so angebunden wie kaum im Wachen, kann nun doch auf der Ebene des Traumbewußtseins in Welträume außerhalb seiner selbst wandern, die ihm sonst nur unbewußt zugänglich sind« (BT, S. 141).

Eine Funktion des Aufhebens der Grenzen von Selbst und Welt sieht Benedetti in einer Art seelischer Erholung, die der entgrenzte Mensch darin erfahren kann: »... indem Teile oder Aspekte des symbiotischen Selbst bewußt und Aspekte des separaten Selbst unbewußt werden, erfolgt im Traum eine Erholung der Psyche von ihrer Arbeit der Unterscheidung von Selbst und Welt« (BT, S. 140). Es ist dieselbe Freiheit, in der »das schlafende Ich, frei vom täglichen Gesetz der Selbstkohärenz, gegensätzliche Motivationen erkennt und Widersprüche in der Gelassenheit der Traumlogik akzeptiert« (BT, S. 56). In dieser Erfahrung wird dem Träumenden »die Bürde der Ich-Kohärenz« abgenommen, und »gerade dadurch kann das Ich sich im Spiegel der Welt besser anschauen« (BT, S. 57). Die Beobachtung dieses Erlebens von Freiheit im Traum und den darin sich eröffnenden Möglichkeiten läßt Benedetti sagen: »Der Traum ist eine Stätte der menschlichen Freiheit« (BT, S. 35).

Entgrenzung von Raum und Zeit im Unbewußten

Auf die Frage, worin er das Wesentliche des Unbewußten sieht, antwortet Benedetti: Das Unbewußte gibt uns die Fähigkeit der »Entgrenzung von Raum und Zeit – Entgrenzung, in der wir Grenzen überschreiten, ohne sie zu verlieren« (mündliche Mitteilung). Diese kurze Formulierung ist der Schlüssel zu seinem Traumverstehen. Im Traum werden die Grenzen von Zeit und Raum des wachen Bewußtseins aufgelöst, und in einem einzigen Traumbild können viele Zeiten und Räume eines Lebens zusammengeführt werden, so »daß das menschliche Subjekt bei solchem bildhaftem Traum-Denken in einem einzigen Augenblick weite Bereiche der Existenz erfaßt und verarbeitet« (BT, S. 30).

Nun weist gerade diese Erfahrung der Entgrenzung von Raum und Zeit darauf hin, »daß dem Menschen seine Vergangenheit noch tiefer zugehört, als unser bewußtes Gedächtnis weiß. Gerade das Studium der Träume hat uns überdeutlich gezeigt, wie stark geschichtlich geprägt unser Wesen ist« (BT, S. 32). Das »gezielte Gedächtnis des wachen Bewußtseins« ist begrenzter als das Erleben von Vergangenheit im Traum, wo das unbewußte Erinnerungsvermögen durch »seine Symbole Schichten und Spuren der Vergangenheit aufnehmen und verarbeiten« kann, »die tief unter dem Erinnerungsvermögen des wachen Menschen liegen« (BT, S. 32).

Die wesensmäßige Zugehörigkeit der Vergangenheit zeigt sich auch darin, daß im Traum fernste Vergangenheit als Gegenwart erlebt wird. »Wie sehr der Traum auch der Vergangenheit, weit mehr als das wache Bewußtsein, zugewandt ist, so erlebt der Mensch im Traum diese Vergangenheit, auch die allerfernste, die Situationen der eigenen Kindheit, fast immer als Gegenwart. ... Wir befinden uns träumend in einer fast zeitlosen Gegenwart ... eine ferne Zukunft, die eine ständige Perspektive unseres wachen Erlebens bildet, ist höchstens angedeutet; und vor allem: Wir bewegen uns in der fernsten Vergangenheit, als ob wir sie gerade erlebten, oft ohne zu merken und zu unterscheiden, ob wir uns dort als Erwachsene befinden oder wiederum als Kinder« (BT, S. 32).

Von der biologischen Psychologie übernimmt Benedetti den Begriff der Memorisierung, der aussagt, daß eine Funktion des Traums in der Festlegung von Gedächtnisspuren liegt, wodurch das Neue zum Vertrauten werden soll. Als Gegenpol dazu führt er jenen der Aktualisierung ein, mit dem er die Vergegenwärtigung von vergangenem Erleben im Traum bezeichnet.

Benedetti fragt nach dem Sinn der Aktualisierung oder *Vergegenwärtigung,* durch welche auf der einen Seite die Beschäftigung mit der Vergangenheit wichtig und diese auf der anderen Seite als Gegenwart erlebt wird. Vergangene Ereignisse, sagt er, »werden im Traum wahrscheinlich deshalb reproduziert, um weiterhin im Zusammenhang mit der Dynamik der Gegenwart verarbeitet zu werden« (BT, S. 30). Darin zeigt sich die *schöpferische Möglichkeit* der Bewältigung, der Neugestaltung einer in der Wirklichkeit nicht mehr veränderbaren Vergangenheit: »Gegenwart ist Bewältigung des Lebens, Vergangenheit ist bereits determiniertes, festgelegtes Dasein« (BT, S. 33). »Dem Erleben der Gegenwart liegt immer ein Erleben der möglichen inneren Bewältigung zugrunde. – Gegenwart und Freiheit« sind nicht zu trennen, es zeigt sich vielmehr, »daß diese Träume selber immer eine Art Bewältigung sind« (BT, S. 34).

In diesem Zusammenhang stellt Benedetti die Frage, ob man Träume therapeutisch beeinflussen kann, eine Frage, die er bejaht und auch in der therapeutischen Praxis aktiv umsetzt. Denn wenn »die Aktualisierung uns in die Vergangenheit verpflanzt und uns diese als Gegenwart erleben läßt«, ist die Traumintention »uns damit eine neue Chance zu gegeben: die Chance, uns anders zu verhalten als damals« (BT, S. 35). Das Umgestalten und Neuerleben eines Traums kann heilend wirken, ja es »kann eine wiederholte Aktualisierung auch außerhalb jeglicher Psychotherapie zu einer Wende führen« (BT, S. 34).

Die therapeutische Intention des Traums ist vor allem auf das *Erschaffen einer neuen Gegenwart und Zukunft* ausgerichtet. Durch das Wiedererleben kann eine destruktive Seite der Vergangenheit in ihrer Wirkung auf die Gegenwart entkräftet werden. »Eine heilende Funktion des Traums kann die sein, eine allzu mächtige und daher die Gegenwart verzerrende Vergangenheit zu entmachten« (BT, S. 156). Die

Auflösung der destruktiven Kraft der Vergangenheit und die dadurch mögliche Freilegung ihrer positiven Kraft verwirklicht sich oft in einem einzigen Traum. »In einer einzigen kurzen Zeitspanne, im Ablauf weniger Sekunden, kann der Traum einen solchen tiefenpsychologischen Prozeß widerspiegeln und ausdrücken, den das Bewußtsein dann lange verarbeiten muß. Entmachtung der bösen Vergangenheit, Ermächtigung der in ihr verborgenen guten Vergangenheit, die in eine gute Zukunft weist« (BT, S. 156).

»Und nun stellt sich die Frage: Wirkt der Traum deshalb in einer anderen Zeitstruktur, weil hinter dem Traumbewußtsein eine lange, vielleicht jahrelange unbewußte Arbeit steht; oder entfaltet der Traum eine Heilfunktion, weil er dem Augenblick seine ganze Würde als Mitte der Zeit und als Stätte der Entscheidung zurückgibt?« (BT, S. 156). Aufgrund vielfältiger Erfahrungen schließt er, daß beides wahr ist: Der Traum kann einen tiefenpsychologischen Prozeß widerspiegeln, er kann ihn aber auch bewirken.

Das duale Unbewußte

Den Reichtum phänomenologischer Beschreibungen, mit dem Benedetti in seinem Buch »Psychotherapie als existentielle Herausforderung« von den therapeutischen und allgemein menschlichen Interaktionen zwischen zwei Unbewußten spricht, faßt er in der späten »Botschaft der Träume« zusammen und schafft das Konzept des »dualen Unbewußten«. Er versteht diese Sichtweise als Ergänzung und zugleich auch als Weiterführung der Konzepte des Unbewußten sowohl von Freud wie von Jung, auf deren Theorien er seine Traumkonzeption teilweise aufbaut und auf die er oft zurückkommt. Neben das individuelle Unbewußte Freuds und das kollektive Jungs stellt er ergänzend das »duale Unbewußte«.

Das duale Unbewußte wird nach ihm sichtbar in Phänomenen, die er in den Therapien beobachtet und erforscht und die er auch in seinem späten Werk beschreibt. In der therapeutischen Situation »bilden sich Symmetrien, Synchronien und Symbiosen zwischen den Selbst-Systemen der beiden Partner, die, obwohl nicht immer faßbar, dennoch beiden Teilnehmern, dem Patienten und dem Therapeuten, für den Fortgang der Therapie wesentlich und sogar überraschend erscheinen; das heißt: sie sind nicht ohne weiteres rational verständlich.

Solche Symmetrien zeigen sich beispielsweise in überraschenden Entsprechungen zwischen Träumen, Phantasien und Einfällen der beiden und können nicht aus dem erklärt werden, was die beiden voneinander wissen«. Aus diesen Beobachtungen schließt er auf das Wirken eines dualen Unbewußten, das die therapeutischen Partner verbindet und zugleich umgreift.

Das duale Unbewußte, »das uns tragende Unbewußte« strebt in der Therapie nach der *Selbstfindung in der Beziehung*. Im therapeutischen Geschehen verwirklicht sich eine gemeinsame Selbstfindung: Der Therapeut findet in der therapeutischen Beziehung ebenso zu sich selbst wie der Patient. Dies zeigt sich mit »einer ergreifenden inneren Evidenz in der Psychotherapie von dem Augenblick an, da die vielen narzisstischen Entsagungen, die eine solche Arbeit mit sich bringt, relativ wenig wiegen im Vergleich zu der Erfahrung, daß der andere, der Patient, in der Begegnung mit mir aus einem Abgrund emporsteigt, der bodenlos schien, und mir dadurch den Boden bereitet, auf dem ich stehe und arbeite« (BT, S. 128).

Das Konzept des dualen Unbewußten, das zwar in der Beobachtung und Erfahrung der Psychotherapie entstanden ist, weitet Benedetti aus zu einer anthropologischen Wirklichkeit. Er sagt dazu: »Obwohl das duale Unbewußte eine Beobachtung und Erfahrung der Psychotherapie ist, ist seine Reichweite größer als diese und läßt sich überall dort wahrnehmen, wo Schicksals- und Lebensgemeinschaften einzelne Menschen miteinander verbinden. ... Was uns hier im geschützten Rahmen der Psychotherapie erscheint, ist ein fundamentaler zwischenmenschlicher Vorgang, der überall auch bei Verhältnissen der mitmenschlichen Nähe gefordert wird und der unter dem Vergrößerungsglas der Patient-Therapeut-Beziehung lediglich begrifflich-wissenschaftlich zugänglicher wird« (BT, S. 128).

Die im Raum des dualen Unbewußten entstehende neue Wirklichkeit, die »dritte Kraft« im therapeutischen Geschehen, nennt Benedetti schon in früheren Werken das *therapeutische Übergangssubjekt*. Er versteht darunter Verdichtungen von Teilen des Patienten und des Therapeuten, die sich im Geschehen der Therapie in mannigfaltiger Weise manifestieren können. In seinem späten Werk kommt er, diesmal von der Hermeneutik des Traums her, wieder ausführlich auf diese Thematik zu sprechen: In vielen Traumbildern begegnen ihm Gestaltungen des Übergangssubjekts, die das Wirken des dualen Unbewußten bezeugen. Sie können sich im Traum als »Konkretisierungen des vom Träumer introjizierten Therapeuten-Selbst« zeigen (BT, S. 121). Von der Funktion des Übergangssubjekts, so vielfältig seine Bilder und Gestalten in den Träumen auch sein mögen, kann zusammenfassend gesagt werden: »Es amplifiziert, bestätigt und setzt das therapeutische Verhalten fort, macht also den Patienten zum Therapeuten seines Selbst« (BT, S. 120).

Diese Verdichtungen entwickeln sich allmählich zu einer eigenen Seite des Patienten. »Übergangssubjekte sind psychische Urbilder, die aus der therapeutischen Kommunikation entstehen und die Teile des Patienten und Teile des Therapeuten verdichten, bis sie dann ganz allmählich im Lauf der Zeit zur eigenen Seite des Patienten werden« (BT, S. 113). Viele Leidende können »in der Psychotherapie eine eigene stärkere Seite erst dann entwickeln, wenn sie diese eine Zeitlang vom Therapeuten ›leihweise‹ übernehmen. Diese werdende Seite der Psyche muß für eine unbestimmte Dauer beiden gehören, dem Therapeuten und dem Patienten, bevor sie von dessen Selbst internalisiert wird« (BT, S. 117).

Benedetti vermutet, »daß Übergangssubjekte zu jeder tiefen teilenden, menschlichen Beziehung gehören. Diese Beziehung muß aber ausdrücklich eine therapeutische sein, damit wir Übergangssubjekt-Erscheinungen in einem Setting analysieren können – ähnlich wie die Übertragung, die auch im sozialen Leben immer vorkommt, aber nur im therapeutischen Setting analysiert werden kann« (BT, S. 114).

Immanenz und Transzendenz im Unbewußten

Aus vielen Bildern der Träumenden schließt Benedetti, daß sich in der Immanenz ihrer Symbole zugleich ein Transzendentes zu offenbaren scheint. In der Begegnung mit solchen Traumbildern, auch in der Begegnung mit eigenen Träumen, fragt er sich, ob die Wahrnehmung des Göttlichen im Unbewußten nur als eine Projektion oder vielleicht auch als eine Introjektion zu verstehen ist. Bei dieser Fragestellung denkt er zurück »an ein Gespräch mit C. G. Jung, bei dem wir vom ›Tibetanischen Totenbuch‹ sprachen; er ließ die Bemerkung fallen, die gesamte Götterwelt sei doch nur eine Projektion des kollektiven Unbewußten. ›Wie‹, wandte ich ein, ›wenn das kollektive Unbewußte eine Introjektion der Götterwelt wäre? Er schwieg eine Weile und meinte dann: ›Das ist die andere Seite der Wahrheit‹« (BT, S. 78).

»Das ist die andere Seite der Wahrheit« ist auch Benedettis eigene Antwort. Er sucht beide Seiten zu sehen, beide Seiten sind »wahr«; Immanenz und Transzendenz im Traum bilden in seiner Sichtweise ein Gegensatzpaar. Im meditierenden Verstehen der vielen Traumbilder, in welchen auch »die andere Seite der Wahrheit« sich auszudrücken scheint, erkennt er, »daß die Transzendenz sowohl im Traum als auch in der Helligkeit des wachen Geistes zum Menschen in der Sprache spricht, mit welcher er sie anruft und in den Bildern erscheint, in denen dieser sie sucht« (BT, S. 85). Dies ist in seiner Sichtweise eine Grunderfahrung nicht nur der unbewußten, sondern auch der bewußten, in geistiger Wachheit gesuchten Begegnung mit dem Göttlichen.

Benedettis Hermeneutik des Traums will ein therapeutisches Verstehen sein. Darum erinnert er daran, daß für den Psychotherapeuten jene Sichtweise und jene Erlebensdimension richtig ist, welcher der Träumende sich im therapeutischen Gespräche öffnet: »In der Psychotherapie dürfen wir freilich keine philosophischen Konzepte entwickeln, sondern müssen auschließlich beim Erleben des Patienten bleiben« (BT, S. 72). Der Therapeut darf und soll in seinen eigenen Meditationen der Traumbilder »beiden Wahrheiten« offen sein, er darf aber nie einen Wahrheitsanspruch vertreten. In vielen Traumbildern stehen wir vor solchen Fragen, und die Offenheit für das Erleben des Patienten ist entscheidend für die therapeutische Wahrheitsfindung.

Wenn der Träumende seinen Traumbildern offen begegnet, führen ihn diese Bilder oft in eine Begegnung mit einer Wahrheit, die zwei Seiten hat: Es sind Bilder, die obwohl aus den Tiefen des eigenen Selbst kommen, eine Ahnung eines anderen Ursprungs in sich tragen.

In den Bildern eines eigenen Traums sucht Benedetti zu zeigen, wie sich in einer Traumerfahrung beides verbinden kann. Auch in seinem eigenen Traum sind beide Seiten der Wahrheit erfahrbar, »Immanenz versus Transzendenz« als zwei mögliche Gesichter, die sich nicht ausschließen. Folgen wir seinen ganzen Überlegungen: »Vor wenigen Jahren träumte ich: ›Ich befinde mich in S. Gregorio, einem kleinen Dorf unweit meiner sizilianischen Heimatstadt, in einem Haus meiner Vorfahren, in dem ich als Kind stets die Sommerferien verbrachte und das ich als die eigentliche Wiege meiner Lebensgeschichte betrachte. Es ist früh am Tag, die schöne Morgensonne dringt durch die Fenster und strahlt in die Räume mit einer solchen Brillanz und Heiterkeit, als ob in ihren Strahlen und den Farben der Umgebung ein Hauch meines weiteren Lebens enthalten sei. Wie alt bin ich? Alterslos, vielleicht ein

Kind, vielleicht ein Junge oder schon ein alter Mann? Die ganze Lebensgeschichte ist in diesem einen Augenblick enthalten. Plötzlich beginne ich, eine Art Bach-Musik zu hören; sie ist aber nur wie eine Bach-Musik, ist irgendwie noch unvergleichlich tiefer und ›überirdischer‹. Dann merke ich, daß die Musik aus meinem eigenen Geist kommt. Nicht ohne Schrecken, vielmehr mit jenem Schrecken, von dem man sagt, daß man ihn vor einer Gotteserscheinung haben müsse, erkenne ich, daß ich die Musik nicht nur höre, sondern gleichzeitig auch denke: sie wird mir hörbar im gleichen Augenblick, da ich sie denke. (Was mit solchem Denken gemeint war, kann ich nicht sagen, da ich mich mit Musiktheorie nicht auskenne und kein Instrument spiele.) Die Evidenz, daß dies alles ein Wunder ist, erlebe ich doppelt: durch mein eigenes innerseelisches Gefühl und im Spiegel des ehrfürchtig erschrockenen Gesichts meines Bruders Calogero, der bei diesem Wunder anwesend ist. Er spürt auch, daß ich die Musik denke, die wir beide hören« (BT, S. 73).

Benedetti versteht diesen Traum zunächst in der Perspektive eines immanenten Zugangs zu seinen Bildern: »Wenn ich nun diesen Traum unter dem Gesichtspunkt der Immanenz deuten darf, kann ich sagen, daß er am Anfang einer sehr bedeutsamen Phase meiner Lebensgeschichte stand, in der mir viele neue Erkenntnisse zuteil werden sollten, die andrerseits – rückblickend – bereits in der ›Musik‹ meiner Kindheitstage als Keim enthalten waren. Ich konnte den schlummernden Geist meiner Kindheit ›hören‹, weil ich ihn als Erwachsener ›dachte‹« (BT, S. 74).

Dann aber fährt er weiter und öffnet sich der »anderen Seite der Wahrheit«. »Wie aber, wenn wir diesen Traum als einen Besuch der mich ›umgreifenden‹ – wie Jaspers sagen würde – Transzendenz verstehen würden, als einen Augenblick, da sich einem Gott offenbart? Gewiß fühle ich mich als Wissenschaftler verpflichtet, alles Geschehen zunächst vom Gesichtspunkt der Immanenz aus zu erklären. Aber ein Spruch der alten vedischen Weisheitslehre läßt Außen- und Innenwelt als Einheit erleben: ›Offenbare DICH in mir!‹« (BT, S. 74)

Wie das Archetypische nur im lebensgeschichtlichen Individuellen sich ausdrücken kann, so findet auch das Transzendente nur in den Bildern des Immanenten zum Ausdruck. Transzendenz kann sich nur in der Immanenz erahnen lassen, in den Bildern des Immanent-Lebensgeschichtlichen, und sie ist darin nur als »Chiffre« vernehmbar.

Benedetti sucht das Unbewußte mit seinen nie ganz zu ergründenden Dimensionen in einen weiteren Zusammenhang zu stellen: Was er als menschliche Urerfahrung bezeichnet, wird nicht nur am Anfang unserer Existenz gelebt, sondern wird als Grunderfahrung aller Beziehung während des ganzen Lebensweges gesucht und verwirklicht. Auch in der *religiösen Erfahrungsmöglichkeit* des Menschen glaubt er mehr und mehr eine Verwirklichung dieser anthropologischen Grunderfahrung zu erkennen. In vielen Traumbildern, denen er in den Therapien begegnet, erscheint ihm die menschliche Urerfahrung von Einssein und von Getrenntsein als eine Beziehungserfahrung auch in der Begegnung mit der transzendenten Dimension. Das gleichzeitige Suchen und Erfahren von Symbiose und Trennung erleben wir »auch in der Beziehung zu Gott; auch hier auf der einen Seite das Bewußtsein des abgründigen Unterschieds, sogar der Unmöglichkeit, wie die Mystiker uns sagen, Gott in seiner Essenz zu erkennen; auf der andern Seite erlebt der Mensch Gott in seiner tiefsten religiösen Erfahrung symbiotisch« (BT, S. 49). Er spricht von der Erfahrung der Mystiker, einer Erfahrung, in der erlebt wird, »daß das Subjekt sich in Gott auflöst und sich als ein Funke von ihm neu entdeckt, daß Gott seinerseits im Subjekt wohnt und es sich gleich macht« (BT, S. 50).

Im Raum des dualen Unbewußten, das in den Therapien zwei Menschen verbindet und trägt, erlebt Benedetti eine vergleichbare Erfahrungsdimension: Er erfährt »in der unbedingten Liebe zum Leidenden«, wie sie sich in der Therapie verwirklicht, das Sichtbarwerden einer Transzendenz. »Es gibt aber in diesem menschlichen Leben einen Ort, wo die Liebe zu den Leidenden, ja die Verpflichtung, ihnen nach Kräften zu helfen, das Ewige ist, das im Vergänglichen erscheint. Eine solche Erscheinung ist insofern Transzendenz, als sie etwas Absolutes an sich hat« (BT, S. 128). In der Therapie »erscheint« in diesem Sinne die Transzendenz. »Ein erstes überpersönliches Moment liegt darin, daß die geistige Liebe ... die ein Therapeut für seine Patienten empfindet, ihm die eigentliche ›Chiffre der Transzendenz‹ bedeutet, um hier ein Wort von Jaspers zu gebrauchen« (BT, S. 127).

Eine »Chiffre der Transzendenz« erscheint Benedetti auch im Phänomen der menschlichen Sehnsucht. Auf dem therapeutischen Weg zu sich selbst, zu seinen eigenen Tiefen, drückt sich nach seiner Erfahrung in vielen Träumen ein unstillbares Verlangen aus, »die Stimme einer Sehnsucht«. Schon im frühen Werk versteht er das Erwachen von Sehnsucht im Leidenden als das Aufscheinen einer beginnenden Heilung. In seinem späten Werk führt er das Wahrnehmen der Sehnsucht, die in vielen Träumen erlebt, (und auch im wachen Leben erfahren wird), in eine metaphysische Sichtweise hinein: Sehnsucht weist über sich hinaus, sie bricht den Menschen auf für die Dimension des Transzendenten, in der sein Wesen wurzelt; und darin gerade gehört sie zur Conditio humana. In der Möglichkeit der Sehnsuchtserfahrung zeigt sich eine Grunddimension menschlicher Existenz; die »unstillbare Sehnsucht« stellt »des Menschen Zugehörigkeit zum Unendlichen und seine Abstammung von einem transzendenten Sein unter Beweis« (BT, S. 26).

Dies ist möglich im Wissen darum, daß »die Welt, in der wir leben, ... nicht und niemals die volle Existenz, aber eine sinnvolle Metapher« ist (BT, S. 126). Die Sehnsucht verweist uns auf eine andere Dimension.

Tod und Neubeginn im Unbewußten

Menschliche Existenz gründet in der Situation der Gefährdung, darum findet der Mensch nirgends so zu sich selbst wie in der Grenzsituation von Leben und Sterben. »Es gehört zur Tiefe der menschlichen Existenz, daß sie sich am klarsten im Tod versteht« (BT, S. 101). Um diese Gefährdung weiß das Unbewußte, weiß, »daß menschliches Leben grundsätzlich in der Situation der Auseinandersetzung mit dem Tod, in der Situation der existentiellen Gefährdung wurzelt, die sich gelegentlich auch im Traum spiegelt« (BT, S. 90). Das Erleben von Grenzerfahrung kann zu einer tieferen Selbstbegegnung führen: »Man begegnet sich selber im Tode, also gerade in einem Zustand, wo die Selbstwahrnehmung auszulöschen beginnt« (BT, S. 109).

Es gibt oft eine Todesahnung, die sich im Traumbild ausdrückt. Solche Ahnungen meinen nach Benedettis therapeutischer Erfahrung nicht unbedingt den leiblichen Tod; im Unbewußten gibt es ein Wissen um ein seelisches Sterben, um Entfremdung und Selbstverlust, die als ein wirkliches Sterben erahnt werden können. »Denn für unser Unbewußtes ist das leibliche Leben nicht einmal so wichtig wie für den Verstand; ein Verlust der Entfaltungs- und Ausdrucksmöglichkeiten, etwa infolge einer chronischen Neurose, oder gar eine fortschreitende geistige Umnachtung, haben genau dieselbe Bedeutung« (BT, S. 90).

Meist aber begegnen Benedetti »Todesträume, in denen sich neben diesem negativen Symbol ein positiver Aspekt des Lebens, des Wandels, des Neubeginnes, der Auferstehung – wenn auch oft nur latent – findet« (BT, S. 91). »Obwohl wir – rückblickend – von Sterben und Tod als der Voraussetzung dieses neuen, gewandelten Leben sprechen, können wir angesichts der Todeserfahrung im Traum doch nicht von vornherein wissen, ob sie wirklich ins Leben führen wird. ... Die Bedingung der Wandlung ist die unerbittliche Bedingungslosigkeit, eben die Todesseite des Traums. Erst dann kann sich – und das ist nicht selten der Fall – im selben Traum nach der größten Todesangst eine Wende zum Leben ankündigen« (BT, S. 91).

Benedetti stellt damit die Frage nach dem »unbewußten Wissen« des Menschen um seinen Tod. Aus den Erfahrungen der Träumenden, aus ihren oft intensiven Bildern zu Sterben und Tod, schließt er, daß »das Unbewußte, aus dem der Traum kommt, über dem Tod steht« (BT, S. 81) und unsere »unbewußte Seele ... eine umgreifendere Todesvorstellung« hat als das Bewußtsein (BT, S. 90). Diese gründet im Wissen um die Zusammengehörigkeit von Sterben und Wandlung, von Sterben und Neubeginn: »Ohne Untergang und Tod keine Auferstehung, kein neues Leben« (BT, S. 97). »Erst aus beiden Polen – Absterben und neue Entfaltungsmöglichkeiten« ergibt sich »die ganze Botschaft des Traums an den Träumer« (BT, S. 95).

Die Überwindung des Todes, das Erleben von Wandlung durch Sterben hindurch ist oft nur in der psychotherapeutischen Dualität möglich. Das Unbewußte des Leidenden arbeitet dann gleichsam schon in und aus der Hoffnung auf die psychotherapeutische Dualität; und Todesträume können oft erst aus solcher Hoffnung heraus entstehen. In der therapeutischen Dualisierung wird es möglich, »hinter dem vordergründigen Traumgeschehen von Tod und Begräbnis die Möglichkeit des Gegenpols ›Wandlung und Leben‹ zu erkennen« (BT, S. 94).

Die Begegnung mit Sterben und Tod in den Therapien führt auch den Therapeuten in eine Begegnung mit dem eigenen Todesbild. »Es kann natürlich auch vorkommen, daß das Todesbild des Patienten das unbewußte Todesbild des Therapeuten aktiviert, liegt doch menschlichem Dasein, das zwischen Geburt und Tod eingespannt ist, schlechthin ein kollektives Todesbild zugrunde.« Gerade in dieser Selbstbegegnung wird eine »Internalisierung des Todesbildes des Patienten durch den Therapeuten« als »Ausdruck einer besonders intensiven therapeutischen Zuwendung, einer unbewußten Identifikation, einer Übernahme des Schicksals des Patienten« möglich (BT, S. 103).

»Eine Seite des Therapeuten übernimmt den ›Tod‹ des Patienten und identifiziert sich mit ihm, so daß eine andere Seite die Lebensmöglichkeit des Patienten vertreten kann. Ein und derselbe Traum spiegelt also beide Pole: Tod und Lebensmöglichkeit« (BT, S. 163).

Die Überwindung des Todes durch die psychotherapeutische Dualisierung verweist letztlich auf einen tieferen Grund: »Die Überwindung des Todes im Traum durch die Erfahrung der Dualisierung hat ein Fundament im Unbewußten darin, daß der Tod das Symbol der letzten und absoluten Einsamkeit ist. Dualität bedeutet im Unbewußten schon als solche Überwindung des Todes« (BT, S. 104).

Im Raum des Hoffens

Hoffnung ist in Benedettis Werk eine tragende Grundkraft, eine Dimension, in der sich eine neue therapeutische Sichtweise, heilendes Handeln und wissenschaftliches Erkennen verwirklichen, so sagte ich zu Beginn unseres Weges. Und weiter: Dieses Hoffen ist in allem vernehmbar als Wirkkraft, auch wenn sie selten als solche explizit ausgedrückt wird. In meinen abschließenden Betrachtungen stellt sich die Frage nach dem Wesen seines Hoffens.

Hoffen als Weg in Benedettis Werk: Begegnung und Hoffnung

Vergegenwärtigen wir uns kurz, wie die Dimension der Hoffnung schon früh in Benedettis Leben wesentlich war, die in und durch die Verzweiflung hindurch erlebte Hoffnung, die wissende Hoffnung. Darum kann er in seinem Lebensrückblick sagen, daß ihn die Dimension der Hoffnung gerade in der Situation der Verzweiflung immer fasziniert hat (vgl. seine Lebensrückschau in »Psychoanalyse in Selbstdarstellungen«, Bd. II, 1994).

Er erlebt als Kind die Grundhoffnung, die aus der Geborgenheit erwächst. Das Leiden des Kindes an der Existenz, das Wahrnehmen seiner Einsamkeit, ist eingeholt in eine tiefe und tragende Form von Hoffnung, eingebettet in die Geborgenheit seines Daseins in der Liebe.

Das Erleben von Einsamkeit in seiner Kindheit öffnet ihn für das Wahrnehmen menschlichen Leidens, für das Wissen um die existentielle Einsamkeit des Menschen. Aus dieser seiner Einsamkeitserfahrung wird für ihn aber auch die Erfahrung von Dualität möglich: Die Hoffnung, die im Erleben und Erschaffen von Dualität sich verwirklicht, ist eine Grunderfahrung, die Benedettis Weg als Therapeut und als Forscher prägt.

Hoffnung erlebt er aus der Daseinssicherheit des Religiösen: Die Religiosität seiner Mutter nährte schon im Kind den Glauben »an eine nicht zerstörbare Tiefe der menschlichen Seele«. Dieser Glaube wird zu einem tragenden Boden für seinen Hoffnungsweg zum Leidenden hin.

Hoffnung wächst auch aus dem Miterleben des tätigen Handelns. Der Vater als Chirurg verwirklicht in seinem unermüdlichen Einsatz für die Kranken Hoffnung in der Form des tätigen Daseins für Leidende. Das Kind verinnerlicht des Vaters Liebe für die Kranken, und es hofft mit ihm.

Aus den Hoffnungserfahrungen und den Leidenserfahrungen der Kindheit, aus der daraus wachsenden »wissenden« Lebenshoffnung entsteht das »Prinzip Hoffnung«, in welchem sich sein therapeutisches Arbeiten und sein damit verbundenes wissenschaftliches Suchen verwirklichen kann. In der Therapie ist Hoffen immer ein duales Geschehen, auch wenn in der erlebten Hoffnungslosigkeit des Leidenden zuerst oft nur der Therapeut ein Hoffender ist. In der *Übertragungshoffnung* ist die Hoffnung schon immer eine duale, denn es kann der Therapeut *anstelle* des Leidenden und *für ihn* Hoffnung leben und durchleben. Therapeutische Hoffnung wird in diesem Geschehen vom Patienten erahnt, sie erwacht und keimt unbewußt in ihm, auch wenn es noch nicht seine eigene sein kann.

In der ganzen Zuwendungsweise Benedettis zu den Leidenden lebt ein tiefes, unaufhörliches Hoffen, das zu erkennen sucht, was werden will. Darin wirkt das Geheimnis seines Hoffens: sich auf das Werdende auszurichten, es wahrzunehmen, auch wenn es noch verborgen liegt, es zu wecken, zu pflegen und in seinem Wachsen zu begleiten. In dieser Zuwendung erschafft er »Raum für die Hoffnung«, kann »der Hoffnungslosigkeit des Kranken« eine *Dennoch-Hoffnung* entgegenhalten. – Hoffnung erwacht auch durch Ermutigung und durch Positivierung. Der Therapeut drückt dem Leidenden seine Zuversicht in dessen Wachstumsmöglichkeiten aus.

Oft bleibt das Leiden, aber es wird anders getragen, »wenn jene Dimension der Hoffnung gefunden wird, die sich eigentlich nur im wahrhaft verstehenden Gespräch erschließt«.

Solche Hoffnung, die sich in einem dualen Raum verwirklicht, wächst aus dem Vertrauen in die Unzerstörbarkeit des Seelischen. Ermutigung, Übertragungshoffnung, Positivierung sind Ausdruck eines letzten Vertrauens in die Kontinuität und Unzerstörbarkeit des Seelischen. In der therapeutischen Hoffnung »erscheint das Ewige im Vergänglichen«.

Aus der Wirkkraft der therapeutischen Hoffnungserfahrung sieht Benedetti »Hoffnung als psychotherapeutisches Grundprinzip«, ohne das keine Therapie möglich ist. Hoffnung wird in seiner Sichtweise zu einer Grunderfahrung, die über sich hinaus in eine metaphysische Dimension weist. Hoffnung lebt aus der Ahnung einer letzten, wirklichen Realität.

Wege zu einer Metaphysik des Hoffens

Benedetti sucht Psychologie und Biologie zu verbinden: In allen Dimensionen seines Denkens ist ein Wissen um die menschliche Ganzheit vernehmbar, wir begegnen bei ihm einer Sichtweise, in der die menschliche Verwurzelung im Biologischen immer mit bedacht wird, auch wenn dies nicht explizit ausgesprochen ist.

Wenn wir Hoffnung als eine Grundkraft verstehen, die sich auf Werdendes ausrichtet, auch wenn dieses erst keimhaft erahnbar ist, verstehen wir, daß die Hoffnungsdynamik schon im Biologischen angelegt ist und daß *Hoffnung biologische Wurzeln* hat.

Vielleicht wird Benedettis Sicht zusammengefaßt in der Aussage, daß der Lebensbewegung die Richtung auf die Zukunft immanent ist. Führen wir die verschiedenen Aspekte dieser Lebensbewegung als Dynamik des Werdens zusammen.

Hoffnung ist grundgelegt in der Struktur des menschlichen Gehirns: Benedetti spricht vom Gehirn als einem Lebensbaum, der in seiner Struktur auf Wachstum und Umgestaltung angelegt ist. – Psychische Funktionen formen sich interindividuell, menschliches Werden und Wachsen verwirklicht sich in einem Beziehungskontext. Die Offenheit für die Erfahrung von Dualität und das Streben danach, nach Benedetti eine Grunderfahrung allen Hoffens, ist biologisch angelegt. – Auch das Streben nach der Erfahrung der Weltstruktur durch erkennende Auseinandersetzung mit ihr, die Grundkraft des Lernens, zeigt, daß schon im biologisch angelegten Streben nach der

Wechselwirkung mit der begegnenden Welt Wachstum sich verwirklicht.

Das Leben drängt in dieser Sichtweise auf allen Ebenen zu Wachsen, Lernen, es will Gestalt werden. Leben ist im Werden, und in dieser Grundbewegung alles Lebens werden die biologischen Wurzeln des Hoffens sichtbar.

Wachsen und Hoffen ist nur in der dualen Beziehung möglich. Vertrauendes Wachsen geschieht »in der Kommunikation, in der Freundschaft, in der Liebe, in der Psychotherapie« (PL, S. 78). In der Begegnung sind Wachsen und Hoffen eine dynamisch zusammenwirkende Grundkraft.

Diese Dynamik findet ein zentrales Symbol im Bild des Weges. Wenn Benedetti seine therapeutischen Erfahrungen darstellt, braucht er einen großen Reichtum an Bildern, in denen *Menschsein als Unterwegs-Sein* sich ausdrückt. Es ist vor allem die Erfahrungsweise der therapeutischen Dualität, die sich in Weg-Bildern zum Ausdruck bringt: Viele Träume und Phantasien sind Bilder des Weges, des Unterwegs-Seins, der gemeinsamen Wanderung als duales Schicksal. Benedetti selbst braucht für sein Erleben als Therapeut solche Bilder: Sie zeigen Dualität als Eintreten des Therapeuten in die trostlosen Landschaften des Leidenden: Er ist mit ihm unterwegs, er wird zu seinem Weggefährten auf einem gemeinsamen Lebensweg, wird zu seinem Lebensgefährten, er ist sein Wegbegleiter. Und es sind die Patienten, die solche Bilder im Traum und in der wachen Phantasie entwerfen: Sie durchwandern mit ihrem Therapeuten die Wüste, die beiden sind unterwegs am Verdursten, am Verhungern, in der sengenden Hitze oder in der Kälte einer Polarnacht ...

So sind auch viele Traumbilder, die in Benedettis Therapien und Analysen entstehen, Bilder des Weges, Bilder des gefahrvollen Unterwegsseins vielleicht, Bilder auch des hoffenden Aufbrechens. Nach seiner Auffassung entwerfen sich solche Traumbilder im dualen Unbewußten des therapeutischen Geschehens, der Therapeut wirkt unbewußt mit an der Gestaltung der Traumbilder seiner Patienten. Solche Bilder können nur Gestalt finden, wenn der Therapeut in seiner Seinsweise ein Wandernder ist und bleibt, wenn er selbst sich in einer Grundbestimmung des Unterwegsseins erfährt und bereit ist, aufzubrechen und immer neue Horizonte zu sichten.

Dürfen wir daraus schließen, daß eine Grunderfahrung Benedettis ein existentielles Unterwegssein ist? Weg und Hoffnung sind eine

Grunderfahrung der Conditio humana. Sie weisen auf einen Horizont hin. Menschsein als »Homo viator« (Gabriel Marcel), als Wandernder, heißt vielleicht in Benedettis Welt auch Menschsein in der Seinsweise des Hoffens.

Der »Hoffnung als psychotherapeutisches Grundprinzip« begegnen wir in Benedettis *Zugangsweise zum Traum*: Er liest den Traum in der Therapie mit einem Blick des Hoffens; er begegnet der darin sich offenbarenden Bildsprache mit einem für das therapeutische Hoffen offenen Auge. Immer und immer wieder entdeckt er in einem auch noch so trostlosen Traum die *andere* Aussage. »Man muß in einer sehr tiefen Identifikation gleichsam an der Stelle des Patienten stehen, um dann aus dessen Perspektive heraus doch etwas Neues erblicken zu können« (BT, S. 38). Auch in düsteren Träumen erblickt er Zeichen eines »zaghaften Neuanfangs«, spürt »eine zarte Hoffnung« auf; ja das Träumen an sich wertet er schon als eine Art Bewältigung, weil das Leiden, das Dunkel darin zu Gestalt werden kann und in die therapeutische Dualität hineingegeben wird.

Solches Hoffen gründet in der Überzeugung, daß im Traum Offenbarung des Eigentlichen geschieht, »das uns sonst in den zerstreuenden und verdrängenden Einzelheiten des wachen Lebens verlorengeht« (BT, S. 41). Es erscheint »das Eigentliche an sich«.

Das Eigentliche erscheint als ein Verweisen auf die mögliche menschliche Ganzheit: Der Traum öffnet den Zugang zu der anderen Seite der menschlichen Existenz; er läßt das zum Bild werden, was keimen will – er zeigt, was vielleicht erst durch Sterben hindurch neu werden kann. Es ist »die verborgene andere Seite, die verschlüsselt im Traum erscheint«, die es dem Träumenden ermöglicht, »die positiven Seiten seines Selbst zu realisieren« (BT, S. 28). Der Traum »vertritt die Weisheit des Lebens gegenüber allen Zugriffen, die die Ganzheit aufheben wollen« (BT, S. 55).

Aber auch das in der Selbstentfremdung Verpaßte, das nicht mehr nachzuholen ist, zeugt von solcher Ganzheit, denn »das schauende, erkennende Selbst, das die eigene, behinderte Seite erfaßt, begreift und annimmt« erlebt in solcher Erfahrung »die Ganzheit des Menschseins aus dem Wissen um eine innere Heimat, wo auch das Verunmöglichte seinen Platz findet« (BT, S. 108).

Zu diesem Eigentlichen, zur menschlichen Ganzheit, gehört das Wahrnehmen der *Geschichtlichkeit* des Menschen: Es ist eine Geschichtlichkeit, die uns zugehört – das zeigt der Traum eindringlich –, er zeigt aber auch, daß sie veränderbar ist. Nach Benedetti erfahren wir daher nirgends so sehr die Geschichtlichkeit unseres Daseins wie im Traumerleben; und zugleich erfahren wir nirgends so sehr die Veränderbarkeit dieser Geschichtlichkeit. In seinem Hinweisen auf diesen Aspekt des Träumens erleben wir Benedettis therapeutisches Hoffen, seine Offenheit für das Neuwerden gerade aus der kreativen Integration des Vergangenen, für das Keimen des Neuen aus den durchlebten Schmerzen und dem Dunkel des Früheren.

Hoffen drückt sich darin aus, daß der Traum schon aus der Dynamik der therapeutischen Dualität heraus sich gestaltet. Er entsteht aus Begegnung und ermöglicht neue Begegnung. Er strebt zu heilender Selbstbegegnung in der therapeutischen Begegnung. In der Therapie wird jeder Traum zu einem Ort der Begegnung, für den Patienten wie für den Therapeuten.

Therapeutisches Hoffen wirkt vor allem in der *Dimension des dualen Unbewußten*, das zwei Menschen in einer gemeinsamen Gefährdung trägt und umgibt. Das duale Unbewußte weist auf die Möglichkeit des gemeinsamen Wachsens, der Entfaltung mit und durch den anderen. Therapie wird dann zum Ort, wo Patient und Therapeut gemeinsam wachsen, getragen von der therapeutischen Hoffnung, welche sich aus der Quelle des dualen Unbewußten, des sie beide »umgreifenden und tragenden Unbewußten«, nähren kann.

Wenn wir zum Schluß unserer Begegnung mit Benedettis Werk nach personalen Grunderfahrungen fragen, wird sichtbar, daß seine therapeutische Arbeit über das empirisch Erfahrbare hinaus führt und auf eine *metaphysische Dimension* verweist. Sein Heilen und Forschen sieht er auch in einer Perspektive von Transzendenz, es ist ausgerichtet auf »einen absoluten Geist«, auf »das unerforschbare Ziel unserer menschlichen Sehnsucht«. Sein therapeutisches Wirken erfährt er als ein Teilnehmen an der Transzendenz, »an jener Wahrheit, in der ich einmal aufgehen werde« (W, S. 31). Seine Fragen werden zu Fragen der Metaphysik, es ist das Fragen und Suchen eines dem Heilen und Forschen verpflichteten Metaphysikers.

Wir begegnen in seinem Werk einem wenig ausgesprochenen, aber alles durchwirkenden Grundbezug zur Transzendenz, die in allem therapeutischen Wirken als »Chiffre« des Anderen erscheint. Sein Ringen um den Zugang zu den Welten des Leidenden ist erfüllt von einem Sich-Wissen in einer umfassenden Dimension, von einer Erfahrung der Teilhabe an einer transzendenten Wahrheit. Sein Erkennen, das therapeutische Erkennen des leidenden Mitmenschen, das darauf aufbauende wissenschaftliche Erkennen des Forschers, gründet in dieser Teilhabe, es weist über sich hinaus in eine metaphysische Dimension. Es ist der »Ort«, wo in der geistigen Liebe des Therapeuten zum Leidenden, in der Unbedingtheit dieser Liebe »das Ewige im Vergänglichen erscheint«. Die Kunst des Hoffens »gründet in der Erfahrung, daß die Urdimension der Existenz Liebe ist«.

Vergegenwärtigen wir uns nochmals seine Worte zu einem eigenen Traum: »Wie aber, wenn wir diesen Traum als einen Besuch der mich ›umgreifenden‹ – wie Jaspers sagen würde – Transzendenz verstehen würden, als einen Augenblick, da sich einem Gott offenbart? Gewiß fühle ich mich als Wissenschaftler verpflichtet, alles Geschehen zunächst vom Gesichtspunkt der Immanenz aus zu erklären. Aber ein Spruch der alten vedischen Weisheitslehre läßt Außen- und Innenwelt als Einheit erleben: ›Offenbare DICH in mir!‹« Vielleicht spricht sich darin das tiefste und wahrste Wort zu Benedettis Weg und Welt aus, zu seiner Erfahrung von Einheit und Ganzheit, die er uns vermittelt, zu seinem Lieben als Erkennen und seinem Erkennen als Lieben: »Offenbare DICH in mir.« Diese Einheit, sie erscheint uns vielleicht als ein Offenbarwerden aus jener Urquelle des Lebens, in welcher Erkennen und Lieben schon immer eins sind.

In diesen Dimensionen beeindruckt Benedettis persönliches Bekenntnis, wenn er, nach lebenslangem Heilen und Forschen, sagt: »Die Psychotherapie ist eine Schule der Selbsterkenntnis, die demütig macht« (P, S. 145).

Gaetano Benedetti

Die verborgene Wahrheit

Die Psychotherapie der Psychosen, die ich seit fünfzig Jahren ausübe und lehre, kann auf zwei verschiedene Arten verstanden werden:
- einerseits als ein spezialisiertes Wissen, als eine besondere Methode, deren Gültigkeitsbereich jene schweren psychischen Störungen umfaßt, die wir Psychosen nennen. Es handelt sich dann um einen Ansatz, der die Komplexität des »Phänomens Psychose« einschließlich seiner biologischen Wurzeln keineswegs leugnet, der aber mit Überzeugung und Nachdruck die Auffassung vertritt, daß der Dialog mit diesen Kranken nicht nur möglich, sondern, anthropologisch gesprochen, eine Pflicht ist.
- Der zweite Ansatz besteht in einer Reflexion über die existentielle Psychotherapie im allgemeinen im Licht der im Rahmen der Psychotherapie der Psychosen gemachten Erfahrungen. Diese Reflexion begrenzt sich nicht auf das Gebiet der Theorie, sie schlägt vielmehr eine Ausweitung der spezifischen Methoden auf alle an schweren seelischen Störungen Leidenden, ob sie nun schizophren, depressiv, borderline oder an schweren Neurosen erkrankt seien.

Da, wo die beschreibende Psychopathologie eingrenzt und trennt, da ist die Psychotherapie bemüht, die Patienten von dem her zu verstehen, was wir selbst sind, und sie kann daher verbinden und ausweiten.

In meiner Art, Psychotherapeut zu sein, versuche ich verschiedene psychotherapeutische Strömungen zu verbinden, nicht in einem eklektischen, sondern in einem integrativen Sinn. Von Freud habe ich das fundamentale Konzept des Unbewußten, der Übertragung, des Konflikts und des Widerstands, von Jung jenes der Kreativität des Unbewußten, des Archtypischen Unbewußten, der Gegenübertragung, von Marguerite Sechehaye das Konzept der symbolischen Realisierung, von Federn dasjenige der Ich-Grenzen, von Melanie Klein das

Konzept der projektiven Identifikation übernommen und integriert, um nur einige Beispiele zu nennen. Ausgehend von dieser psychoanalytischen Grundlage haben sich in mir neue Konzepte entwickelt wie die Positivierung, die progressive Psychopathologie, die therapeutische Imagination, das Übergangssubjekt. Aus einer solchen Vielfalt der Quellen hat sich nicht nur eine besondere Methode entwickelt, sondern auch eine eigentliche psychotherapeutische Haltung und Orientierung; dies ist somit eine Antwort auf die Frage, inwiefern meine Erfahrung ein Beitrag zur Entwicklung der Psychotherapie im allgemeinen darstellt.

In meinen Schriften spreche ich an sehr vielen Stellen von der teilweisen »Identifikation des Therapeuten mit dem Patienten«. Ich denke nicht, darin besonders originell zu sein; es ist eben dieser Verzicht auf Originalität und die Begrenzung auf das Hervorheben einzelner Aspekte, die es mir ermöglichen zu verallgemeinern. Unter dem Begriff der »Teilidentifikation« verstehe ich ein Interesse, ein Mitleiden, ein Mitfühlen, eine Aufmerksamkeit, eine teilnehmende Beobachtung, eine teilweise therapeutische Regression, eine Nähe zum Leiden, eine Bereitschaft, den anderen in seine eigene innerpsychische Welt aufzunehmen, ohne mit ihm zu verschmelzen: sich also in dialektischem Gegensatz zur eingrenzenden Sichtweise der Psychopathologie brauchen zu lassen, um mit den Augen des anderen zu sehen, mit den Ohren des anderen zu hören, den Zugang zu finden zu der allgemein menschlichen Dimension der Erfahrung und zu jener, ganz einmaligen, des Patienten.

Ein Teil unserer Person begibt sich im eigentlichen Sinn »an den Platz« des anderen. Das zeigen besonders die Träume der Therapeuten – welche sich relativ häufig in der Psychotherapie der Psychosen ereignen, die aber auch in jeder klassischen Therapie möglich sind –, Träume, in denen man überrascht ist, sich manchmal in den Kleidern des Patienten wiederzufinden, ja in seiner Sprache, in seiner nur ihm eigenen subjektiven Welt.

Diese erstaunliche menschliche Fähigkeit, die in uns allen lebt und die beim Therapeuten eine »existentielle Leidenschaft« wird, zeitigt Phänomene, deren Beschreibung verschiedene Ebenen, Modalitäten und Typen von Identifikation mit dem Patienten erkennen läßt.

1. Unter diesen erinnere ich zuerst an die teilweise Symmetrie des Unbewußten. Sie ist in der Psychotherapie der Psychosen so wesentlich, und ich habe so oft darüber geschrieben, daß ich hier nicht dar-

auf zurückkommen will. Ich möchte vielmehr die Bedeutung dieses Phänomens ausweiten, das, wenn es auch auf besonders sichtbare Art die Beziehung mit dem psychotischen Kranken betrifft, der unfähig ist, die Mitmenschlichkeit zuzulassen, sich in Wirklichkeit als Grundlage jeder existentiellen Psychotherapie erweist.

In keiner Psychotherapie dieser Art wäre ein Patient, der in der Regel sein Leiden vor der Welt zu verbergen sucht, fähig, sich einem Therapeuten zu öffnen, wenn er nicht die Therapie unbewußt als einen Vorgang empfinden würde, bei dem der andere sich neben ihn auf die gleiche Ebene stellt: homo sum, nihil humanum puto a me alienum (Mensch bin ich, und nichts Menschliches ist mir fremd). Ebendiese, meist unausgesprochene Botschaft sendet der echte Therapeut seinem Patienten und gibt ihm dadurch zu verstehen, daß er bereit ist, sich auf seine Existenzebene zu begeben – eine Botschaft, die diese Ebene somit für die Kommunikation öffnet.

2. Das bedeutet insbesondere auch, daß bei unserem Bemühen, den anderen zu verstehen, sei es intuitiv oder im Rahmen unserer rationalen Modelle, wir unsere eigenen Symbole erschaffen, ausgehend von den im Leiden erschaffenen Symbolen des Kranken. Dessen Welt der Symbole ist meist entstellt; die Art, wie wir diese Deformation verstehen, entspricht nie seinem wirklichen Erleben, das nur ihm selbst zugänglich ist; unser Verstehen ist ein Symbol seines Symbols. Unsere Modelle einer geistigen Krankheit, eines seelischen Leidens, einer Schizophrenie oder einer schweren Neurose, sind zahlreich, nie ganz verifizierbar, nie einheitlich faßbar und nie definitiv, weil es unsere Symbole sind, die wir ausgehend von den Symbolen des Patienten erschaffen.

3. All dies bedeutet nicht nur, den Patienten verstehen, seine Ausdrucksweise lernen, sie zu unserer eigenen machen, ihm seine eigenen Worte wieder herstellen und zurückgeben, mit ihm sein. Es setzt auch voraus, daß wir zum Teil in uns selbst das Drama des anderen nacherleben und miterleben, daß wir es internalisieren. Genau gesagt erleben wir es im Rahmen eines anderen Bewußtseins, das gewissen, beim Patienten eingeschränkten oder verschlossenen Erlebnisweisen offensteht; von daher wird, was bei ihm abgespalten, sprachlos und unbewußt geblieben ist, in uns selbst zu Bewußtsein, wird Sprache, wird Schmerz. Wir nehmen in uns selbst wahr, was der Patient nicht anders als in den Bildern der

Entfremdung wahrnehmen kann, gefangen im Schleier oder in den Mauern seiner Psychopathologie. Wir weiten den Horizont aus, auf welchem sich seine Symptome abzeichnen, das heißt seine deformierten Wahrnehmungen, um ihn teilnehmen zu lassen an der Art, wie wir sie erleben.

Alles das weist zurück auf den Prozeß der teilweisen Identifikation mit dem Patienten, darauf, daß wir mit einem Teil unserer Person mit ihm sind und in ihm, und seiner Welt in dieser »Hälfte« unserer selbst Gastrecht gewähren. Eine solche Form der Nähe kann sehr schön oder bedrückend sein, je nach Persönlichkeit des Therapeuten und des Patienten. Gewisse Therapeuten sagen, daß sie es als Freude empfinden, mit dem Patienten zusammenzusein, während andere, in schweren Fällen, dessen Gegenwart am Ende der Sitzung als Muskelschmerzen wahrnehmen, sie als »Last« auf sich fühlen.

Immer ist es jedenfalls ein wesentliches Problem, dem Kranken einen Teil unserer Person zu öffnen und zur Verfügung zu stellen und zugleich fähig zu sein, die andere Hälfte für uns zu behalten, bereit, sie gegen ihn zu verteidigen, sollte sein Suchen nach Symbiose maßlos sein.

Der »freie« Teil des Therapeuten bleibt verbunden mit dem »pathischen« Teil, der dort steht, wo der Patient ist; stets in Kontakt mit diesem, bleibt er dennoch außerhalb und bleibt ihm überlegen, und er ist deshalb fähig, jene tiefen Verwandlungen zu bewirken, die sich gleichzeitig auf der Ebene des Objekts und des Subjekts vollziehen. Wir können sie beschreiben, indem wir sie den drei großen zeitlichen Dimensionen der Vergangenheit, der Gegenwart und der Zukunft zuordnen.

a) Die Dimension der Vergangenheit. Wir verwandeln die Vergangenheit des Patienten – also das, was definitiv scheint –, indem wir dem Patienten ihre Perspektive, ihre Last, ihre Bedeutung, ihren Stellenwert aufzeigen, das heißt indem wir sie deuten. Das ist eine große Verwandlung, die von uns auch eine kognitive Leistung verlangt und nicht mehr ausschließlich eine einfühlende, identifikatorische. In den bald ungläubigen, bald erstaunten Augen des Patienten wird seine Vergangenheit durch unsere Deutung zu dem, was sie noch nie sein konnte in den Erfahrungsgrenzen seiner Krankheit: eine Vergangenheit, welcher der Patient nun selbst entgegentreten kann, statt erdrückt zu bleiben unter ihrer Last, die er nun in sich eingrenzen kann und in der er die Irrationalität, die Widersprüchlichkeiten, die Ungerechtigkeiten, die Heucheleien, die Unwirklichkeit und die Absurditäten entdeckt. Es handelt sich dabei um eine gemeinsame Arbeit des Umwandelns, die für alle Methoden der Deutung des Unbewußten gilt, die aber auch in allen, wie immer gearteten, existentiellen Therapieformen präsent ist – eine Arbeit an der krankmachenden Vergangenheit, die durch ihre Dualisierung zur geteilten Vergangenheit wird.

b) Die Dimension der Gegenwart. Mit diesem Begriff möchte ich keineswegs das bisher Gesagte wiederholen und daran erinnern, daß die Deutung der Vergangenheit immer in einer therapeutischen Gegenwart geschieht. Nein, unter »Vergegenwärtigung«, »Aktualisierung« und Unmittelbarkeit verstehe ich jene besondere Form von Wiederholung der Vergangenheit, die meist schmerzhaft ist und die man sowohl in den Träumen des Patienten als auch in vielen Formen der Übertragung beobachtet, in denen der Patient nicht zwischen Vergangenheit und Gegenwart unterscheiden kann, weil er diese letztere ausschließlich im Licht der Vergangenheit erlebt. Dieses Wiedereintauchen in die Vergangenheit, wie schmerzvoll es immer sein mag, ist stets viel mehr als ein Gedenken, eine Erinnerung, ein Urteil, das über sie gefällt wird; es ist vielmehr eine einzigartige Möglichkeit, ihr ein zweites Mal nahezukommen, heute, in der Gegenwart, um in ihr eine Richtungsänderung zu bewirken, zu der die Vernunft allein nicht fähig wäre.

c) Wir gelangen so zum letzten Punkt unseres Vorhabens, zur Verwandlung der Pathologie in der Perspektive der Zukunft: die Perspektive der Zukunft wird durch den Therapeuten eingeführt in eine eingeengte Welt, die vorwiegend das vergangene Leiden kennt und kaum sein kommendes mögliches Überschreiten. Die therapeutische Umwandlung ist auf vielfache Art der Zukunft zugewendet, zum Beispiel:
- Die aufmerksame Beobachtung der Träume des Patienten gibt uns Aufschluß darüber, wie er seine Zukunft angehen soll. So träumte eine stark aggressionsgehemmte (nicht psychotische!) Patientin, daß eine ihrer Ahnen, die bekannt war wegen ihres sanften und friedliebenden Charakters, ihr eine Pistole, die noch warm war vom letzten Schuß, in die Hand legte und dazu sagte: »Sei aggressiv!«, oder auch: »Vermeide dies und jenes. Lerne, was in dir an möglicher Bewegung, an möglicher Weiterentwicklung ist!«
- Aber nicht nur Träume können uns über solche Möglichkeiten Aufschluß geben. Die ganze Methode der gemeinsamen »Bildgestal-

tung als progressive therapeutische Spiegelung« (Peciccia) baut auf der Progression auf, auf dem Bestreben des Therapeuten, das allmählich zum Bestreben des Patienten wird, aus den unentwirrbaren Knoten, aus den Schatten, den Flecken und den ungelenken Entwürfen von heute die Gestalten, die Bewegungen, die Hoffnungen von morgen herauszuholen und zu formen.

- Das Wort »Hoffnung« ist der Leitfaden des therapeutischen Geschehens: Hoffnung des Therapeuten, die zugleich ein Glaube an die Möglichkeiten des Patienten ist, Hoffnung, die dadurch auch die einzige Liebe ist, deren er bedarf.

Alle therapeutischen Phantasien, ob sie nun zeichnerisch oder verbal sind, ob sie ausgedrückt oder im Schweigen auf dem Weg des Unbewußten übermittelt werden, sind ausgespannt auf eine Umwandlung hin, die schon Wirklichkeit wird dadurch, daß man sie wagt, und die wir, Patient wie Therapeut, als Kreativität erleben und verstehen.

In einem solchen universellen Rahmen findet die Therapie des eigentlich psychotischen Menschen ihren Platz. Ich schlage vor, diese Therapie in ihren großen Linien durch die folgenden drei Punkte zu charakterisieren:

1. Die Verwirrung, die der Patient zeigt, wird als ein Mangel an Symbolisationsfähigkeit betrachtet. Das psychotische Bild wird vom Therapeuten wie ein Symbol erlebt und behandelt und wird so, durch seine kreative Antwort, eine Vorstufe des Symbols des Patienten.

2. Die psychoanalytische Abstinenzregel muß für diese Therapien abgewandelt werden. Sie bleibt grundsätzlich gültig als Selbstdisziplin, als Selbstreflexion, als ständige Überprüfung der unbewußten Motivationen, als Verzicht auf narzißtische Interventionen. Aber eine so verstandene Abstinenz eröffnet die Möglichkeit des Handelns, zum Beispiel des spiegelbildlichen Zeichnens, der gemeinsamen Phantasie, des Einfügens der Wirklichkeit in die Beziehung des Dialogs.

3. Schließlich ist in bezug auf die Übertragung ein wesentlicher Unterschied zu beachten. Die Bearbeitung der Übertragung unterscheidet sich wesentlich von der Bearbeitung in der klassischen Psychoanalyse, weil in der Psychose die Einsicht ungenügend, ja oft unmöglich ist wegen der psychotischen Verwirrung der kognitiven Kräfte und der Heftigkeit gewisser Übertragungserfahrun-

gen, selbst wenn diese halluziniert sind. Die Auflösung der Übertragung bedeutet in diesen Therapien, auf mehr oder weniger symbolische, aber zugleich reale Weise – insofern es sich um eine affektive Interaktion handelt – die Wiedergutmachung der Gewalt, als deren Opfer sich der Patient empfindet.

Es geht hier nicht nur um die Frage, ob der Patient tatsächlich ein Opfer der sozialen Gewalt und der Existenz im allgemeinen ist, wie er es glaubt, oder ob es sich eher um eine Projektion handelt. Es geht vielmehr darum, in seine Erfahrung einzutauchen wie in eine Tatsache, um sie wiedergutzumachen dank eines psychotherapeutischen Engagements, das sich natürlich auf methodisches Können, auf Deutungen, auf das Erschaffen von Symbolen stützt, aber das seine Wurzeln in einer besonderen Gegenübertragung hat, jener Gegenübertragung, die in uns auftaucht von dem Augenblick an, da wir mit dem seelischen Tod konfrontiert sind. So erinnere ich mich an einen Patienten, der an Verfolgungswahn litt und mir am Ende der Psychotherapie einen Traum erzählte, in welchem der Verfolger, der das Gesicht des Therapeuten hatte, ihn im Namen aller Verfolger seines Lebens um Vergebung bat.

Lassen Sie mich mit dem Hinweis schließen, daß am Ende der Therapie eine gute Einsicht in die Psychodynamik der Psychose wesentlich beiträgt zur Stabilisierung der postpsychotischen Persönlichkeit und daß wir unsere Arbeit als einen Beitrag zur Psychoanalyse betrachten.
    Wir suchen darüber hinaus in der mühevollen Arbeit als Therapeuten von psychotischen Patienten ihr Leiden als einen Beitrag zur Erhellung der menschlichen Grundsituation zu verstehen. Wir stellen uns in den Dienst jener Kranken, die in ihrer Psychose glauben und verkünden, eine wahnhafte Mission für die Menschheit zu erfüllen. Wir übersetzen für uns diesen Wahn und wirken an ihrer Aufgabe mit, indem wir versuchen, gemeinsam mit ihnen die verborgene Wahrheit ihrer Existenz freizulegen.

Kernsätze zur Hoffnung aus Werken Gaetano Benedettis

Die Dimension des Hoffens in der Verzweiflung

»... wie eine Hoffnung in der Melancholie« (BT, S. 174).[1]

»... erstens hat mich die Dimension der Hoffnung gerade in der Situation der Verzweiflung immer fasziniert« (W, S. 48).

Im Kunstwerk erscheint »die latent bestehende Hoffnung inmitten der manifesten Hoffnungslosigkeit«, denn die im Kunstwerk erscheinende »Erschütterung, die bis zur Verzweiflung geht, ist zugleich auch die Hoffnung« (P, S. 266).

»Die darin liegende latente Hoffnung kann den Horizont hinter dem Negativen aufreißen, auch wenn nicht ausgedrückt wird, was in diesem anderen Raum erscheinen könnte« (P, S. 266).

Im therapeutischen Raum der Dualität kann der Arzt »der Hoffnungslosigkeit des Kranken eine ›Dennoch-Hoffnung‹ entgegenhalten« (KP, S. 82).

Hoffnung als Wachsen und Werden in der Psychotherapie

»Der Lebensbewegung ist die Richtung auf die Zukunft immanent« (PL, S. 125).

---

[1] Die Bibliographie der zitierten Werke Benedettis mit den hier verwendeten Abkürzungen findet sich am Schluß des Buches.

Wachstum geschieht in der Therapie schon allein durch die Art des existentiellen Verbundenseins, denn der Therapeut »ist in einer Weise bei seinem Patienten, die diesen wachsen läßt«, er ist »mit dessen Dasein verbunden« (KP, S. 44).

Im therapeutischen Erkannt-Werden erfährt der Leidende, daß er »in seiner Gegenwart und seinen Werdensmöglichkeiten bejaht« wird (KP, S. 182).

Der Psychotherapeut »wendet seine Aufmerksamkeit nicht nur dem zu, was am Kranken ist, sondern auch dem, was an ihm werden möchte« (KP, S. 16).

»Nicht nur werden in der Beziehung zum Arzt alte Gefühlseinstellungen wiederholt, sondern es wendet sich ihm ein keimendes, beginnendes Leben zu, das in dieser Beziehung eben zu sich selber, zu seiner Entfaltungsmöglichkeit gelangt« (KP, S. 92).

Der Therapeut soll zum Leidenden und seinen Werdensmöglichkeiten aufblicken: »Aber es macht sich ein Unterschied bemerkbar, ob wir von der Warte einer Norm auf dieses Infantile herabblicken oder ob wir aus der sich uns im psychotherapeutischen Dialog anvertrauenden infantilen Welt zu ihren weiteren Entfaltungsmöglichkeiten aufblicken« (KP, S. 37).

Wenn Lebensgeschichte in der therapeutischen Beziehung wieder aufleben kann, wird der Therapeut durch sein Mit-Sein »dem Patienten seine Vergangenheit neu schenken« (KP, S. 31). Aus der Leidensvergangenheit soll eine Hoffnungszukunft werden. »Immer darauf ausgerichtet, was aus dem Symptom werden möchte, und auf das frühere Leiden, das es bedingte, wenden wir uns einer Leidensvergangenheit und einer Hoffnungszukunft zu« (KP, S. 27).

Denn es sind die Symptome seelischen Leidens »nur für den starre Gebilde, der sie von außen betrachtet. In der therapeutischen Beziehung werden sie zu Kanälen des Werdens, sie weisen auf immer neue und tiefere, langsam aufdämmernde Perspektiven, Aspekte und Hintergründe« (KP, S. 76).

Es ist ein dialektischer Pol zwischen möglicher Veränderung und der notwendigen »Annahme dessen, das nicht mehr zu ändern ist«. »Annahme heißt«, selbst das Leiden »von der Liebe umfangen zu sehen«. »Die umgreifende Liebe« kann dann selbst etwas Leidvolles, das »nicht mehr aufzuheben ist, verwandeln« (KP, S. 81).

Hoffnung und Lebensrecht: »Auf dem Hintergrund der Erkenntnis erlittenen Schadens, unwiederbringlicher Verluste, menschlichen Scheiterns und Verlangens erfährt er seine Würde, seine Lebensstrebungen, sein Recht als Lebender« (KP, S. 138).

Hoffnung und Dualität – die therapeutische Hoffnung als Übertragungshoffnung

»Ich bin der festen Überzeugung, daß das Geschick eines psychotherapeutischen Patienten niemals festgeschrieben ist. Und zwar ist es nicht festgeschrieben wegen der Dualität, die jede Therapie prägt und trägt« (BT, S. 96).

Das Erkannt-Werden in der therapeutischen Dualität ist ein tragender Grund des Hoffens. »In der Therapie liegt die Hoffnung implizite schon in der Tatsache der Dualität, in deren Spannung das kreative Bild entworfen und angenommen wird« (P, S. 269).

»Nicht das Diagnostizieren des Negativen ist es, das Hoffnung schöpfen läßt, sondern die Neuauflage einer aus der Welt gefallenen Situation in der Beziehung zu zweit, die teils zwar das Negative widerspiegelt, es aber zum andern auch anreichert und umformt« (T, S. 269).

Der Therapeut kann nur darum Hoffnung erschaffen, weil er »sich an den Ort begeben hat, wo sein Patient steht, dessen Situation erfahren und dort nach einem Ausblick gesucht hat« (KP, S. 141).

»Wenn das Symptom in seiner sichtbaren Struktur keine solche Werdensaussicht enthält, wenn ein Traum etwa nur von Tod und Niedergang berichtet, dann beginnt die psychotherapeutische Phantasie das Symptom, den Traum in einen assoziativen Kontext zu bringen, wo dann Raum für die Hoffnung entsteht« (KP, S. 17).

Oft geschieht Heilungsbeginn »aus einer unbewußten Übertragungshoffnung« (P, S. 71).

»Ohne diese Hoffnung wäre keine Therapie, auch keine Selbsttherapie möglich« (P, S. 262).

»Manchmal ist es so: Das Leiden bleibt, die Form der Austragung aber ändert sich. Sie ändert sich, wenn jene Dimension der Hoffnung gefunden wird, die sich eigentlich nur im wahrhaft verstehenden Gespräch erschließt« (PL, S. 155).

Therapeutische Hoffnung aus dem Glauben an den heilen Kern

Seine Mutter, die ein »weites Herz« hatte und bei der Religiosität »innere Daseinserfahrung, erhellende Wahrheit, Daseinssicherheit« ausdrückte, nährte schon im Kind, und dies für einen langen Lebensweg des Hoffens, den Glauben »an eine nicht zerstörbare Tiefe der menschlichen Seele« (W, S. 30).

Ermutigung, Übertragungshoffnung sind letztlich Ausdruck eines tieferen Vertrauens in die Unzerstörbarkeit des Seelischen. »Wir reden zu ihm in einer Weise, welche ein letztes Vertrauen in die Kontinuität und Unzerstörbarkeit seines Lebens ist« (GM, S. 69).

Die Grundhaltung in der Psychotherapie »wurzelt im Glauben des Arztes an die Möglichkeit, eine verschüttete und immer irgendwie verkannte Existenzseite des Kranken zu vertreten, zu verteidigen, zu pflegen, zum Leben zu rufen und am Leben zu erhalten. Dieser unbeirrbare Glaube an ein nie ausgelöschtes Menschliches ist in der hoffnungsarmen und öden Welt der psychischen Krankheit das Moment, das den Arzt und seinen Kranken wirklich verbinden kann. Alles psychologische Wissen bewegt sich auf dieser Grundlage, oder es ist unnütz und nichtig« (KP, S. 22).

Hoffnung aus dem »Erscheinen« des Transzendenten – Heilung und Hoffen

Zu den Motivationen für den therapeutischen Beruf: »... meine spätere Überzeugung, daß ich durch den Kampf um den Geist des Menschen an der Transzendenz teilnehme, an jener Wahrheit, in der ich einmal aufgehen werde« (W, S. 31).

Schon zu Beginn seines Weges spricht Benedetti von einer Dimension des Transzendenten, in welcher in seiner Erfahrungsweise therapeutisches Handeln gründet. »Der Ursprung selber, aus dem die Psychotherapie lebt, kann nicht in Worte gefaßt werden. Es soll genügen, wenn er von ferne spürbar wird« (KP, S. 196).

»Eine individuelle Psychotherapie ist aber auch ein wirkliches Erlebnis, sie ist wie alle großen menschlichen Erfahrungen unabhängig von sozialen, ärztlichen und psychologischen Gesichtspunkten, unabhängig von den Gesichtspunkten der Nützlichkeit, ja sogar der Wiederholbarkeit und der Lehrbarkeit. Sie gründet in sich selbst. Sie ist ›eine Chiffre der Transzendenz‹« (GM, S. 77).

»Ein erstes überpersönliches Moment liegt darin, daß die geistige Liebe ... die ein Therapeut für seine Patienten empfindet, ihm die eigentlichste ›Chiffre der Transzendenz‹ bedeutet, um hier ein Wort von Jaspers zu gebrauchen« (BT, S. 127).

»Es gibt aber in diesem menschlichen Leben einen ›Ort‹, wo die Liebe zu den Leidenden, ja die Verpflichtung, ihnen nach Kräften zu helfen, das Ewige ist, das im Vergänglichen erscheint. Eine solche Erscheinung ist insofern Transzendenz, als sie etwas Absolutes an sich hat« (BT, S. 128).

»Die Heilung ist aber größer als all das. ... Die Heilung ist ein Ereignis, das letztlich in sich selber ruht, das heißt, das aus keinem unserer Gedanken, unserer Einfälle, unserer Handlungen zwingend hergeleitet werden kann – obwohl keinem einzigen dieser Faktoren eine Rolle der Vorbereitung abgesprochen werden darf« (P, S. 169).

Hoffnung aus der metaphysischen Erfahrung, daß die Urdimension der Existenz Liebe ist

»Hoffnung ist aber, metaphysisch gesehen, keine mögliche Selbsttäuschung, sondern Ahnung der letzten, wirklichen Realität« (P, S. 262).

»Das Prinzip der Hoffnung ist keine Beschönigung der erlebten tragischen Realität. ... Die Hoffnung ist eben weder Beschönigung einer solchen noch eine eigene Regression. Sie ist auch nicht mehr unreflektiert, wie in der Kindheit«, die »wissende Hoffnung ist eine ›posttragische‹. Sie kann vom tragischen Geschehen nicht mehr zerstört werden; denn sie gründet in der Erfahrung, daß die Urdimension der Existenz Liebe ist« (P, S. 269).

Einige wichtige therapeutische Konzepte Benedettis

zusammengestellt von Alice Bernhard-Hegglin

Benedetti hat eine Reihe neuer therapeutischer Konzepte entwickelt, u. a. *Positivierung, progressive Psychopathologie, Übergangssubjekt, duales Unbewußtes*. Er hat auch viele schon bestehende Konzepte neu interpretiert und dadurch in seine therapeutische Orientierung und Haltung integriert. In der folgenden Zusammenstellung werden neue Konzepte und neu interpretierte Konzepte nicht unterschieden, sie verweisen in ihrer Gesamtheit auf eine Haltung, die »Psychotherapie als existentielle Herausforderung« annimmt und beantwortet. In dieser Sichtweise werden auch Begriffe aus der Psychopathologie und Psychodynamik zu psychotherapeutisch relevanten Konzepten. (Seitenzahlen verweisen auf das Werk »Psychotherapie als existentielle Herausforderung«).

Deutung, wahninterne; Dualisierung des Wahnerlebens
Der Therapeut tritt so in die Wahnwelt des Kranken ein, daß er das Wahnerleben dualisiert. Er »bewegt sich mit Symbolen im Innenraum des Wahns, mit Symbolen nämlich, die von einer wahninternen Sicht ausgehen und dem Wahn dadurch neue Ausblicke eröffnen« (S. 89). »Die wahninterne Deutung geht von der theoretischen, positivierenden Annahme aus, daß im ›progressiven‹ Wahn, den sie stimuliert, Heilkräfte wohnen, die den Wahn transzendieren und schließlich auflösen« (S. 89). Die wahninterne Deutung ermöglicht eine progressive Pathologie, und sie macht die verzerrte Welt des Wahns der Begegnung zugänglich. (Weitere Textstellen: S. 90.)
Vgl. Wahn; Phantasie, therapeutische; Unbewußtes, duales; Psychopathologie, progressive kommunikative.

Dualität, Dualisierung
Der psychisch schwer Leidende erlebt die existentielle Einsamkeit in absoluter Form, und er kann sie nicht aus eigener Kraft durchbrechen.

In der therapeutischen Begegnung tritt der Therapeut so in die Welt des Leidenden ein, daß er diese Welt zu teilen beginnt (sichtbar u. a. in Träumen des Therapeuten). Das einsame Leiden wird zu einem geteilten Leiden (das Symptom, der Wahn, die Gespaltenheit), es wird dualisiert, und der Leidende »kann den mittragenden Therapeuten als Gefährten, als Seite der eigenen Existenz erleben« (S. 141). Dualisierung ist der erste Prozeß jeder Therapie, die darauf aufbauende Dualität der Boden für mögliche heilende Erfahrungen.

Vgl. Urbeziehung; Symbiose, therapeutische; Selbst, symbiotisches und getrenntes; Übergangssubjekt.

Entgrenzung – Unbewußtes

Benedetti sieht im Unbewußten die menschliche Möglichkeit der »Entgrenzung von Raum und Zeit«, dank derer wir Grenzen überschreiten, aber nicht verlieren. Diese Fähigkeit wird u. a. sichtbar in den Phänomenen des Traums, in dem der unbewußte Zugang zu Zeiten und Räumen die Grenzen des wachen Lebens weit übersteigt. Auch der Zugang zu den kreativen Kräften ist im Unbewußten ausgeweitet; Benedetti spricht daher von der »schöpferischen Kraft des Unbewußten«; sie offenbart sich u. a. im Traum, in der Kunst und vor allem im Prozeß der Therapie.

Die Entgrenzung im Unbewußten ermöglicht eine Offenheit für die Transzendenz. Darum kann in der Immanenz der Traumbilder ein Transzendentes vernommen werden.

In der Psychose äußert sich die Entgrenzung als pathologische Symbiose/Fusion, da die Integration mit einem Selbstsymbol fehlt.

Vgl. Unbewußtes, duales; Selbst, symbiotisches und getrenntes; Selbstsymbol; Symbiose, therapeutische.

Evidenz, kommunikative

In der Therapie ist Evidenzerfahrung immer ein Erkennen zu zweit; beide am Prozeß der Therapie beteiligten Partner erschaffen im Dialog die therapeutische Wahrheit, die in der gegebenen Situation Gültigkeit hat. Die kommunikative Evidenzerfahrung ermöglicht eine Wahrheitsfindung (z. B. im Verstehen des Traums, des Symptoms etc.), die sich im therapeutischen Geschehen immer weiter entwickeln kann und somit veränderbar ist.

Fragmentierung – Ganzheit

»Die Unmöglichkeit ... die negativen Selbstteile zu neutralisieren und zu integrieren, führt zu einem Erleben der unheimlichen Fragmentierung« (S. 17). »Die Spaltung greift mehr und mehr ins Innere, das heißt, sie *fragmentiert* das Ich. ... eigene Teile vom Selbst werden abgespalten« (S. 105).

»Wenn wir das sich auflösende Erleben des Kranken – umgekehrt – als zusammenhängende Welt erleben, dann haben wir durch dieses vereinheitlichende Erleben das Spaltende etwas kompensiert, es zunächst in uns zusammengefügt« (S. 19).

Vgl. Spaltung; Spiegelung.

Grenzsituationen des Menschlichen

»Die Teil-Identifizierung gibt dem Therapeuten die Möglichkeit, Erlebnisse seines Patienten, die dieser oft nur andeutet, nachzuvollziehen und in sich zu reproduzieren. Sie hängt aber davon ab, wie weit das therapeutische Selbst die Grenzsituationen des Menschlichen ... mitträgt und doch gleichzeitig überschreitet. Ein Selbst, das an solchen Grenzsituationen vorbeiginge, sie nicht wahrnähme, könnte nicht in eine therapeutische Tiefenverbindung mit dem Patienten gelangen ... Ein Selbst aber, das – umgekehrt – die besagten Grenzsituationen nicht überschreiten würde, müßte sich bedroht fühlen« (S. 77).

Die sich darin ereignende *Teil-Identifikation* heißt also, Aspekte des Leidens in sein eigenes Erleben und in seine Sprache übernehmen (S. 78), die Situation des Leidenden mittragen und zugleich überschreiten.

Vgl. Psychopathologie, kommunikative.

Introjektion des Leidens, Übernahme von Leiden

Eine therapeutische Haltung, aus der Dualisierung erwachsend, läßt den Therapeuten die Leiden des Patienten, diagnostisch und im Suchen nach heilenden Möglichkeiten, so miterleben (in der tiefen Identifikation, in Träumen, in Wachphantasien), daß dieses Miterleben zu einem Durchleben des Leidens *anstelle* des Patienten werden kann. Nach Benedettis Beobachtungen kann ein solches stellvertretendes Durchleiden beim Kranken zu einer Entlastung führen, unerwartete Besserung ermöglichen, und es kann somit eine heilende Wirkung entfalten. Grundlage dieses Phänomens ist das duale Unbewußte. Es vollzieht sich dadurch eine »Übersetzung des Patienten-Unbewußten

ins therapeutische Bewußtsein« (S. 64, 138). Auch als »therapeutische Appersonation des Leidens« bezeichnet.
Vgl. Unbewußtes, duales; Träume, therapeutische.

Introjektion, Verinnerlichung
In der therapeutischen Begegnung verinnerlichen sich Therapeut und Patient gegenseitig: Sie tragen das Bild, d. h. die Wirklichkeit des anderen in sich. Ein Teil der heilenden Wirkung geschieht durch die innere Anwesenheit des Therapeuten im Patienten. Auch die innere Anwesenheit des Patienten im Therapeuten ist für den heilenden Prozeß bedeutungsvoll.
Vgl. Spiegelung.

Phantasie, therapeutische; therapeutische Funktion des Unbewußten, therapeutische Imagination
Unterscheidung von unbewußter und bewußter therapeutischer Phantasie. Erstere äußert sich im Traum des Therapeuten, evtl. auch im Wachtraum. Dieses Phänomen zeigt, »daß nicht nur das bewußte Selbst des Therapeuten, sondern auch sein Unbewußtes therapeutisch strukturiert sein kann, und zwar so weit, daß es therapeutische Funktionen übernimmt« (S. 155). (Ausführliche Darstellung: Die unbewußte therapeutische Phantasie: S. 153–166.)

Davon zu unterscheiden ist die bewußte therapeutische Phantasie oder die therapeutische Imagination: »die ›primär therapeutische‹ Phantasie« steht »wesentlich im Dienste der Therapie, sie ist also darauf angelegt, was der Patient in der Begegnung braucht« (S. 155). Sie sucht mit dem Patienten zusammen Symbole zu erschaffen: »In der individuellen Psychotherapie ist das Wesentliche die Entstehung von positivierenden Leidens- und Lebenssymbolen ... die von beiden am Dialog teilnehmenden Partner ..., dem Patienten und dem Psychotherapeuten, gestaltet werden« (S. 58).

Durch das therapeutische Anreichern der verzerrten Symbole wird versucht, »sich zu den konkreten Imagines des Kranken in eine solche Beziehung zu setzen, daß diese Imagines sich in den Einfällen, Phantasien und Träumen des Therapeuten weiter bewegen«; dadurch können »die früher abgeschlossenen und abgedichteten Gestalten ... auf neue, positive Variationen geöffnet werden« (S. 39).
Vgl. Unbewußtes, duales; Psychopathologie, progressive; Spiegelbild, progressives therapeutisches; Deutung, wahninterne.

Positivierung
Der Therapeut sucht im Leiden des Patienten (im Symptom, im Wahn, in der Entfremdung) das »Heilende« zu entdecken und dies dem Leidenden sichtbar zu machen. Er ist somit nicht auf das Diagnostizieren des Negativen ausgerichtet, sondern auf das, was durch das Leiden hindurch »werden« möchte.

»Es handelt sich also um eine projektive Identifikation des Therapeuten nicht bloß mit dem Leiden des Patienten, sondern auch und vor allem mit seinem verborgenen positiven Selbst, das dort entdeckt wird, wo der Therapeut bei ihm ist« (S. 65).

»*Die dialogische Positivierung* eines solchen Erlebens im Spiegel des Arztes, der dem Patienten immer wieder ein *positives Selbstbild* zurückgibt, der sich *in seine Welt begibt,* seine *Symbole versteht,* sie positiv amplifiziert oder umwandelt – diese Positivierung ist der *entscheidende therapeutische Faktor* ...« (S. 50). (Ausführliche Darstellung: S. 50–54.)

Vgl. Spiegelung; Übertragungshoffnung.

Psychopathologie, kommunikative
Der Therapeut tritt so in die Welt des Leidenden ein, daß er affektiv am Wahn, an den Symptomen partizipiert, darin eine sinnvolle »Wirklichkeit« entdeckt und die Welt des Kranken dadurch für die Kommunikation öffnet.

»In der Begegnung mit dem Patienten kann der Psychotherapeut sich eine Art ›kommunikative Psychopathologie‹ entwickeln lassen, die ihr Medium gerade in den autistischen Symbolen des Patienten findet« (S. 51). (Ausführliche Darstellung: S. 55–57.)

Vgl. Wahn; Deutung, wahninterne; Psychopathologie, progressive; Phantasie, therapeutische.

Psychopathologie, progressive
Durch das positivierende Eintreten in die Welt des Leidenden sucht der Therapeut Möglichkeiten, das Leiden (Wahn, Symptom) nicht als erstes aufzulösen, sondern durch die Dualisierung (z. B. sich in den Wahn einbringen) dieses so zu verändern, daß innerhalb des Symptoms eine Progression sichtbar wird. Das Symptom bleibt, ist aber durch Dualisierung wesentlich verändert und kann sich auf einer nächsten Stufe neuen Erfahrungen öffnen. Das dabei sich bildende Neue »... erscheint zunächst wie ein neuer Wahn ...« (S. 52), aber die

Phantasien des Kranken »drücken bereits eine positive Bewegung aus: *vom Autismus weg zur Kommunikation hin*« (S. 53).

»… wir nehmen uns dialogisch und mitgestaltend einer solchen ›progressiven Psychopathologie‹ an« (S. 9). »Die kommunikativen Übergänge müssen sich … durch dasselbe Medium, das sie transzendieren wollen, auch gestalten lassen« (S. 70). (Weitere Definition: S. 75.)

Vgl. Psychopathologie, kommunikative; Deutung, wahninterne; Übergangssubjekt.

Selbst, symbiotisches und getrenntes
Auch diese Begriffe verdankt Benedetti dem Gespräch mit Maurizio Peciccia.

Symbiose und Getrenntheit sind die Grundmöglichkeiten menschlicher Selbsterfahrung und menschlicher Begegnungsweise. Beim psychisch schwer Kranken sind die beiden Erlebnismöglichkeiten nicht ineinander integriert. Für Benedetti liegt darin eine wichtige Zugangsweise zum Verstehen von Wahn und Autismus: Spaltung erlebt als unauflösbare Symbiose im Wahn und als starres Getrenntsein im Autismus. »Wie dieser Widerspruch – Fusion mit der Welt einerseits und Abspaltung von der Welt anderseits – möglich ist, wie die Ich-Grenze gleichzeitig aufgelöst und undurchdringlich sein kann, das kann unsere Logik nicht mehr erklären« (S. 105).

In der Therapie erfolgt die Separation über die therapeutische Symbiose. »Es ist interessant und für das menschliche Wesen bezeichnend, daß der Vorgang der Separation, der schließlichen Grenzziehung zwischen Therapeut und Patient, nicht von Anfang an als Gegensatz zur Symbiose geschieht, sondern zunächst über die Symbiose läuft. Die therapeutische Symbiose ist eine Leistung der beiden am Prozeß Teilnehmenden. Sie ist gegenseitig« (S. 81).

Vgl. Symbiose, therapeutische; Unbewußtes, duales; Urbeziehung.

Selbstsymbol
Die innere Abbildung des Selbst als eines umgrenzten Wesens, das sich öffnen und zugleich abgrenzen kann, ist Grundlage allen seelischen Wachstums, Grundlage der Begegnungsmöglichkeit. Das Selbstsymbol fehlt beim schizophrenen Kranken oder ist defizient. Auch als *Selbstidentität* bezeichnet.

Das Selbstsymbol entsteht »in den dualen Urbeziehungen des Lebens« (S. 12), »Selbstidentität« entwickelt sich »in einer Situation der Dualität« (S. 60). Daraus ergibt sich als erste therapeutische Forderung das Erschaffen von Dualität, auch im Medium, das der Therapeut schließlich überschreiten und auflösen will.

Vgl. Selbst, symbiotisches und getrenntes; Urbeziehung; Symbiose, therapeutische; Spiegelung; Übergangssubjekt.

Spaltung, therapeutische Sichtweise der Spaltung

Für den therapeutischen Zugang sind folgende Aspekte wesentlich:
a) Spaltung als *fehlende Integration von symbiotischem und getrenntem Selbst:* »Könnte es sein, daß die Spaltung zwei Gesichter hat: einerseits Spaltung und andererseits Fusion; einerseits autistisches Getrennt-Sein und andererseits Verlust der natürlichen Trennung zwischen Subjekt und Objekt, die Kant als eine grundsätzliche Kategorie des menschlichen Daseins erkannte?« (S. 36).
b) Spaltung als *fehlende Integration des Unbewußten*: »Das Unbewußte ist in dieser Krankheit der Spaltung vom Ich abgespalten« (S. 37). – »Es scheint mir, als ob dieses abgespaltene Unbewußte, das dem Selbst nicht mehr zugehörig ist, dann auch nicht mehr in der eigenen Tiefe, sondern erst draußen in der Welt, im Spiegel der unbewußten Wahrnehmung, erfahrbar wäre! – Ist also das Unbewußte vom Ich abgespalten ... liegt es also, metaphorisch gesprochen, draußen verstreut in der Welt, dann müssen seine Imagines mit den Dingen der Welt solchermaßen zusammenfallen, das der Sinn in der Erscheinung restlos aufgeht, daß kein Raum mehr für eine Interpretation der Welt, also für das Symbol übrigbleibt« (S. 37).

Vgl. Symbol, Symbolisierungsfähigkeit.

Spiegelbild, progressives therapeutisches

Die progressive Psychopathologie wird therapeutisch sichtbar in der Methode der bildgestaltenden Psychotherapie als »progressives therapeutisches Spiegelbild«, im »graphischen Dialog« (S. 42). Weitere Textstellen: S. 42, 44. (Ausführliche Darstellung: S. 214ff., S. 223ff. sowie in den Fallbeschreibungen: S. 167–213.)

Auch die verbale therapeutische Anreicherungen der (Wahn-) Bilder des Patienten durch aus dem Unbewußten des Therapeuten aufsteigende (Traum-)Bilder wirken wie ein fortschreitendes Spiegelbild.

Den Begriff des positiven therapeutischen Spiegelbildes hat Benedetti wesentlich in der Zusammenarbeit mit Maurizio Peciccia entwickelt.

Spiegelung
Von z. T. unbewußten Wahrnehmungen geleitet, erschafft der Therapeut in sich ein Bild des Leidenden, das sein Leiden und seine Entfaltungsmöglichkeiten spiegelt. Dieses Bild wird vom Patienten unbewußt verinnerlicht und entfaltet eine Wirkkraft, die zur Selbsterneuerung bzw. Selbstbildung führen kann (s. Urbeziehung). In dieser Spiegelung kann der Gespaltene seine Ganzheit erahnen und sich darauf hin entwickeln.

Die Spiegelfunktion ist wechselseitig. Das Bild des Leidenden kann sich im Therapeuten verändern, d. h. in ihm eine z. T. auch längere Zeit unbewußte, diagnostische und therapeutische Wirksamkeit entfalten.

Vgl. Urbeziehung; Fragmentierung – Ganzheit; Wesenserkenntnis.

Symbiose, therapeutische
Die Symbiose »wird therapeutisch, wenn es dem Therapeuten gelingt, sie positiv zu erleben und über diese ... dem Patienten eigene Selbst-Teile – Phantasien, Träume, positivierende Identifikation – zufließen zu lassen« (S. 103). »Dadurch kann der mit dem Patienten selbst symbolisch verbundene Therapeut die psychopathologische Symbiose ... progressiv gestalten, im Sinne dessen, was ich die »progressive Psychopathologie« nenne, kann sie nun in eine *therapeutische Symbiose* umwandeln« (S. 104).

Vgl. Selbst, symbiotisches und separates.

Symbol, Symbolisierungsfähigkeit
Störungen der Symbolisationsfähigkeit
»Störungen der Symbolisation sind immer wieder als zentral angesehen worden« (S. 12). »Beide Erscheinungen, Identitätsverlust und Wahn, hängen mit der Verzerrung der Symbole zusammen. Die sich aus der Verwechslung der Symbole mit den symbolisierten Dingen ergebende Fusion des Ich mit der Welt schafft das intrapsychische Universum, den Autismus, und spaltet den autistischen Menschen von uns ab« (S. 14).

Hypertrophie der Symbolik – Desymbolisierung der Welt
Trotz einer scheinbaren Wucherung der Symbole gibt es in der Welt des Schizophrenen keine wirklichen Symbole als Interpretation der Welt: »Es gibt beim Schizophrenen keine echten Zeichen, keine wirklichen Symbole, weil diese mit den von ihnen bezeichneten Dingen zusammenfallen und sich von ihnen buchstäblich nicht mehr unterscheiden können. So entsteht eine Desymbolisierung mitten in der wuchernden Symbolisierung aller Dinge« (S. 32).

Therapie als duales Erschaffen von Symbolen
In der Therapie kann eine Vorstufe des Symbols gefunden werden, wenn der Therapeut in die desymbolisierte Welt des Kranken eintritt und dessen verzerrte Symbole und Bilder als »sinnhaft« versteht und anspricht und dadurch in diesen für den Leidenden und gemeinsam mit ihm eine Öffnung zum Symbol hin bewirkt.

Vgl. Deutung, wahninterne; Phantasie, therapeutische; Psychopathologie, kommunikative, progressive; Spiegelbild, progressives therapeutisches.

Träume, therapeutische
»Therapeutische Träume oder traumähnliche Phantasien sind also psychische Gebilde, die beim Therapeuten vornehmlich in therapeutischer Funktion entstehen, mit dem Ziel, über die verbale Mitteilung oder über die Brücke des Unbewußten auf den Patienten einzuwirken, die eigene Anteilnahme auszudrücken« (S. 133). Oft zeigt sich ein klinisch feststellbarer Fortschritt nach einem Heiltraum des Therapeuten: »Der Fortschritt zeigt sich *nach* dem Traum des Therapeuten, so daß dieser nicht eine Antwort des Therapeutenunbewußten auf die Entwicklung des Patienten sein kann. Es muß also umgekehrt sein« (S. 156). (Ausführliche Darstellung: S. 130ff.)

Vgl. Introjektion des Leidens; Zwillingsträume; Übertragungshoffnung.

Übergangssubjekt
Durch die Phänomene der Spiegelung und der Verinnerlichung entsteht im dualen Unbewußten eine dritte Realität: Es ist ein »drittes Subjekt«, das aus Teilen des Patientensubjekts und desjenigen des Therapeuten sich bildet, das beiden zugehört, von beiden gemeinsam erschaffen wird und in beiden, auf verschiedene Weise, wirksam ist.

Im Prozeß der Therapie wird dieses gemeinsame Subjekt nicht nur aufgebaut, sondern auch fließend verändert; es wird dann mehr und mehr vom Patienten verinnerlicht; dadurch entsteht als neue Wirklichkeit das in der therapeutischen Einheitserfahrung gründende neue Selbst des Leidenden. Das Übergangssubjekt wird bildlich sichtbar in der Entwicklung von gemeinsamen Zeichnungen; verbal in gemeinsamen Phantasien etc.

»Durch die anteilnehmende Zuwendung zum Patienten entsteht ein Netz von beidseitigen Projektionen und Introjektionen, die ihren Niederschlag finden in dem, was ich ›Übergangssubjekt‹ nenne: ein Bild, das aus Teilen von uns und Teilen vom Patienten besteht, das oft eine phantasmatische Gestalt, eine Stimme, ein Traumbild, eine Zeichnung ist ...« (S. 40). »Das Übergangssubjekt, das aus der therapeutischen Symbiose entsteht, überbrückt die psychotische Spaltung ...« (S. 40). (Textstellen: S. 22, 39–43, 53, 80, 232.)

(Der Begriff des Übergangssubjekts lehnt sich sprachlich an jenen des »Übergangsobjekts« von Winnicott an, unterscheidet sich aber grundlegend von diesem. Das Übergangs*objekt* bezieht sich auf die Objektwelt und dient der Auflösung der Symbiose zwischen Mutter und Kind; das Übergangs*subjekt* bezeichnet eine vorübergehende Symbiose zwischen Therapeut und Patient, die therapeutisch wirkt indem sie den Prozeß der Selbstbildung einleitet und unterstützt.)

Vgl. Unbewußtes, duales; Phantasie, therapeutische; Psychopathologie, progressive.

Übertragungshoffnung, Hoffnung als metaphysische Wirklichkeit

Die allen psychisch schwer Leidenden gemeinsame Grundsituation »ist die fundamentale Situation der Aussichtslosigkeit, die in den meisten psychotischen Erlebensweisen enthalten ist« (S. 13).

Hoffnung ist bei Benedetti nicht primär ein Gefühl, sondern eine metaphysische Wirklichkeit. Sie ist ihrem Wesen nach eine dialogische Hoffnung; sie gründet in der Erfahrung, daß der Grund der Existenz Liebe ist; in der therapeutischen Begegnung ist sie als »Chiffre der Transzendenz« erfahrbar.

Der Therapeut lebt und arbeitet in dieser metaphysisch begründeten dialogischen Hoffnung. Er hofft anstelle des Verzweifelten, und er hofft für ihn. Seine Hoffnung kann den Hoffnungslosen berühren und tragen, auch wenn es noch nicht dessen eigene Hoffnung ist. Heilungsbeginn kann »aus einer unbewußten Übertragungshoffnung« geschehen (S. 71). Ohne Hoffnung ist keine Therapie möglich; darum nennt Benedetti *Hoffnung ein psychotherapeutisches Grundprinzip*.

Unbewußtes, duales

Der Schlüssel zum Verständnis des Phänomens des gemeinsamen Unbewußten, im späten Werk als das duale Unbewußte konzeptualisiert, ist die Entgrenzung. Ein Unbewußtes kann ein anderes berühren, ansprechen, aktivieren, ohne daß die Ich-Grenzen aufgehoben werden. Es ist ein Austausch möglich direkt von einem Unbewußten zum anderen; in der Therapie erkennbar am gemeinsamen Auftauchen von Bildern, im Traumerleben, an einer »unbewußten Migration der Bilder und Gedanken«. (Ausführliche Darstellung: S. 156–158.)

Das duale Unbewußte ist Grundlage für die zeit- und raumunabhängige Wirkkraft der therapeutischen Beziehung. Diese im therapeutischen Geschehen beobachtbare Wirklichkeit verweist auf einen Raum der unbewußten Begegnung. Benedetti spricht vom uns »tragenden und umgreifenden Unbewußten«.

Vgl. Symbiose, therapeutische; Phantasie, therapeutische; Übergangssubjekt.

Urbeziehung

Mit Urbeziehung umschreibt Benedetti die erste Erfahrung von Dualität im Empfang des Neugeborenen durch die Mutter, die Eltern. Das Kind erlebt sich in der Spiegelung seiner Umwelt: In dieser »sensiblen Phase« bildet sich das Selbst in der Grunderfahrung von Symbiose und Getrenntheit. In der therapeutischen Einheitserfahrung beobachtet Benedetti eine neue Selbstbildung, die den gleichen Grunderfahrungen folgt. Die Selbstbildung oder Selbsterneuerung kann weitgehend unbewußt geschehen wie in der Urbeziehung. Sie führt zu einem (neuen) Selbst in der gleichzeitigen Erfahrung von Symbiose und Getrenntheit.

Vgl. Selbstsymbol; Spiegelung; Selbst, symbiotisches und separates.

Wahn, therapeutisches Verstehen des Wahns

In therapeutischer Sicht ist der Wahn als ein Sich-Verbergen und Sich-Offenbaren des Leidenden zu verstehen. Er ist »sinnvoll«. (Textstellen zu den unbewußten Absichten des Wahns: S. 21.)

Wahn als Selbstentwurf
Der Wahn »ist eine Selbstrekonstruktion der Identität nach deren Verlust« (S. 14). In dieser Sichtweise wird der Wahn vom Therapeuten »als fehlerhafter, aber beachtenswerter Versuch des psychopathologischen Selbstentwurfes erkannt« (S. 51).

Wahn und Lebensgeschichte
»... die im Wahn verborgene, zu kurz gekommene Lebensmöglichkeit« therapeutisch ansprechen (S. 25).

Wesenserkenntnis
Das therapeutische Erkennen des Kranken ist mehr und anderes als eine »Diagnose«, es soll ein ganzheitliches Sehen zu zweit sein – ein dualer Prozeß, in dem »die unbekannte, verlorengegangene positive Seite der Seele des Kranken ... von beiden simultan erkannt« wird (S. 61).
   Vgl. Spiegelung; Evidenz, kommunikative.

Zweideutigkeit des Traums
Die Traumbotschaft ist funktional wie inhaltlich polar gestaltet. Diese Zweideutigkeit des Traums entspricht der menschlichen Konfliktstruktur, und sie kann darum die Botschaft des Traums tiefer erschließen. (Ausführliche Darstellung im Werk »Botschaft der Träume«.)

Zwillingssituation, Zwillingsträume
»Als unwillkürlicher ›Zwilling‹, der auf diese Weise die ungeheure Asymmetrie zwischen Psychose und Geistesgesundheit kompensiert, übernimmt der Therapeut auch in seinen Träumen und in seinen wachen freien Assoziationen Züge des Leidens seines Patienten« (S. 59). In dieser »Zwillingssituation« können in der Therapie »Zwillingsträume« entstehen: »Unter Zwillingsträumen verstehe ich solche Träume, die in derselben Nacht beim Patienten und beim Therapeuten entstehen und denselben Sachverhalt in Variationen behandeln« (S. 79). In seinem Zwillingstraum erlebt der Therapeut die Not, die Schrecken, die Aussichtslosigkeit des Leidenden – der Kranke erlebt in seinem Zwillingstraum einen positiven Traum, in welchem Hoffnung und Zuversicht sich ausdrücken. (Ausführliche Beispiele: S. 136f.)
   Vgl. Unbewußtes, duales; Introjektion, Verinnerlichung; Phantasie, therapeutische.

Bibliographie

Für die ausführliche Bibliographie der Werke Benedettis verweisen wir auf seine Selbstdarstellung (in: »Psychoanalyse in Selbstdarstellungen«, Bd. II), die einen lebendigen Einblick in die Entwicklung des Werkes und der Person gibt und seinen Weg von ihm selbst her verstehen läßt. Die über 400 Titel seiner Arbeiten werden darin chronologisch aufgeführt (S. 52–72), allerdings nur bis zum Erscheinungsjahr 1994. Daran schließt sich ein reiches Spätwerk an, das bis in die Gegenwart reicht. Wir geben hier nur die in diesem Buch verwendeten Titel an:

Botschaft der Träume. Göttingen: Vandenhoeck & Ruprecht, 1998. Bezeichnung (BT)

Der Geisteskranke als Mitmensch. Göttingen: Vandenhoeck & Ruprecht, 1976 (Kleine Vandenhoeck-Reihe). Bezeichnung (GM)

Klinische Psychotherapie. Bern: Huber, 1964 (benutzt wird die 2. Auflage Bern 1980). Bezeichnung (KP)

Psychotherapie als existentielle Herausforderung. Göttingen: Vandenhoeck & Ruprecht, 1992, 1998^2. Bezeichnung (P)

Psyche und Biologie. Stuttgart: Hippokrates, 1973. Bezeichnung (PB)

Der psychisch Leidende und seine Welt. Stuttgart: Hippokrates, 1964 (Frankfurt Fischer-Tb 1984). Bezeichnung (PL)

Todeslandschaften der Seele. Göttingen: Vandenhoeck & Ruprecht, 1983, 1999^5. Bezeichnung (T)

Psychoanalyse in Selbstdarstellungen, Band II, Tübingen: Edition discord, 1994, S. 11–72. Bezeichnung (W)

Die schöpferische Zweideutigkeit der Träume. In: Benedetti G. und Hornung E. (Hg.): Die Wahrheit der Träume. München: Fink. 1997. Bezeichnung (ZT)

Weitere Werke, die in dem Buch nicht erwähnt sind, aber zu seinem Entstehen beigetragen haben, sind:

Psychiatrische Aspekte des Schöpferischen und schöpferische Aspekte der Psychiatrie. Göttingen: Vandenhoeck & Ruprecht, 1975.
Der Offenbarungscharakter des Traumes an sich und in der psychotherapeutischen Beziehung. In: G. Benedetti und Th. Wagner-Simon (Hg.): Traum und Träumen. Göttingen: Vandenhoeck & Ruprecht, 1984.

Die Autorinnen und Autoren

Lilia d'Alfonso, Dr. phil., Psychologin, Psychotherapeutin, ist Leiterin der Abteilung für psychoanalytische Therapie des Jugendalters am Institut für psychoanalytische Psychotherapie (SPP) in Mailand. Sie ist bei einigen Werken Benedettis Mitautorin.

Gaetano Benedetti ist em. Professor für Psychohygiene und Psychotherapie an der Universität Basel. 1963 hat er das Mailänder Institut für Psychotherapie gegründet. Er ist Lehranalytiker und Ehrenmitglied der Deutschen Psychoanalytischen Gesellschaft (DPG) und Fellow der American Academy of Psychoanalysis.

Alice Bernhard-Hegglin, Dr. phil., Psychologin und Psychotherapeutin FSP (Föderation der Schweizer Psychologen), arbeitet in eigener Praxis in Zürich.

Patrick Faugeras, Dr. phil., ist Klinischer Psychologe und Psychotherapeut am Centre hospitalier d'Alès (Frankreich) sowie Psychoanalytiker in eigener Praxis. Er hat einige Hauptwerke Benedettis ins Französische übersetzt.

Maurizio Peciccia, Dr. med., ist Psychiater und Psychotherapeut an der Clinica Universitaria in Perugia. Er war viele Jahre gemeinsam mit Benedetti in der Forschung tätig und ist Mitautor zahlreicher seiner Publikationen.

Gaetano Benedetti bei Vandenhoeck & Ruprecht

Gaetano Benedetti
Botschaft der Träume
Unter Mitarbeit von Elfriede Neubuhr, Maurizio Peciccia und J. Philip Zindel.

Botschaft der Träume ist das umfassendste und bestfundierte Werk über die Träume des Menschen in den verschiedenen psychischen Zuständen, eine Anthropologie des Traums. Benedetti erfüllt einen integrativen Anspruch in der Traumforschung.
Er und seine Mitarbeiter untersuchen den Traum, seine Mitteilungen an den Träumenden und an den Therapeuten, seine diagnostische und therapeutische Verwertbarkeit vor dem Hintergrund der tiefenpsychologischen Lehren Freuds, Jungs und Adlers, der existenzanalytischen Theorien und der Hypnotherapie. Träume, so hat Benedetti erkannt, sind *doppelgesichtig*. Die Traumsprache teilt sich in *Polaritäten* mit; jedes einzelne Bild, jedes Symbol erhellt verschiedene, ja gegensätzliche Seiten der Wahrheit. Dadurch kann es zu einer wesentlichen Ergänzung des wachen, bewußten Denkens werden. Träume haben nicht nur einen wichtigen Anteil am Erleben des Menschen, sie sind oft auch der lebendigere.

Gaetano Benedetti
Todeslandschaften der Seele
Psychopathologie, Psychodynamik und Psychotherapie der Schizophrenie

„Jede Seite ist voll von Anregungen, Ideen, überraschenden Sichtweisen. Benedetti entwickelt mögliche Verstehenszugänge, Übersetzungshilfen bizarrer Äußerungen, Anforderungen an den Therapeuten. Das Buch ist eine Ermutigung, sich auf das Unverständliche, Verrückte, zunächst Angstmachende einzulassen." *Rundbrief der DGSP*
„Keiner, der in irgendeiner Form therapeutisch mit Schizophrenen umzugehen hat, wird an diesem Werk des Verfassers vorbeigehen können." *Zeitschrift für Individualpsychologie*

Gaetano Benedetti
Psychotherapie als existentielle Herausforderung

Gaetano Benedetti hat unser Verständnis von psychotischem Leiden nachhaltig erweitert. In diesem Buch entfaltet er seine Lehre von der Psychotherapie der Psychosen. Sein theoretisches und therapeutisches Instrumentarium verschafft Zugang zu Vorstellungswelten, die zuvor allenfalls ahnbar waren.

„Das Buch beeindruckt vor allem in dem tiefen Wissen um die psychotische Welt und in dem angstfreien Sich-darauf-Einlassen ... Der Verlag Vandenhoeck & Ruprecht hat gut daran getan, sich um die Zusammenstellung und Durcharbeitung der Erkenntnisse Gaetano Benedettis in Form dieses Buches zu bemühen." *Soziale Psychiatrie*

Gaetano Benedetti
Der Geisteskranke als Mitmensch
Mit einem Beitrag von Lilia D´Alfonso

In diesem Buch berichtet Gaetano Benedetti über seine Erfahrungen mit geisteskranken, insbesondere mit schizophrenen Patienten. Es ist der Bericht eines Arztes, der sich in individuellen Gesprächen um Kommunikation mit dem Geisteskranken bemüht und zu verstehen sucht, was gemeinhin als unverständlich gilt.

„Ein wichtiges Buch, weil es in manchem zeigt, wie der Therapeut seinen Gesprächspartner – statt ihm seine Erfahrungen wegzunehmen – in seinen Verstörungen und Schrecksekunden begleiten kann."
Frankfurter Allgemeine Zeitung

Therese Wagner-Simon / Gaetano Benedetti (Hg.)
Sich selbst erkennen
Modelle der Introspektion

Die Erfahrungen im Umgang mit leidenden Menschen, aber auch die Selbsterfahrung in Grenzsituationen weckten das Bedürfnis, die derzeit gültigste Methode der Selbsterhellung, die Psychoanalyse, mit anderen Modellen der Introspektion zu konfrontieren. Deshalb vereinen sich in diesem Buch die Beiträge von Philosophen und Theologen mit denen der Literatur- und Kunsthistoriker zu einem Gespräch mit Psychiatern und Psychologen. Die Autoren dieses Buches sind der Meinung, daß der geistig mündige Mensch sich keiner einzelnen Methode ausliefern muß, sondern in der Widersprüchlichkeit der Entwürfe seine existentielle Spannung erkennt.

„... läßt eine psychotherapeutische Erfahrungswelt deutlich werden, deren menschliche und gedankliche Fülle und deren Perspektivenreichtum aus dem Dialog mit den Wissenschaften, der Kunst und der Philosophie ebenso angeregt werden wie aus einer einfühlenden Humanität."
Neue Zürcher Zeitung

Gaetano Benedetti / Louis Wiesmann (Hg.)
Ein Inuk sein
Interdisziplinäre Vorlesungen zum Problem der Identität

Das Buch ist eine bisher noch nirgends in dieser Breite vorhandene Sammlung von interdisziplinären Beiträgen zum Identitätsproblem, die den oft leidvollen Prozeß der Identitätsfindung im Laufe eines Menschenlebens und in sozialen Gruppen beschreiben und die zerstörerischen Kräfte, die dabei auch wirksam werden können, bewußt werden lassen. Letzten Endes geht es in fast allen Beiträgen um die Identität des Menschen, der sich in Situationen des Verlustes bewährt und Grenzerfahrungen aushalten kann.

Psychoanalyse bei V&R

Alice Bernhard-Hegglin
Die therapeutische Begegnung
Verinnerlichung von Ich und Du
Mit einem Vorwort von Gaetano Benedetti. 1999. 174 Seiten, kartoniert. ISBN 3-525-45830-4

Rainer M. Holm-Hadulla
Die psychotherapeutische Kunst
Hermeneutik als Basis therapeutischen Handelns. 1997. 163 Seiten, kartoniert. ISBN 3-525-45802-9

Jürgen Körner / Sebastian Krutzenbichler (Hg.)
Der Traum in der Psychoanalyse
2000. Ca. 220 Seiten mit einigen Abbildungen, kartoniert
ISBN 3-525-45875-4

Léon Wurmser / Heidi Gidion
Die eigenen verborgensten Dunkelgänge
Narrative, psychische und historische Wahrheit in der Weltliteratur
Sammlung Vandenhoeck.
1999. 215 Seiten, Paperback
ISBN 3-525-01451-1

Stavros Mentzos (Hg.)
Psychose und Konflikt
Zur Theorie und Praxis der analytischen Psychotherapie psychotischer Störungen
3. Auflage 1997. 259 Seiten, kartoniert. ISBN 3-525-45750-2

Stavros Mentzos / Alois Münch (Hg.)
Die Bedeutung des psychosozialen Feldes und der Beziehung für Genese, Psychodynamik, Therapie und Prophylaxe der Psychosen
Forum der Psychoanalytischen Psychosentherapie, Band 2. 1999. 126 Seiten mit 1 Abbildung, kartoniert ISBN 3-525-45102-4

Günter Lempa / Elisabeth Troje (Hg.)
Psychosendiagnostik: Psychodynamisierung versus Operationalisierung
Forum der Psychoanalytischen Psychosentherapie, Band 1. 1999. 125 Seiten mit 13 Abbildungen, kartoniert. ISBN 3-525-45101-6

V&R
Vandenhoeck & Ruprecht